高校图书馆数字资源建设与服务创新研究

马亚玲◎著

吉林出版集团股份有限公司

图书在版编目（CIP）数据

高校图书馆数字资源建设与服务创新研究 / 马亚玲
著 . — 长春 : 吉林出版集团股份有限公司 , 2020.4
ISBN 978-7-5581-8288-4

Ⅰ . ①高… Ⅱ . ①马… Ⅲ . ①院校图书馆—数字图书
馆—信息化建设—研究 Ⅳ . ① G258.6 ② G250.76

中国版本图书馆 CIP 数据核字 (2020) 第 047982 号

高校图书馆数字资源建设与服务创新研究

著　　者　马亚玲
责任编辑　齐　琳　李晓华
封面设计　李宁宁
开　　本　787mm×1092mm　1/16
字　　数　336 千
印　　张　18.25
版　　次　2020 年 5 月第 1 版
印　　次　2020 年 5 月第 1 次印刷

出　　版　吉林出版集团股份有限公司
电　　话　010-63109269
印　　刷　炫彩（天津）印刷有限责任公司

ISBN 978-7-5581-8288-4　　　　　定价：68.00 元

前　言

随着信息技术和网络技术的发展，世界范围内的数字图书馆建设蓬勃兴起，数字资源建设在高校图书馆建设中的地位、作用和影响也越来越重要，数字资源建设的程度已成为衡量图书馆建设程度的重要标志。与此同时，数字资源建设对于高校图书馆实现资源共享，满足广大师生对文献信息日益增长的需求；对于提高资源的利用率，改变高校图书馆资源的利用现状；对于优化高校图书馆资源结构，建立资源保障体系，都有十分重要的意义。因此，面对知识经济时代的严峻挑战，如何加强数字资源建设，是高校图书馆建设的一项重要问题，它关系到高校图书馆未来发展的方向。

所谓图书馆的数字资源是指凡是图书馆购买、租用、受赠和自建的，拥有磁、光介质或网络使用权的数字形态的文献资源都被称为图书馆的数字资源。图书馆数字资源的建设是数字图书馆建设的核心，数字资源建设已经成为高校图书馆文献资源建设的重要组成部分，数字资源在保障高校教学科研需求方面发挥着不可替代的作用。

当前高校图书馆对数字资源的利用越来越广泛。但是，由于种种原因，目前数字资源的提供与利用严重失衡，特别是在高校这种学术氛围浓厚的地方，表现得更为突出。高校图书馆作为学校信息中心，也开始注重对数字资源的建设与组织。

数字资源对图书馆的影响是全面的。例如，与传统馆藏相比较，数字资源在媒体形式（从纸本式到数字式）、媒体呈现方式（从单一线性到多媒体化）等方面都产生了巨大变化；同时也影响了信息检索的技术；此外，为搜寻网络数字资源，各类搜索引擎纷纷加强自动搜集与更新信息的功能，科技取代了人力，信息的搜集与更新不再费时费力。虽然数字资料并非毫无缺点，如需要巨额电脑设备费用及网络维护和通信费用，检索界面不一、品质不一、储存格式不一、高度商业化等，但是，数字资源对传统图书馆的经营方式、服务理念，尤其是馆藏建设方面，带来了巨大的冲击和机遇。因此必须加强图书馆数字资源的建设。

　　在数字环境下，用户的信息需求、获取信息的方式以及对服务的期望都在发生着变化。高校图书馆必须适时地进行策略调整，对服务进行根本性的改革，必须在传统服务的基础上积极进行全面的服务创新研究，包括创新的理论研究、创新的模式、方法的研究等。

　　本书在编写过程中参阅了国内外大量的著作、论文和权威网站的资料，借鉴了众多专家、学者的科研成果，再次一并表示衷心感谢。由于时间仓促，本书在创作过程中难免存在疏漏之处，敬请各位读者指正！

马亚玲

2020 年 3 月

目　录

第一章 数字信息资源概述

第一节 数字信息资源的整合与标准化

人们虽然先前有所预料，但现在仍然不由得惊叹：数字信息资源以如此迅猛的速度发展。如今许多图书馆，特别是那些设施先进资金雄厚的图书馆，都拥有了大量的数字资源，它们中大多数可以通过计算机网络向读者们提供。如果说信息专家们在发展数字信息资源的早期所面临的主要问题是：

如何把传统载体形式的各种信息资源逐步地数字化，为这些资源建立稳定可靠的计算机操作平台，实现方便准确的信息检索。那么在数字资源已大量开发，计算机信息技术已十分成熟的今天，他们面临着另一个重要的问题，这就是：如何把由不同的人员，在不同的时间，用不同的技术开发的，不同内容和不同形式的数字信息资源整合起来，以向使用者们提供最大的便利。

由于缺乏理想的整合技术或甚至没有考虑过整合的问题，许多开发出来的数字资源尽管在独立使用时效果很好，但在整合使用时就会产生种种不便，使得整个的使用效率大打折扣：同样的查询题目不得不用相同的或不同的检索方法，在不同的数据系统中重复查找；在书目系统中检索到有关的著作信息后，必须退出该系统再进入电子图书系统浏览此书；在文献摘要数据库中找到了所需要的论文篇名，还要打开另一个全文数据库下载全文……。另一方面，经过整合的信息资源可以使计算机及网络的强大功能得以充分发挥，给使用者带来极大的便利。理想的整合应该是这样的，它把不同的数字信息资源无缝透明地联接在一起，使用者用简明的方法同时处理不同来源不同性质的数据信息；从开始检索到最终获得原文，都在统一的界面中进行，用户感觉如同只在一种信息资源系统中操作。理想的整合应该成为数字信息资源开发、组织和管理所追求的一个重要目标。

面对大量以"孤岛"形式存在的资源，在"能够找到"的基本要求满足之后提出了新的需求，希望图书馆提供信息查找的统一平台、学科知识的导航、文献之间的关联、多数据库的整合检索和获取目标信息的一站式服务。图书馆如何整合各种异构信息资源为用户提供一站式、个性化和一体化的信息服务，如何做到面向服务，从信息用户的个性化信息需求出发，构建一致的能广泛共享的信息资源整合平台，在此基础上实现图书馆系统内外各种相关资源的整合，已经成为图书馆信息资源建设与整合过程中急需解决的一个问题。

一、数字信息资源整合的概念

"整合"是当前图书馆学界流行的一个术语，它是将分散的资源和独立的服务按照一定的知识管理规则和服务目的组织在一起。

对于信息资源整合的概念可从狭义和广义两方面理解。从狭义上讲，它是指将某一范围内的，原本离散的、多元的、异构的、分布的信息资源通过逻辑的或物理的方式组织为一个整体，使之有利于管理、利用和服务。广义的信息资源整合概念，就是把分散的资源集中起来，把无序的资源变为有序，使之方便用户查找信息，方便信息服务于用户，它包含了信息采集、组织、加工以及服务等过程。数字图书馆的信息资源整合就是把图书馆内外的资源无论是网上虚拟资源还是馆藏书目资源，抑或是自建的数据库等多种载体、多种形式、多种类型、分散异构的信息资源有机地结合在一起，实现图书馆所有资源分、编、流工作的融合，使用户能够在统一的数据存取模式下通过统一的用户界面完成对不同数据库和网络资源的检索。而崔瑞琴、孟连生先生更强调用户在整合中的作用，他们认为，"数字信息资源的整合"是指在网络环境下，采用数字化信息处理和集成整合技术，对多种来源的数字化信息资源有目的地进行重新组合的过程，同时为用户提供统一的检索界面，实现高效传播信息的一种服务方式。

二、数字信息资源的整合方式

（一）一体化综合整合和引文链接等

1. 一体化综合整合

一体化综合整合是指在 OPAC 资源整合系统和数字图书馆资源整合系统之间建立多维关联，以形成更优化的图书馆资源整合系统，为用户提供统一的、友好的检索界面。如 INNOPAC 公司的 MAP。它可实现不同 Web 学术信息资源的动态链接，这些资源包括全文电子资源、题录和文摘数据库、书目数据库、图书馆在线书目系统、图像数据库及搜索引擎等其他资源。又如

TRS 数字图书馆资源整合就可解决文摘、全文、引文、MARC 数据等相关信息的参考链接问题。

2.引文链接

通过引文链接方式构建知识信息之间的内容关联。实现引文链接后，用户可以通过文献间的引证关系，直接从数据库中得到引证线索和引用文献全文。比如 ISI 凭借独特的引文机制和 WWW 的链接特性，不仅建立起了包括期刊、专刊、回忆录在内的多种类型文献之间的相互引证、相互参考关系，而且还实现了对拥有使用权限的全文文献以及事实数据的链接。

3.元链接

作为人们对事物存在特征与发展规律的认识，知识本身可以用文字给出一个简洁明确的描述。这种描述在数据库中可以作为一种知识信息元素，也即知识元。利用对一个知识元的描述，将可以建立知识元之间的内容关联，从而体现出各学科专业交叉渗透的关系特征，将知识元数据嵌入到各种数据库当中，它将把数据库内部和各数据库之间的知识信息从内容上紧密关联起来，并将通过文献对知识发现的认识过程，使所有数据库在知识元数据库这一网络支配下成为一个内容高度关联的有机整体。

（二）制定规范标准建立特色数据库

针对各种小型数据库各自为政且使用效率不高问题，可在对数字信息资源进行统计分析后建设特色数据库。我们可以按照时间或者类型等统计各种数据库的实际访问情况，然后根据结果，利用网络信息资源优势，开发具有权威性、使用性、可靠性并具有地方特色的数据库，还可根据学科需要，建立一些学科专题数据库。这样可改善各个高校闭门造车，相互之间缺乏沟通的局面。

（三）海量信息的冗余消除和信息一致性

在解决海量信息的冗余问题上可采用 Web 信息资源整合系统。在介绍该系统以前，先介绍 XML。XML 由 W3C（互联网联合组织）于 1998 年 2 月发布标准，是 SGML 的一个简化子集。XML 将 SGML 的丰富功能与 HTML 的易用性结合到 Web 的应用中，以一种开放的自我描述方式定义了数据结构，在描述数据内容的同时也突出对结构的描述，从而体现出数据之间的关系。这样所组织的数据对于应用程序和人类都是友好的、可操作的。而 Web 资源整合系统可通过资源分析处理功能，对发现的 Web 资源 XML 格式标引信息进行分析处理，筛选信息，排除、合并冗余的信息，检验信息资源的一致性，对信息进行结构化处理和排序。对资源标引信息建立索引，按照定义好的标准格式进行存储。其中对于资源索引的智能化数据排冗和信息一致性处理是主要功能。

（四）Z39.50 协议与局部资源整合

1. Z39.50 协议

Z39.50 协议是一个对于整合数字信息资源有重要意义的计算机网络协议。它首先由美国图书馆于 1988 年提出，后来成为美国的国家标准。Z39.50 协议原先是为了整合图书馆的计算机书目检索系统：不论这些系统是用什么技术在什么平台上开发的，只要遵守这个协议，读者就可以对它们实行统一的检索，目前一些著名的图书管理系统如 INNOPAC、HORIZON 等都支持这个协议。

2. DIALOG

DIALOG 整合了它的 450 多个数据库，提供了统一的，规范的检索方法，最重要的是它还提供了同时检索多个甚至全部数据库的 ONESEARCH 的方法。利用这种方法，用户可以同时打开多个指定的数据库文档，在其中执行同样的检索命令。

3. 局部资源整合

局部资源整合以各数字图书馆的异构平台的统一检索为代表。它的主要技术是异构数据库系统的跨库检索。它针对每一个数据库和网站设计一个 Extractor（抽取器）和一个 Wrapper（包装器）。Wrapper 的主要功能是记录数据源的数据访问方法，用于得到数据源返回的 Web 页面。抽取器功能是处理数据源的数据表现形式，一般采用某种自定义的查询语言，从样式信息和抽象数据混合的 HTML 中抽取出抽象数据，转化成提供给用户的统一格式。清华同方的异构数据库统一检索平台（USP，Union Search Platform）就是一个用于同时调用多个数据库和搜索引擎进行资料检索的软件系统。它可以帮助用户同时在多个数据库中进行检索。USP 目前支持 30 多种国内外常用的搜索引擎或数据库，并且在不断的增加，还可以根据用户的实际需求来提供定制服务。

三、我国数字信息资源整合中的缺陷和解决方法

（一）无统一标准

1. 无统一的数字信息采集标准

我国信息资源整合工作最基本的缺陷即在于整合工作没有一个可参照的

统一标准。这个标准不是指一个单一的标准，而是指多方面的标准。首先是信息采集标准。面对因特网上庞大的数字信息资源，我们在对它们进行评价、排序、过滤、分类、描述、标引、建库等信息采集过程中需要一个标准。信息采集在国内有两种方式：一是人工采集；一是自动采集。人工采集时由于采集人员自身的知识结构有所差异，所以其采集的信息资源结果必然是不完全相同的。而自动采集多是依靠搜索引擎。搜索引擎的几种类型以及工作原理上文已有简略介绍，此处不赘述。由于搜索引擎工具的固有技术特点不可避免的产生信息的大量重复和冗余。以上这些情形的产生即在于不管是人工采集还是自动采集都没有一个规范统一的标准。

2. 无统一检索标准

在接受了用户的检索请求后，不同的搜索引擎以不一样的检索标准来执行这个检索请求。如全文搜索引擎是通过计算关键词的相关度来给出检索结果；目录搜索引擎是通过搜索由人工撰写的描述数据库来检索需求信息；跨库检索则是为每一个选定的数据库提供一个检索方式来检索……如此众多的检索方式，没有一个统一的检索标准，我们怎么能奢望能够方便、快捷的找到我们所需求的信息呢？

（二）全国性的信息资源共享网尚未形成

建立一个统一的信息资源共享网，不仅是各机构、部门、系统乃至各地区共同利益的需要，也有利于世界范围内信息资源共享。虽然我国目前的CALIS系统、科学院系统、上海地区、北京地区及江苏等地的文献信息资源保障网建设卓有成效。很多图书馆还开始了特色数据库的建设，但遗憾的是我国却还没有一个诸如OCLC这样一个在世界范围内有着巨大影响力的信息资源共享网。

（三）理想的解决方法

1. 统一采集标准

在进行数字信息资源采集时，我们可以按照字顺或者学科分类等对信息资源在评价、排序、过滤、分类等工序上进行粗整合。最重要的是在标引过程中，不管是人工标引抑或是自动标引，应都给予统一的标引标准。由我国发展至今的技术来看，全文主题词标引算是比较成熟的。我国目前的主题标引数据库有《中国学术期刊》、万方数据、维普期刊、中国文献专利库等。其中做得较为成功的是中国文献专利库等，它提供了很全面的主题词检索入口。我们可在此基础上加大力度，统一所有数据库的检索标准，都以主题词检索标准为模板来整合其他的所有的库，达到信息采集的标准统一。

2.统一检索标准

在统一标引标准后建立的数据库基础上实现统一检索是件轻而易举的事情。因为统一了标引标准的数据库，它的检索入口是规范化和有限定的。检索时只需根据它的标引划分标准即可轻松检索。而如果实现了这种理想标引，则就不存在跨库检索需要变换检索方式等等问题了。因为他们都是依照一个模式建设的库，都是孪生兄弟。用户在提出检索请求后，算法自动遍历所有的检索入口，得到符合要求的信息资源后，有最多检索入口的信息资源则为最相关资源，排在前面，次多的排后面，如此依次排列下去。这些可以通过一些相关度算法实现。所以说，当信息采集的标准统一以后，检索标准的统一就水到渠成了。

3.资源共享网

关于信息共享问题，在统一以上的两个标准以后，就成为顺理成章的事情。当所有的库的建立标准都大同小异后，其兼容性是毋庸置疑的。那时想实现一个全国性的资源共享网不管是理论上还是技术上都是很容易实现的。

四、数字信息资源整合的关键在于标准化

信息资源缺乏整合主要有两个原因：一是没有得到足够的重视。无论资源的开发者、购买者和管理者，他们通常主要考虑的是该资源系统本身的稳定、可靠和使用方便，很少关注它与其他资源系统的整合使用。二是缺少资源赖以整合的有关标准。后一个原因是问题的关键。

标准化已经深入到现代社会的各个领域，它对于社会的发展起着重要的作用。尤其对于计算机科学及相关领域来说，标准具有特别重要的意义。为说明这一点，我们只需指出，被认为正在改变人类生活方式的因特网就是依赖于 TCP/IP 协议这个网络互联的标准发展起来的；而微软公司提供的 WINDOWS 接口标准则是在普遍使用的 WINDOWS 操作系统上开发应用程序的基础。

标准化对于实现信息资源的整合来说，也是具有决定性意义的。只有提供了关于信息资源系统整合的一系列完整的标准，并在资源的开发、产品化和组织管理的过程中遵循之，才有可能实现我们所追求的信息资源的理想整合。

（一）信息资源整合的三层标准

鉴于数字信息资源是图书馆情报学和计算机科学结合的产物，所以它们

的整合标准也必然涉及这两个领域。为了便于分析问题，我们可以参照开放系统互联标准（OSI）把计算机网络分为七层的做法，把数字信息资源整合标准分为以下三层：

（1）通信层

在这一层信息要求方和信息提供方之间进行对话，相互传递命令和数据。Z39.50协议将在这一层起重要的作用，但它并不能解决所有的问题。因为Z39.50主要处理网络的服务器/客户端模式的通信，然而并不是所有的信息资源都用这种形式。例如有的资源是单机版的，这时就需要类似ODBC（开放数据库联接）的标准；还有像网络版百科全书之类的，也需要另外处理。这一层主要涉及计算机科学。

（2）信息表示层

这一层规定各种信息的计算机表示方法，如作者、题名、文献类型、语种、出版项等。具体做法参照图书馆的机读目录代码格式（MARC）。但两者不是一回事。因为MARC通常只用于数据的传输和转换，在实际的信息系统中并不使用。这一层与计算机科学和图书馆学均有关。

（3）信息组织和规范层

这一层的工作包括人名规范、地名规范、主题词规范和文献分类规范等。主要涉及图书馆学。如果能够完全建立这三层标准，并令所有的信息资源开发者均遵守之，那么实现资源的整合就不会有很大的困难了。

（二）用标准化推进信息资源的整合

实现数字信息资源的整合的关键在于标准化，所以应围绕标准化来推进信息资源的整合。可以根据有关条件，逐步开展以下方面的工作：

（1）组织计算机科学和图书馆情报学领域的专家来研究和制定信息资源整合所必需的各种标准。事实表明，谁先着手研究并制定有关领域的标准，谁就会在该领域中取得领先和主动的地位，而且会获得巨大的利益。像Z39.50协议让美国的图书馆管理系统的开发商占尽先机，WINDOWS接口标准让微软公司大发其财就是明显的例子。

（2）建立信息资源开发审核制度。只有那些拥有合格的技术人员和设施的公司或单位才允许从事开发信息资源的工作。一旦整合标准制定出来，就要求开发商遵循，否则开发出来的信息产品不予以认可，不准销售。

（3）建立信息资源引进的审核制度。要求国外公司的信息产品遵循我国的信息资源整合标准并允许被整合，否则不准进口。或对那些遵守整合标准并提供整合便利的信息产品给予优惠政策。

五、基于用户需求的数字信息资源整合策略

数字图书馆用户可能需要从整个数据库或者几个数据库，从整个信息资源站点或者多个站点，甚至从全国数字图书馆网站或者更大范围的数字信息资源进行合理而科学的整合，使用户达到一次性跨库检索、跨网站检索的目的。

数字信息资源的整合是适应数字图书馆用户多样化需求的重要举措。

（一）将数字信息资源与传统文献整合以满足专业用户需求

要正确处理二者之间的关系，既不能把数字信息资源与传统文献资源完全割裂开来，又不能以数字图书馆来取代传统图书馆。数字信息资源是传统文献资源的延伸和发展，二者相互补充，密不可分。数字图书馆的信息资源建设应首先考虑满足专业用户的需求，"用户第一"始终是信息资源整合与服务的前提。整合内容要与用户的工作任务与目标相一致，整合的深度要适合用户的知识结构和科技水平以及消化吸收信息的能力。相对于传统的图书馆，数字图书馆更注重向用户提供集成的、相互关联的、系统有序的信息和知识，包括网络信息参考咨询和个性化定制服务等，这些特点表明了数字图书馆已具备了资源整合功能，这也是数字图书馆对传统图书馆的超越。同时，也表明了用户是集成环境中最积极、最活跃的因素，在集成环境系统的运行中起着主导作用。

（二）将数字图书馆的数字信息资源与其他数字信息资源整合

充分利用宏观管理部门对数字图书馆的数字信息资源与其他数字信息资源履行统筹协调功能，对信息资源的开发利用进行合理规划、组织协调与优化配置，避免重复开发。要使跨时空分布的数字信息资源成为一个用户可以同时利用的统一数字信息资源整体。因此，整合数字图书馆、传统图书馆和其他数字信息资源，能更好地面向全社会提供优质高效的信息服务。这一点可以参考美国联机计算机图书馆中心（OCLC），OCLC成功地在世界范围内开展联机合作编目、文献资源共享与信息服务的网络协作，赋予了国家图书馆以国家级的数字信息资源整合中心职能。该中心重点对目录数据进行管理，逐步建立全国文献和数字数字信息资源网上联合目录，实现分布式的信息资源统一导航、检索、定位与服务。

（三）优化检索方法，降低检索难度，强调用户与资源整合及服务的互动

从目前数字图书馆建设的情况来看，三大系统数字图书馆格局已经形成，

但均存在不够理想的地方，不能直接进入文献数据库，需多次点击才能进入，有的网络平台未将资源进行整合，需要进入某一具体图书馆才能进行检索。这对不熟悉检索的用户来说，无形中增加了检索难度。整合信息资源，一是数字化资源在网络平台上以专题数据库展示，增强信息吸引力和用户对信息的识别力；二是搞好资源链接；三是减少点击环节；四是建立强大的网络服务平台，增强信息资源竞争力。作为信息的提供者应在资源的整合与服务中充分互动，支持用户的检索习惯和方法，帮助用户做出最优的检索选择。用户也可根据自己的检索体验，通过自己的思维方式和评估准则，判断检索工具的效率和效益，选择最优的检索工具、最适合的检索过程以及检索表达方式来实现和促进对信息资源的检索和利用。

（四）以用户需求为导向，明确图书馆数字资源配置的重点

一般来说，图书馆的数字信息资源主要有：（1）互联网上丰富的免费网络信息资源与服务，用户可利用搜索引擎查找；（2）各馆的数字化信息，主要包括馆藏纸质书刊的数字化；（3）自建的各类型数据库，如联机公共检索系统（OPAC）、重点学科导航库、馆藏特色数据库等；（4）购买或试用的电子资源，如中外文网络数据库、光盘数据库、电子期刊、电子图书、电子报纸等。现阶段的图书馆，数字资源正以其优势在图书馆的地位迅速提高，得到了补充和发展。作为信息资源配置主体的图书馆要想以等量投入或尽可能少的投入获得最大化的产出，即以最小投入发挥最大的效用，应该坚持以用户需求为导向，以明确图书馆信息资源配置的重点。

第二节 数字信息资源的共享模式

进入 21 世纪，信息技术迅猛发展，为数字化信息资源的建设提供了新技术条件。数字化信息资源是新世纪社会发展的重要战略资源，更是国家信息水平的衡量标志。海量的数字化信息资源，决定了数字化信息资源共建共享的必然性。然而，共享并不意味着无条件地索取，无条件的共同占有、共同使用。再者，受现实的诸多因素影响，也不可能所有资源都能达到共享。共享应该是一种双向获利过程，是一种在给予基础上的获利与拥有。因此，要建立一套切实可行的共建共享机制，在突出共享的同时兼顾各方的实际利益，使得资源得以最大化的共享利用，实现共享共赢的目标。

一、影响数字化信息资源共享的基本原因

数字化信息资源是指那些转化成了数字格式的信息资源，是信息时代社会信息资源的重要组成部分。数字化信息资源内容丰富，增长速度快，信息量大，更新快捷，传播方便。因此数字化信息资源的共享成为信息时代的迫切要求。然而，由于数字化信息资源在逐步地商品化，数字信息资源的使用版权有限，以及海量数字信息，尤其网络信息资源还处于紊乱无序和不平衡状态，加上信息法规政策的不完善，使得数字化信息资源的共享受到一定程度的阻碍。同时，在数字化信息资源共建共享的过程中，存在重共建轻共享，共享意识不强，共享的权限不清，欠缺合理的统筹规划管理体制，数字信息的重复建设等问题。然而，共建共享并不等于人人平等"吃大锅饭"，共建共享要从实际出发，根据各成员馆的实际情况权衡义务与权利来制定共建的任务与共享的标准。

二、我国数字化信息资源共建共享存在的主要问题

（一）信息政策、法规尚待制定

由于我国信息资源网络化建设还处于起步阶段，网络迅速发展的背后呈现出很多不合理因素，网上信息资源处于无序状态和不平衡状态，缺乏完备的信息政策引导和规范的法律保障。

（二）条块分割，缺乏横向联系的管理体制

长期以来，体制造成的"条、块"分割，使各科技文献收藏单位在科技文献资源建设中各自为政，没有全局的观念，不管是否需要，只求齐、全、多，封闭的服务理念和方式，使宝贵的科技文献资源沉淀在小单位、小部门中，不为人知。

（三）条块分割，缺乏横向联系的管理体制

目前，三大资金投入不足一是文献购置费明显不足，难以适应当今书价上涨、文献品种增多的趋势二是资源共享本身的经费投入难以满足各项工作的开展，如建立书目数字化库和联机检索网络等三是二次文献的经费投入不足，据有关资料报告，目前我国每年两次文献的经费只相当于书刊购置费的2%~3%。

（四）信息技术标准有待统一，数字化库重复建设

当前，各系统、各类型的图书情报机构在自动化系统及应用软件的选择

上五花八门，品牌繁多，同时，数字化库建设缺乏统一的领导、规划和管理，造成重复率高，数字化库的标准性、规范性差。

（五）缺乏高素质的专业技术人才

当前，各种图书情报机构专业人员的素质还不适应我国信息资源共建共享的需要，缺乏信息资源管理的现代观念和相应的信息技术水平，尤其是既懂图书情报专业又懂现代信息管理技术、网络技术的人才极为缺少。

（六）知识产权问题

首先，信息资源共建的开发过程首先面临的是信息采集，其中最大的问题就是获得大量作品的许可权其次，在建立、开发数字化库和文摘索引库时要对文献进行加工、处理，这些加工对象，大部分享有著作权保护第三，组织和管理网上数字化信息资源时，离不开"超链接"它让用户"跳跃"访问储存在不同服务器中的信息，然而，不少网站所有者因为设置了通向其他网站材料的链接而被指控为侵犯著作权。

三、数字化信息资源共建共享及其服务的模式研究

（一）数字化信息资源共建共享模式比较分析

目前，信息资源共享的模式主要有三种：

1. 集中型（垂直型）共享

指具有隶属关系的某一系统内的各图书情报机构在不同层次之间协作共享信息资源。所有下级馆（所）都与中心馆（所）连结，并共享中心馆（所）的文献信息资源。

由于集中型共享的各个成员之间具有行政和业务上的隶属关系，因而比较易于组织，但这种模式有两个重要的缺陷：一是垂直型结构本身具有封闭性，排斥了各系统之间文献资源充分共享；二是各成员之间距离较远，馆际互借不仅时滞较长，而且成本也比较高。

2. 层次型（水平型）共享

指一个地区内不同系统、不同专业馆所之间的信息资源共享模式，即地区性跨系统的共建共享模式。这种模式就是以一个地区为范围，建立中心馆，在信息资源建设中以点带面，采取联合编目，统一标准，统一调控，很多分散在各处的信息资料都能被挖掘、被充分利用。使人们感觉到共建共享的优越性。这是一种条块结合的组织模式。这种模式比较符合目前的实际情况，但由于各文献收藏机构各自有不同的隶属关系，彼此间缺乏合作的强烈动机

和有力的协作机制，若无合理、有效的运行机制、保障机制和协作机制，这种模式在实践中往往流于空谈。

3. 网络型共享

指某一区域内所有的图书情报机构之间直接相互联结，共享信息资源。这种模式需要先进的科学技术和现代化设备，利用计算机进行联网，形成网络化。这在理论上是最理想的模式，但在实践中操作难度也最大，在现阶段难以真正实现。

（二）网络环境下数字化信息资源共建共享的信息服务模式比较分析

基于网络环境下信息资源共建共享的信息服务，目前国内外已提出的几种模式观点：

1. 集成信息服务模式

即"一站到位式"服务模式指对于某一特定领域或某一特定用户的信息需求，把信息资源共建共享体系下各有关要素有机地链接成一个整体，使用户得到面向主题的信息服务。用户利用集成信息服务时，用户端面对着的是"一站到位"式的计算机界面，而后台则是整体化的信息资源共建共享体系，这个共建共享体系提供给用户全方位的信息服务和知识导航。这种模式提供服务的信息资源具有全面性、丰富性的特征，还能满足信息用户对信息类型和信息媒体多样化的需求。

2. 用户中心服务模式

用户中心服务模式是基于信息资源共建共享环境下的全新的信息服务模式，其内涵一是信息服务机构各项服务功能与设施，以读者、用户的需求为导向进行设计和安排二是创建个性化的信息环境，按照用户或用户群的特点来组织信息资源，提供多样化的信息服务。这种模式强调把信息服务的重心转移到读者、用户的需求上。

3. 网络咨询服务模式

网络咨询服务是以网上咨询为主的电子文献信息服务，具有网络化、共享性、远程式、丰富性等特点，是信息资源共建共享环境下的重要信息服务模式。它的优点首先表现为网络咨询服务克服了时间和空间的限制，速度更为快捷。其次，它延伸了参考资源，网上资源弥补了传统资源的不足。

四、建立示范中心运作与共享机制

示范中心是指中心与示范馆，是中国高等教育文献保障系统（China Academic Library & Information System，简称 CALIS）由全国到地区到具体图书馆的三级体系框架，即"全国中心—地区和省级中心—图书馆"体系架构。其中包括 4 个全国中心，7 个地区中心的学术信息资源丰富，是数字化技术先进的中国高等教育数字化图书馆框架。CALIS 是经国务院批准的中国高等教育"211 工程"，"九五""十五"总体规划中 3 个公共服务体系之一。CALIS 的宗旨是：建设以中国高等教育数字图书馆为核心的教育文献联合保障体系，实现信息资源共建、共知、共享，以发挥最大的社会效益和经济效益，为中国的高等教育服务。

（一）建设数字化信息资源共建共享中心与示范馆

数字图书馆是数字信息资源的载体，它依据用户的信息需求，根据自身的类型、目标与任务，进行系统化与长期化的采集加工，形成不同类型、不同学科、不同级别与媒介的数字化信息资源的综合载体。CALIS 长期努力建设信息资源与信息服务的共享环境，保障数字图书馆的建设发展，期望在一个整体的环境里融合全国的高校数字图书馆，多层次地统一管理信息资源，实现资源的由零星分散整合为规范标准。

建立示范中心运作的数字信息资源共享机制，如中心地区馆，对当地成员馆实行协调统一管理，由中心制定共建共享的政策，如信息资源整体布局政策、信息资源协调采集政策、书目信息资源共建共享政策、文献传递补贴政策和收费标准、文献传递中知识产权问题的解决政策、信息资源公共获取政策等。制定共享的标准规范、统一协议，如书目信息标准化、元数据标准、信息联检、联查标准、XML 交换标准等数字信息资源建设的标准以及馆际互借和文献传递的标准化。各成员馆在各地区中心或省中心的指导下，根据 CALIS 管理中心对示范馆的要求与任务，结合自身实际情况及馆藏特色，通过引进及自建资源、文献传递与馆际互借等方式整合资源，建设成符合要求的示范馆，实现数字化信息资源共建共享，发挥数字化信息资源的最大效益。

（二）构建资源整合平台

资源建设是数字化信息资源共享的前提，而资源整合是数字化信息资源建设的有效途径。数字化信息资源整合是指以信息时代的计算机技术、网络通信技术以及应用软件与数据库为平台，根据各成员馆的特点以及用户需求，遵循相关的原则、规范和标准，对共建共享的各成员馆相互独立的数字信息资源进行融合集成、优化重组，使得分散异构的、无序的、不同载体与形式的数字化信息资源形成一个有序的相对统一的数字化信息资源体系，能够供用户在统一的界面进行跨平台、跨数据库地对资源进行检索和利用。

图书馆数字信息资源的整合包括：图书馆内部目录资源的整合、资源重组、数据库间的信息链接整合，比如二次文献类型的数据库与馆藏的链接以及二次文献数据库与全文数据库的链接。数字信息资源整合要确保资源的整体性、科学性、连续性、相容互补性，动态性，层次性等，使得信息资源共享得以持续有效地发展。资源整合在数字化信息资源共建共享过程中有着较突出的贡献。首先，有利于缓解资源供给不足问题。资源供给是共建共享的保证，资源供给得不到保障，要实现共建共享无疑是无米之炊。而由于资金、需求等现实问题，不可能每个图书馆都能购置所有的数字资源，也没有这个必要。因此，资源整合能够很好缓解共建共享中的资源不足问题。其次，资源整合有利于解决资源效益低下的问题。资源的利用效率低下问题是各个图书馆面临的共同问题，有些资源的闲置导致了资源的浪费。共建共享的目的之一就是现实资源的最大化利用。资源整合能提高那些被闲置的资源的利用率，扩大资源的需求用户。再次有效合理的资源整合，有利于开创一种全新的共享机制。资源共享是信息爆炸时代的迫切要求，只有创新共享机制，才能使得共享跟上信息的发展速度。

（三）示范中心共享管理平台

地区或省中心建立统一有效的示范中心共享管理机制平台，协调各成员馆间工作，制定合理的合作方案，组织成员馆策划建设发展策略并指导策略的执行。

1. 管理机制平台

负责建立科学化的管理机制，如激励机制、约束机制、竞争机制等。通过奖励及实施优惠政策等方法，使得投入、贡献与利益相对平衡，调动成员馆参与数字化信息资源共建共享的积极性，更有动力地促进图书馆的发展；而约束机制包括数字化信息资源共建共享运行标准规范和违规处罚机制，即通过经济、行政、法律等手段，对数字化信息资源共建共享系统的日常运行进行有效的规范、约束，使各成员馆在同一行动纲领下，有章可依，有法可循。数字信息资源共建共享的竞争机制是通过制定相关的竞争原则，对在共建共享工程中贡献突出的成员馆进行奖励，对符合要求的成员馆给予肯定，如示范馆的评审。

2. 统一的资源建设平台

示范中心指导成员馆结成同盟，构建联合采购信息系统，对集团采购，联合引进数字资源、资源互补、采编等进行统一管理，现实成员馆的资源建设从采购到编目在同一平台（资源建设平台）上操作，资源互为补充。在采购过程中对于价格高、利用率高的检索型数据库与全文数据库，可以通过中心购买，然后设立镜像站点，供全部成员馆使用，实现有限经费利用值的最大化。

3. 数据管理平台

该平台分为 2 个层次，即总数据中心管理平台和成员馆数据管理平台。总数据中心平台由示范中心负责，享有最高管理员的权限，管理所属范围内所有成员馆的数据。成员馆数据管理平台则负责自己馆的数据管理，管理与其他成员馆之间的数据交流，保持协作，是一个成员馆间互通互利的数据合作交流平台。

4. 协作组织平台

为确保数字化信息资源共建共享系统的持续顺利运行，完成共建任务，共享成果，必须对共建共享的各项工作进行决策，协调各成员馆之间的合作，组织并监督成员馆实施相关决策，对财务、设备采购、数字资源采集、各成员馆的特色数据库的建设等进行组织，保证共建共享系统的运行与发展。

5. 技术保障平台

基于数字化信息资源的特点，对技术的要求是很高的，在共建共享过程必须有技术做保障才能顺利进行。技术保障平台须对各成员馆的技术进行统一购置与使用指导，如人员培训等。特别是那些昂贵的技术软件，如 SFX 软件，单个图书馆买不起，则可以在共建共享联盟的名义下购买，再给共建共享成员馆安装。

6. 事务共享，信息通用平台

数字化信息资源共建共享管理平台在机制、资源建设、数据管理、协作组织、技术保障等平台的基础上还要进行事务共享，搭建通用信息平台。兼顾信息资源现有配置与管理状况，对分散异构的信息资源系统实现无缝集成整合，并在新的信息交换与共享平台上通过信息通用平台开发新的应用，实现资源最大增值以及信息资源网络建设的全面协调发展。

（四）服务共享平台

数字化信息资源共建共享的服务平台包括信息技术设备共享服务平台、数据共享服务平台、咨询服务平台共享等。在"读者服务中心"理念精神的指导下，为读者提供"一站式服务"，负责各成员馆资源数字化为用户可以检索的数据库，如：馆藏目录、自建特色数据库、地方特色数据等，转化成具有兼容、可交换性的通用分布式数据库。在统一检索语言，统一的用户认证、统一记账系统等条件下，用户一次登录便可检索到各成员馆数据库，从而实现资源的双向流动与互补，提高各成员馆数字化资源的利用率。

数字化信息资源共建共享工程是一项复杂的公共服务系统工程，由于受到经费限制、知识产权限制、管理体制、技术水平、馆藏水平以及人员素质等诸因素的影响，数字化信息资源共享存在一定现实限制，不可能所有的资源都能达到共享。因此，在数字化信息资源共建共享中还需要对以上的影响因素进行不断研究探讨，加快共享的进程，实现数字化信息资源的共享最大化。

第三节 数字信息资源的服务形态与经营模式

数字信息资源的服务形态可概括为基于数字化资源的服务形态、基于信息集成的服务形态和基于用户活动的服务形态三种类型。而基于用户活动的数字资源服务是发展方向，其服务创新包括嵌入用户信息环境的个性化服务系统与桌面工具、集成各类资源与应用的门户服务等。数字信息资源服务主要存在公益性经营和产业化经营两种经营模式，文章分析了我国数字信息资源服务与经营存在的主要问题，提出了相应对策。

目前学术界已对数字信息资源的组织、管理进行了多角度、多层次的深入研究，但对其服务形态与经营模式的研究则相对薄弱。随着我国数字图书馆理论和实践的发展，以及信息市场的逐步形成，数字信息资源的服务形态与经营模式将成为学界和业界关注的问题。

一、数字信息资源服务的类型与特点

有专家认为，在网络条件下，数字信息资源系统、信息服务系统和用户信息系统是数字信息资源服务三个必不可缺的要素，围绕三要素在数字信息资源服务中所处地位和作用的不同，已经产生了三代不同的数字图书馆机制演变：从基于数字信息资源的系统形态逐步过渡到基于集成信息服务的系统形态，并开始向基于用户信息活动环境的系统形态发展。据此，我们可以将数字信息资源的服务形态概括为基于数字化资源的服务形态、基于信息集成的服务形态和基于用户活动的服务形态三种类型。

（一）基于数字化资源的服务形态及特点

这是一种面向信息资源的，并以信息产品为中心的数字资源服务形态，是数字信息资源服务从传统图书馆机制脱胎阶段所采用的工作模式。此时的数字信息资源系统主要是由特定的数字化馆藏资源构成，并作为独立系统嵌入传统图书馆系统中，其服务形态主要是提供跨越时空的特定文献检索、浏

览和存取服务。其特点表现在：①离散性。信息产品以独立的体系出现，各自之间缺少必要的、有效的联系和协调，分散在不同的面上，成一种分散的点对点或点对面的服务状态，各点面之间没有形成有效的连结。现有的通用搜索引擎不能对其内容建立索引，用户如检索多个数据库需逐个地进出于数据库之间。②隔绝性。信息系统与用户的信息利用过程相对隔绝，数字化文献的信息描述、组织、检索与传递是信息服务的基点和中心，还没有对用户的需求给予足够的重视，把用户放在从属地位，由产品去引导需求，用户的需求与能动性被忽视。

（二）基于信息集成的服务形态及特点

所谓信息集成，是指根据某一特定的主题，将相关信息从不同的信息源（无论其地理位置、数据结构和通信要求）有机地链接成一个整体，借助于网络技术和应用软件的支持，提供用户访问。信息集成检索是信息集成服务的主要形态。

基于信息集成的服务分为两个层面：第一个层面是基于多样化数字信息资源的集成检索和服务，如"英国电子图书馆计划"的复合图书馆项目组推出的集成化信息检索系统和清华同方的异构统一检索平台等，主要是在同一部门的异构数据库之间进行；第二个层面是基于分布式、多样化信息资源的集成检索和服务，以分布式多样化数字信息资源的互操作和整合为出发点，打破原部门之间的严重分离，全面支持分布式异构信息的检索与索取，强调对信息资源进行规范的利用与管理，为用户提供全方位多层面多角度深层次个性化的信息产品与服务。如大英图书馆的 BL Direct 服务系统、中国科学院国家科学数字图书馆（CSDL）的集成化服务平台等。

基于信息集成服务形态具有以下特点：

1. 资源优化整合

通过营造集成数据环境，实现信息的一次生成、多次传递、共享使用。对若干信息制作、管理单位中分散存储和管理的各类信息资源，利用计算机技术、数据通信技术、网络技术和数据库技术进行统一管理，使信息资源得到合理组合，取得最好的组织结构和组织功能，实现信息资源的数据共享。

2. 以用户服务为核心

信息集成服务的主要目的是解决信息资源分散性与读者信息需求综合性的矛盾，从以机构/资源为建设的出发点转换到以服务/利用为建设的出发点，用户成为信息服务的主体，其在信息活动中的主观能动性和参与作用得到了重视和强调。

3. 资源建设与服务的标准化

信息集成服务涉及了资源、服务系统等多方面的内容，因此需要建立起自己的标准与规范描述体系，按照统一原则、框架和基本方式，规定应遵循的各个层次的标准与规范，从而支持在整个数字信息环境中有效使用、广泛获取和长期保存信息。

（三）基于用户活动的服务形态及特点

随着信息技术的飞速发展，信息环境发生了革命性的变化，先进的网络基础设施使人、工具和信息更紧密地联系在一起，用户希望数字信息资源体系能在信息集成服务的基础上，与其知识需求、行为习惯、工作学习环境紧密结合，实现数字图书馆由"信息存储地"向"信息空间"的转变，即在分布式数字资源系统和集成信息服务体系基础上，通过一定的个性化定制机制形成适应用户或用户群组需要的动态过滤、析取和组合的资源、工具和服务集合，为数字信息用户构建一个提供个性化知识服务、交流与工作的虚拟空间。

基于用户活动的服务形态是一种以用户为中心来聚合资源、服务、信息利用活动的动态机制，其目标和功能都着力于支持用户利用信息、提炼知识、解决问题，成为用户工作环境和流程的有机部分。

其特点主要表现在以下方面：

1. 用户需求驱动

相对前述两种服务形态，基于用户活动的服务形态将服务的重心更多地放在"是否通过我的服务解决了用户的问题"（而不仅仅是"我是否提供了用户所要的文献"）。围绕用户个性化信息活动和环境，充分集成和动态组合各种资源、工具与服务的个性化使用环境、个性化资源共享等服务模式逐步成为数字信息资源服务的常态，服务机制不再游离于用户活动和用户环境之外，用户需求真正成为主导要素。

2. 交互性

智能化代理、网格等先进技术的应用，为信息服务在交互性和个性化方面提供了广阔的发展空间，如 NSDL 提供了基于用户文档的以用户为中心的学习过程和环境，允许用户创建学习对象，执行、评估并控制学习经历，支持基于疑问或异步的学习过程，显著增强了系统与服务的交互性。

3. 知识性

知识发现、数据挖掘、本体论、语义网络等信息检索技术的发展，令文献信息检索服务的"粒度"变得更细，通过信息的析取、链接、嵌入和重组来形成恰好符合用户需要的知识产品成为可能。

4.开放性

基于用户活动的服务机制要求以开放标准来定义数字信息系统的各层信息模式，引入诸如数字对象、开放链接、分布式代理、开放系统框架等概念和技术，建立开放灵活的信息组织技术机制，令信息资源和服务可描述、可解析、可抽取、可转换、可链接、可嵌入、可互操作、可重组、可扩展，文献成为一种有机系统，知识体系和信息系统也成为动态变化、联系和组合的有机体，可随着用户的信息需要、利用过程和新信息产生而以不同形式来呈现、组合和变化，从而支持丰富的信息处理和服务功能。

很显然，基于用户活动的服务形态将成为数字信息资源服务的发展方向。

二、基于用户活动的数字资源服务创新

（一）嵌入用户信息环境的个性化服务系统与桌面工具

1.个性化服务系统

MyLibrary 是图书情报机构应用较早且已成为数字图书馆的一种基本服务的个性化服务系统。通过 MyLibrary，用户可以依据自己的需求选择信息资源，创建个人图书馆信息系统，实现对个人信息资源的管理。但相对于日益发展的学术信息需求来说，MyLibrary 实现的个人信息管理服务功能未免过于简单化，近年业界相继推出多种功能更加强大的系统，如 PIE、LOVE、My Grid等，则能有效地拓展个性化信息服务的空间。

PIE（Personal information environment）是英国 HeadLine 复合图书馆项目所开发的一个基于网络的系统。相对 MyLibrary 而言，PIE 的个性化服务功能有了更多的改进：①个性化使用环境：根据标准的信息资源模板，系统提供了一张与用户学科领域或课程相关的信息资源页面，以高度定制化的方式组织用户所需的资源。②个性化信息资源共享：在用户许可的前提下，用户能够与其他 PIE 用户共享资源，系统安排了相关领域的学科馆员对用户之间的共享活动进行管理和维护。

LOVE（Learning Object Virtual Exchange）是美国国家科学、数学、工程和技术教育数字图书馆（NSDL）开发的一个基于多代理的个性化信息服务系统。LOVE 在参与用户任务及学习深度方面取得了明显的进步，它将信息对象的类型拓展到作业、考试、报告等更加丰富的个性化的零次文献资源，改变了 Web 上以传统方式静态组织、检索内容的模式，显著增强了系统与服务的交互性。

My Grid 是英国曼彻斯特大学等与欧洲生物信息学学会以及一些生物信

息技术公司联合开发的一个支持生物学研究群体决策的个性化知识服务系统。以网格技术为核心的 My Grid 围绕个性化将系统的交互性提高到一个全新的高度，表现在：①信息资源交互——利用网格技术解决海量分布式的异构资源的互操作。②人机交互——通过为用户提供虚拟的数字科研环境，对处于该环境中的用户完成任务的全过程进行直接、深入的参与，提供信息服务，管理信息资源。③用户之间的交互——通过 E—Science 支持面向任务和解决问题的科学家用户之间的协同工作与合作研究，支持该过程的信息管理与服务，并直接支持问题的决策与解决。

2. 桌面工具

桌面工具又称工具条，是指由一组工具条按钮或其他功能控件组成的一个特定区域，与浏览器紧密绑定，用户只要打开浏览器，就可通过工具条随时访问图书馆的信息资源，获得特色服务，而无需进入图书馆网站。由中国科学院国家科学图书馆开发的"e 划通"，就是一种嵌入用户个人信息环境的桌面工具，它具有划词搜索、多种数据库查询等功能，并且集成了参考咨询和其他实用信息的查询的功能，使用户在用自己计算机浏览网页、编辑文件、讨论问题的过程中，一旦发现自己关心的问题，不用跳出自己的工作环境，不必中断自己的使用过程，直接划选相关词句，自动检索国家科学图书馆的各种数据库、服务系统或网络搜索引擎，自动获取相应信息，回到用户的当前使用环境。"e 划通"令国家科学图书馆的资源和服务直接嵌入和融会到用户个人的工作、学习环境和过程中。

（二）集成各类资源与应用的门户服务

英国 JISC（The Joint Information Systems Committee）对门户的定义："从技术角度，门户是一个网络服务，通过利用统一检索、收割、提示等技术从各类分布资源获取内容，以统一形式呈现给用户；从用户角度，门户是各个资源的共同访问点，可以提供个性化服务功能，用户能够同时检索多个资源，浏览合并检索结果。门户作为一个中间层，根据用户和访问策略将各类信息、事务处理和应用进行聚合、集成、个性化，展现给用户。"由此可见，门户是一个为用户集成图书馆各类资源与应用，并能根据用户的个性化需要提供多种解决方案的综合性网站。

1. 学科信息门户

随着互联网技术和标准的发展，学科信息门户的建设已经经历了三个阶段。第一代门户以学科信息导航为主；第二代门户基于跨学科检索技术，由多个单学科门户组建而成，支持跨学科检索和元数据格式的转换，解决多语种问题；第三代门户提供一整套数字信息资源的整合、集成和服务渠道，用户可以方便地搜索、调用各种信息资源和信息服务，如英国的 DNER 和美国的 NSDL，以及正在建设的中国社会科学信息门户（CSSIG）。

2. 综合服务型门户

随着技术的发展及用户期望的提高，具有更复杂功能和更高级集成能力的综合型服务门户应运而生，它能够将本馆其他各种类型的门户（如统一检索门户、学科门户、特色门户等）集成在一起，构成完整的数字图书馆综合服务门户。一个完全版的综合服务门户，应该具有统一访问界面，资源导航，内容聚合，统一检索，OpenURL 资源链接/调度，支持个人空间服务、个性化定制服务及集成其他系统，资源级和应用级统一认证，支持 portlets[一种生成片段（遵守特定规范的标记语言，如 HTML、XML）的 Web 组件] 等功能，并具有应用集成能力、协作能力和互操作能力，以便更好地支持用户的学习、教学和科研工作。

三、经营模式与运行机制

目前，数字信息资源服务大体存在两种经营模式，即国家或部门投入的公益性经营模式和产业化经营模式（又称企业化经营模式）。公益性模式的主体主要包括由政府出资兴办的各级各类图书馆、档案馆、信息中心等，面向特定用户群体实行公益性信息服务，公益性经营是由其作为负责社会教育和服务的公益机构性质所决定的。它通过建设站点作为数字信息资源利用和整合的数字化平台，依托网络向社会提供一般性信息浏览服务，并利用用户认证等手段，面向持有使用权的用户群体提供信息检索、传递和下载等深层次信息服务。公益性经营模式强调信息服务的社会效益和经济效益，充分运用多种先进技术进行信息资源的集成开发利用，充分利用图书馆联盟、联合目录编制、合作参考咨询服务、馆际互借、电子文献传递等方式提高和扩大数字资源的共享和利用效益。

产业化模式的主体包括数据库生产商、信息内容服务商和出版商，其投资主体主要是专业机构或企业。产业化经营模式强调市场机制的导向作用，其业务经营可划分两大块：一方面以团购方式面向群体用户（如各种类型的图书情报机构）提供数字化信息资源的网络使用权，另一块面向个人用户，通过发行阅读卡（如超星数字图书馆）或与大众搜索引擎合作（如维普、万方），为个人用户提供方便灵活的通过电子商务实现的终端服务。

在西方发达国家（以美国为例），由于相关法律保障健全、市场机制灵活，且有先进的信息技术作支撑，由私人机构经营的数字信息资源的商业性服务得到迅速发展，其服务形态和经营模式灵活高效，且力争贴近用户需求，并与公益性经营机构形成了既竞争又合作的格局，有力地促进了数字信息资源的共享，提高了数字信息资源服务的质量和效率。反观我国，由于数字图书馆建设所涉及的组织、技术、制度等因素发展的不平衡，数字信息资源服务的经营者主要由公共部门（公益性信息服务机构和具有政府运作背景的公司企业）组成，公共部门挤占了私人机构可能的市场，形成了数字信息资源重复建设、信息产品查询不便、资源使用效率低下等局面。同时，由于我国信息技术研发基础薄弱，投入不足，先进的信息技术大多数是依靠引进（如本文所述的集成信息检索系统、个性化服务系统、门户系统），造成了不同地区之间、类型之间信息服务机构信息技术应用的不平衡发展（如一些资金、技术力量雄厚的大型信息机构已基本实现基于信息集成的服务形态，并向基于用户活动的服务形态转变，而大多数的中小型信息服务机构还停留在基于数字化信息资源的服务形态），使信息鸿沟进一步扩大。

要改善我国数字信息资源共享和服务效益不明显的状况，不能简单地将公益事业转变为企业化运营。相反，我们应该借鉴发达国家的经验和做法：政府在科技信息资源的充分共享对于推动科技发展、社会进步具有举足轻重作用方面有着理性的认识，因此政府在促进资源流动与共享方面始终起着主导作用，这种主导作用主要体现在对信息资源共享的总体规划与政策指导、技术开发，对竞争性信息资源共享项目开发的引导、推动与初期投资等。当前，我国应改变将大量公共资金用于支持建设数字图书馆实体的发展思路和方略，将工作的重点调整到宏观政策的制定方面，要善于运用立法方式推动信息公开和信息共享，营造相应的立法环境，建立部门科技信息合作共享机制，制定信息共享的标准，为信息资源的整合、共享打下良好的基础；同时，通过完善相关制度和法制环境，规范和培育数字化信息服务市场，吸引私人机构广泛参与数字信息资源建设和相关技术研发。对于公营信息服务机构，则通过调整和完善管理机制及业务流程，深入发展和推进"以用户为中心"的办馆理念，强化主动服务机制，建立健全数字信息资源服务的绩效评估体系（包括引入第三方评估体系，将用户满意度列为评估的重要指标等），充分运用成熟技术提升公益机构信息资源在全社会的显示度和可用性。

第四节 数字资源的长期保存的价值

经济学上，价值指受益。数字资源的价值是用户对其访问和使用所获得的受益，如增加知识、获得娱乐、帮助解决问题等。显然，这种受益难以精确计量，也难以用货币标识。

从经济学角度看，数字资源是一种经济产品。在具体的数字资源保存实践中，这种经济产品有两类：一是公共经济产品，比如美国国会图书馆的"美国记忆"，该类产品提供者为公共保存机构（比如各国的国家图书馆）；二是市场经济产品，比如 CNKI 的中国期刊全文数据库，该类产品提供者为商业企业（比如清华同方）。作为一种经济产品，数字资源保存的基本经济属性是供给与需求，保存价值不仅影响数字资源保存的供给，同时也影响数字资源保存的需求。保存价值高，不仅会提升数字资源保存的供给，也会刺激数字资源保存的需求；反之，将会导致数字资源保存的供给、需求下降。因此，保存价值不仅是对数字资源进行保存选择的重要依据，也是实现数字资源保存项目可持续性的基本条件。

一、数字资源长期保存的内容

（一）保存存储信息的载体

数字资源必须借助于相应的工具才可以识别、读取，数字资源本身无法独立存在。所以，只有首先保存好数字资源的存储载体，才能为保存数字资源创造条件，载体的质量一定程度上影响数字资源的质量。

（二）保存数字对象的来源和出处

数字资源的价值体现之一就是其来源和出处的影响力，数字来源的质量高低决定数字资源质量的高低。指明了数字资源的来源，用户才能对该数字对象有个更为清晰、直观的认识和了解。来源和出处对数字资源的可信性、准确性具有重大的影响，同时这也是满足用户的需求。

（三）保存相关的链接

在计算机技术和网络技术迅速发展的今天，带有超文本链接的数字对象所占的比例越来越大，超文本链接有极其方便的利用价值，通过对链接的激活，可以直接存取或查阅相应的数字对象，链接的保存成为数字资源寻根溯源的体现。

（四）保存完整的数字信息内容

首先，数字信息是由 0 或 1 所构成的比特流组成的，保存数字资源的最低级别的要求就是保存好完整的比特流。但是，只是保存比特流不一定能确保数字对象具有可读性、有效性或可理解性。在一组数据中，只有其内容含义才具有最重要价值。若丢失这些数据，尽管知道数据信息的生产者，仍不能够被用户所利用，对用户来说此数据基本上是毫无用处的。因此保存数字资源不仅要保存比特流，还要保存它所描述的核心内容。

（五）保存元数据

元数据是数据的数据，人们可以通过元数据来记录数据形成时的背景信息和环境，记录数字资源的结构以及形成、储存、检索、利用的全过程。同时依靠这些元数据，可以保证数字对象的可读性和可理解性，也能证明数字对象的原始性、真实性和证据价值。

（六）保存数字格式与处理信息

通过保存有关数字信息编码、格式、标记、结构、压缩、加密等方面的技术方法信息，确保能够识别和解析数字信息内容。

二、数字资源保存价值解析

（一）数字资源保存价值体现

数字资源保存价值体现在用户需求之中。数字资源保存的用户需求有两个基本属性：一是当前需求的发散性，不同类型的用户群体对同一类型的数字资源的需求会有所差别，甚至差别很大，需求的发散性导致不太可能存在一个广泛认同的数字资源的保存选择标准，对数字资源的保存选择是数字资源保存价值的一种体现，针对不同类型的数字资源，用户需求的发散程度可能不同，比如学术界对学术论文电子版需求的分散程度较小，但对学术交流的新型形式（如博客、无印刷版的预印本等）需求的分散程度较大。二是未来需求的预测性，用户需求不仅分布在现在，更主要的是分布在未来，因此保存决策者不仅要考察用户的现实需求，还必须预测用户的未来需求，比如保存因特网上网站以备未来之用。

1. 数字资源保存价值与数字资源半衰期有关

不同类型数字资源的半衰期不尽相同，半衰期越长，保存价值就越大，保存周期也会变长；反之，半衰期越短，保存价值就越小，保存周期也会缩短。前者的一个例子是音乐、文学、濒临灭绝的语言素材、考古发现、地震记录，以及历史资料等领域的数字资源保存，这类数字资源的半衰期一般较长，有的甚至会很长，保存价值也较高。后者的一个例子是自然科学领域的数字资源保存，该领域的数字资源保存周期相对较短（一般 5—10 年），之后被更新的、更准确的数字资源所替代，故其保存价值也较低。

2. 数字资源保存价值受软硬件技术影响

在长期保存过程中，由于 IT 技术的快速发展，硬件的退化和软件的过时对数字资源的保存价值是一种永恒的威胁。这种威胁常表现在两个方面：一是简单的物理贬值，表现为存贮介质的退化，导致数字资源内容的改变，致使数字资源的保存价值降低；二是知识和逻辑方面，表现在文件格式的过时和不兼容，前者会影响物理上完整的数字资源的用户可理解性，后者会影响应用于同一软件的不同版本的文件格式的数字资源的用户可阅读性。减少数字资源存储介质的物理退化以及数字资源可理解性的损失会增加保存成本，但是如果不采取必要措施，未来用户对数字资源的有效访问将面临挑战。因此，软件技术的过时和硬件技术的退化必然导致数字资源的保存价值呈现递减性，为了减缓这种递减进程以最大限度地维持其长期保存的价值，就必须进行持续投资。

3. 数字资源保存价值与长期保存策略选择有关

数字资源价值的关键特征识别以及维护这些关键特征的技术选择对数字资源的保存价值至关重要。在长期保存过程中，由于 IT 技术的快速发展导致对保存的数字资源实施维护成为必然，对一些数字资源，采用数字迁移策略比较合适，但对于外观对其使用价值非常重要的数字资源（如古籍），数字仿真策略应是比较理想的选择。但是，无论采取何种策略，数字资源的质量均会降低，这也是随着时间的推移，任何数字资源的保存价值呈递减状态的一个重要原因。

（二）基于数字资源保存价值难以度量的测度方法

数字资源保存价值的测度来自用户使用数字资源的受益。但这种受益很难准确度量，正因为如此，保存价值常用负面受益形式表示，这种负面受益包括两个方面：一是如果数字资源没有保存，未来需求时就需重新生产，这会产生生产成本；二是如果无法再次生产出这些数字资源，将导致永久性无法使用，此时的保存价值可以用减少无法接受的损失风险来衡量。

（三）基于数字资源保存价值不确定的保存策略

数字资源保存是一种跨越时代的职责，对数字资源的保存价值判断不仅着眼于当前用户需求，而且还要分析预测未来用户需求。但是，未来用户需求存在着众多不确定因素，所以，众多数字资源的未来保存价值难以确定。在这种情况下，对数字资源进行长期保存选择的常用决策方式是基于当前使用状况。但对当前使用率低的数字资源，这种决策模式会产生被丢弃风险。在数字资源保存的实践中，"购买时间"（经济学术语）策略可以降低这种风险，避免因数字资源被丢弃而造成的不可逆转损失。在经济学中，"购买时间"策略的根本目的在于推迟最终决定。在数字资源保存实践中，"购买时间"策略的具体应用是，针对未来需求难以确定的数字资源，当前投入少许资金将这些数字资源仅仅存贮在安全的物理介质中，而不投资进行其他形式的长期保存管理活动（如数字迁移），当未来出现明确需求时，数字资源保存决策者就拥有了对这些数字资源实施全面保存管理与提供服务的选项，从而避免不可逆转的损失。例如，针对目前流行且访问量较高的博客，如果因为未来需求不确定而作出决定不予保存，那么该决定是不可逆转的，即使未来出现对这类数字资源的明确需求，该决定也无法改变，因为这些处于高度动态化Web环境的博客数字资源可能已经消失。

三、数字资源长期保存的战略价值

（一）数字资源在信息社会已经成为战略资源

数字资源的价值变得越来越重要，它是信息资源的重要组成部分，和信息资源一样在当今信息社会的发展中意义重大。随着信息社会的不断深入发展，信息资源的重要性也丑益增强。信息资源对能源和材料有巨大的倍增作用，可以通过放大、节约、引导、拓展、替代、创新等方式，充分实现能源与材料的效用，更加充分地发展社会生产力。此外，信息资源已经成为社会生产力中最新、最具生命力、最活跃的要素，信息资源在科技进步、经济发展、环境保护与资源替代、提高人的素质方面有重要战略价值，这使其在社会经济资源结构中占有不可替代的地位。

（二）数字资源逐步成为国家信息资源的主体

国家的社会信息化进程在不断地深入发展，无论在经济、政治、军事领域，还是文化领域，甚至公民个人生活及学习领域，全社会的信息资源在以一种前所未有的速度实现数字化。数字资源由于有着无法比拟的优势，所以在信息时代被人类在各领域广为利用，它不仅对人类的生产生活产生了深远的影响，同时也改变了传统的经济、政治、国防等人类社会各项基本组成部分的运作运转方式。数字资源数量在迅速不断积累，数字资源在信息资源中所占的主体地位也在逐步确立与巩固。

（三）能否有效长期保存数字资源，事关人类文明能否传承

人类文明史一般是指有文字记载的历史，也就是用确定性的数据符号体系表达的信息记录所记录的历史。信息记录可以说是文明和历史的载体，如果没有这样的信息记录，人类文明就无法完成传承，从结绳记事、甲骨刻契到金石铸凿，再到竹木刻写，利用纸张书写、印刷，人类文明用各种记录方式被世代传承。中国有悠久的历史，同时是四大文明古国中没有发生文明中断的唯一国家，五千年源远流长的文明之所以能够保留，主要是因为在她的历史上基本没有出现大时间段的断层，虽受战争、自然因素的影响，但信息记录没有发生严重的遗失。

（四）能否有效长期的保存数字资源，事关经济发展与社会进步

在信息社会，信息资源已经成为第三大支柱资源，成为转变经济发展方式的基础资源。在国际上，对信息资源的控制成竞争的焦点，成为综合国力、竞争力的重要表现形式。要控制信息资源，首先必须要有足够的资源，并且是真正可用的资源。数字资源既然成为社会信息资源的主体，就必须得到有效的长期保存，保证其始终处于一个可供利用的状态。如今国际化发展迅速，如果不能长期保存数字资源，社会赖以存在和发展的核心资源将会遗失，我们国际竞争的基础将不复存在，在国际竞争中只能处于一个被动地位。

四、图书馆数字资源长期保存价值影响因素

影响图书馆数字资源长期保存价值因素很多，主要归纳为以下几种：

（一）读者因素

读者需求因素是图书馆数字资源长期保存价值的最基本影响因素。图书馆数字资源保存价值主要由读者需求决定。判断数字资源是否具有长期保存价值，应该考虑其是否给读者在政治、经济、科技、文化、艺术、欣赏、地理、教育、证据、历史等某一方面或多方面带来收益，它的类型特点、应用范围、内容详简、获取难易度是否符合读者需要。如果无法满足读者至少某一方面要求，其保存价值就被打折扣。当然，由于读者当前需求有发散性，

决定了不同读者群体需求会有所差别，不是所有读者都广泛认同数字资源保存选择标准，读者各自零星地对图书馆数字资源选择保存，这也是数字资源保存价值的一种体现。另外读者需求也可能来自未来，选择数字资源保存时，要考察当前读者需求和预测未来读者需求。总之，读者需求是图书馆数字资源长期保存价值最基本影响因素，深受读者欢迎、能满足多人需求的数字资源一定有其存在价值，值得长期保存。因为保存价值计量来自读者使用数字资源的受益。读者受益越多，长期保存价值相对越高。

（二）保存内容因素

图书馆数字资源长期保存价值与所选择保存内容有关。从数字资源内容作用方面看，若它具备科学技术因素，满足人们学习、工作和进行科学探索等需要，或具有文化遗产保护意义，为后人提供学习欣赏和保留非常珍贵的文化资料或具备记录历史事件、历史人物等特征，供后人考证等，这样的数字资源具有长期保存价值；从内容特点方面看，文献资源出版年代越久，现存数量越少，特别是母版、孤版、绝版，这类数字资源越具有长期保存价值；从保存数字资源类型方面看，半衰期越长的数字资源，保存价值就越大，如文物古迹、文学作品、音乐戏曲、艺术作品、濒危方言等数字化资源。反之，半衰期越短的数字资源，保存价值就越小，如小家电产品研发资料等。

（三）技术和媒体因素

技术和媒体因素是影响图书馆数字资源长期保存价值的直接因素。首先要有过硬技术和优良媒体介质能将数字资源长期保存，才有条件谈及数字资源长期保存价值。

当数字资源依存的软硬件设备长期保持不变时，保存的数字资源才长期可存取。但是由于信息技术发展日新月异，必然出现数字资源所依存硬件退化和软件过时，使文件格式不能被识别，使数字资源直接贬值。比如硬件可能出现网络通信、服务故障或者硬件驱动停产等导致数字资源内容改变，软件可能存在错误、故障和过时以及病毒侵袭导致储存文件格式过时和不兼容，使数据信息资源无法读取。此外，媒体介质对数字资源长期保存也有严重影响，进而影响了数字资源长期保存的价值评价。"媒体的腐坏与脆化带来信息的丢失，即使保存条件再好，数字媒体的架藏寿命也是有限的"，由于脱机存贮的媒体介质，如磁带、磁盘和光盘等寿命有限，受环境影响极容易损坏、氧化、霉变等，易使数字信息丢失，使数字资源保存价值大大降低。

总之，硬件、媒体、软件、格式等与数字文件读取有关技术，只要其中的任一技术不匹配就无法正确读取文件。因此，媒体的腐坏与脆化以及软件技术的过时和硬件技术的退化必然导致数字资源的保存价值呈现递减性。

（四）政策环境因素

政策环境是影响数字资源长期保存价值的重要因素之一。数字资源长期保存是保存国家记忆，需要国家支持。海外一些国家自 20 世纪 90 年代就关注这个问题。澳大利亚国家图书馆 1996 年启动 PANDORA 项目，开始长期保存网络出版物和其他互联网信息。之后，日本、美国、荷兰等国家相继出台政策、采取措施对数字信息资源进行长期保存。而我国对数字资源长期保存问题意识相对落后，虽然从 2011 年开始，相继开展一些项目，如 WICP 项目、中国 WEB 信息博物馆项目、CSDL 项目、CALIS 项目、NSDL 项目等，但至今为止我国还未出台宏观政策引导民众去正视数字资源长期保存问题，也没有建立数字资源长期保存体系。目前只有国家图书馆、国家科技图书馆、清华大学图书馆等采取了一系列数字资源保存措施，而其他图书馆还没看到有相关行动的信息。由于没有国家政策引导和统一布局，各级数字资源保存主体也不积极主动与其他数字保存机构、企事业单位、社会团体、个人等协商合作，使一些有价值的数字资源无法被发现、重视、挖掘，并及时进行长期保存，造成这些数字信息资源价值贬值或消失，如 1990 年北京亚运会的一些电子信息，目前已无法识读，也就失去了长期保存价值。

（五）社会观念、意识因素

不同时代人们的道德观、主流价值观、世界观、人生观等社会观念体系都有所区别。而数字资源的主要保存和管理机构——各类、各级图书馆，一般紧随时代主流和社会意识形态，基本上选择保存的是符合当时社会观念的数字文献资源，一些不符合主流价值观的数字信息资源价值而往往被忽略。然而，在现实中，人们社会观念、意识形态的是随着社会发展而逐步变化的。有部分违背当时社会观念、意识形态数字资源，在今后随着社会发展和人们思想意识、社会观念变化以及对数字资源评价标准更全面，它也会被人们认可甚至受到追捧，其保存价值会发生巨大逆转。比如邓丽君的情歌，柔美动听，但在我国改革开放前，这种声音不符合我国当时社会观念和意识形态，所以被批做"靡靡之音"，"腐蚀青年人"的精神毒品，被禁止收听、传播，无法体现长期保存价值。而在改革开放后，人们思想、意识、价值观都发生改变，已经接纳了这种格调的音乐，使邓丽君等港台歌星影星的作品，得以在大陆红遍大江南北，各数字资源保存主体和企事业单位、个人等都大量收藏珍存，成了永远的经典。

（六）评价体系因素

评价体系因素是影响数字资源长期保存价值评价的重要因素之一。评价标准、评价方法是评价体系包含的主要部分，评价体系还包括评价原则以及其他具体操作指标体系。评价体系因素对图书馆数字资源长期保存价值评价有着直接影响，在对图书馆数字资源长期保存价值进行评价时，要考虑选取科学评价标准与评价方法，尽量使评价标准合法合理，评价方法公正科学，指标体系完美无缺，评分标准明细清晰。对同一种数字资源，使用不同评价标准、评价原则、评价方法等操作指标体系来评价其保存价值，结果有很大差别。只有根据科学评价原则、评价标准和评价方法，才能使数字资源长期保存价值评价的结果合理可靠。

（七）经济因素

经济因素是数字信息长期保存能否顺利开展及有效进行的核心影响因素之一。数字信息长期保存价值也深受此因素影响。因为有多少钱，办多少事，如果没有足够经费用于数字资源长期保存项目，一些很有价值的数字资源也可能会因不及时采取长期保存技术措施进行保存，而导致数字信息内容受损或无法识读，使它贬值或没有价值。

数字信息资源长期保存需要很高成本，保存环境的创建、维护，软硬件投入、运行、维护，软件升级和硬件更新导致数字资源迁移、数字信息仿真费用，人力资源支出，业务培训、媒介的消耗、数字资源来源方版权利益纷争等，都需要大量资金支持，数字资源长期保存工作要继续下去也得持续投资。图书馆数字信息长期保存工作要以经济做后盾，才能顺利开展，才能使有价值的数字资源都得到妥善保存，也才能最大限度地减缓被保存的数字资源保存价值的贬值速度。

（八）法律因素

法律因素是影响数字资源长期保存价值评价的重要因素。数字资源长期保存过程中信息获取、提供服务和存储管理几个环节都涉及相应知识产权问题。为了避免产生法律纠纷，欧美一些国家特别重视这些问题的解决。例如法国以立法形式强制要求数字资源版权拥有者将数字资源向图书馆等数字保存主体呈缴；美国采取与数字资源版权拥有者签订呈缴协议来解决相关问题。我国目前还没有全面的关于数字资源保存知识产权法律，数字资源长期保存工作中遇到不少诸如数字资源知识版权以及相应软件版权保护等法律问题，加上我国目前法律中，数字资源合理使用制度适用范围在缩小，而对知识产权（版权）保护却加大，使图书馆数字资源长期保存工作更加困难。例如，图书馆未获得版权所有者许可就对数字资源进行长期保存使用，就容易违法。如果知识产权相关法律不做修改，数字资源长期保存行为就存在风险。法律因素加大了数字资源长期保存工作难度，使数字保存主体因怕违法不敢保存一些有价值的数字资源，进而影响了数字资源长期保存价值的判定。

（九）人才因素

人才因素是影响数字资源长期保存价值必不可少的因素之一。数字资源长期保存工作顺利展开，不论哪一项，都离不开人才。例如数字资源保存技术研发，软硬件运行维护，以及数字信息迁移、仿真、再造，数据恢复等，都需要相关技术人员、管理人员跟随技术发展而采取跟进措施，否则保存的数字资源无法读取和提供服务，长期保存的数字资源价值就无法体现。在数字资源的选择、评价体系的制定、数字资源价值的评判，都需要专业性很强的人员来完成，他们专业水平的高低和责任心的强弱，直接影响数字内容的选择和数字资源价值的评价。例如，被广东省立中山图书馆以 160 万元的价格从古籍玩家手中购买的当作镇馆之宝的南宋《金刚经》孤本，曾被鉴定专家误判为不值钱。可见人才对文献资源的价值评价多么重要。此外，图书馆数字保存行为，稍有不慎就涉及知识产权纠纷，需要懂法律的人员参与此项工作，以尽量减少违法行为发生。但是，由于我国目前各级各类图书馆和档案馆，严重缺少高素质技术、管理人才和具备多学科知识复合型人才，这些对数字资源选择和对数字资源价值评价，都有不利影响。

五、提高图书馆数字资源长期保存价值的对策

（一）建立我国数字资源长期保存体系，统一规划、设计和管理数字资源，加强与社会各层次合作

数字资源长期保存涉及政治、政策、经济、法律、技术、社会意识等多方面问题，需要国家主导，全民参与。我国相关部门应该将数字资源长期保存工作列入国家信息化发展规划项目，并尽快出台政策，借鉴国外成功经验，建立我国数字资源长期保存体系，统一规划、设计和管理数字资源。如建立以国家图书馆、国家科技图书馆和国家档案局等为主导，各级各类图书馆、档案馆分担协作，以数据库商、出版社、期刊社、声讯影音公司等为辅助的数字资源归档体系。同时制定相关规则，明确各数字资源保存主体责任、义务，并对他们数字保存工作进行监督、审计、奖惩等。

此外，数字资源长期保存工作需要国家、数字资源保存主体及辅助机构、企事业单位、个人等相互协作，共同应对数字资源长期保存中出现的各种问题，共同完成数字资源的定位、选择、鉴别与保留，也利于数据格式标准的统一和数字资源长期保存措施的制定，节约了经费，避免了长期保存重复建设，使更多有价值的数字资源得到保存。

（二）注重读者需求，并将其特定需求融入数字资源长期保存信息管理系统设计中

图书馆数字资源保存价值体现在读者需求之中。因此，图书馆选择数字资源长期保存时，数字资源本身价值是重要考虑因素，但也要满足读者的需要；其次，数字资源应用范围、类型特点、内容详简、查找难易度等也尽量符合读者的需要。开发数字资源保存软件时，不仅要满足当前读者需求，未来的读者需求也要根据当前的各方面综合情况进行估测、考虑，将特定读者的特定需求融入该系统设计中，并且尽量周全、超前，以避免日后读者的新增需求与系统原有需求不兼容，进而影响系统正常运行与对记录的处理。

（三）制定统一的数字资源保存价值评价标准，多方面多角度选择需长期保存的数字资源

评价标准是数字信息资源长期保存系统建设过程中的重要元素之一，是保证数字信息资源长期保存各环节的操作基础，贯穿于数字资源生命周期全过程。但目前尚未有一个统一且能够得到国际广泛认可的标准体系，导致数字资源长期保存过程中出现诸如濒危数字资源未被保存、资源不全面、保存格式不兼容等问题，扰乱了数字资源长期保存的价值判断。我国有关主管部门应借鉴英国、美国、澳大利亚等国经验，尽快出台并推动执行我国数字资源长期存储系统功能需求规范，构建安全、可靠、稳定和经济的数字保存构架，加快我国数字信息资源长期保存的系统建设，使需要保存的各类数字资源都能实现长期保存。

另外，在评价数字资源内容价值时，应遵从数字资源是否具有客观性、科学性、原创性、代表性等原则，同时，思想要包容，目光要放远，有争议的题材独特的数字资源，需多方面、多角度慎重考虑，予以保存，或者以后有用，不能机械地一刀切掉给将来留下遗憾。

（四）改进、创新应用新技术，运用高效合理的保存措施保存数字资源

技术是解决数字资源长期保存问题的重要手段。目前我国数字资源长期

保存中常见技术有拷贝、仿真、迁移、封装、风干、数字再造、数据检测、数据更新、数字图形输入板、机构仓储等等，每种技术和方法都各有优劣。但这些主要技术并非我国自主研发，我国应在这方面加大技术创新力度，研发新技术。

图书馆进行数字资源长期保存时，一方面应根据数字资源长期保存需要、目标、资源类型、资源特点等进行综合选择保存技术，多种措施并举，技术措施和管理手段必须灵活运用。例如，对半衰期较长的数字资源如文物书画、音乐戏曲、重要史料等数字化资源，采用多份多地多介质保存机制，进行数字资源保存多种备份，用迁移方法、数字图形输入法对其进行长期保存或永久保存；对于半衰期较短很少被使用的数字资源，如果评价确有长期保存价值，用再生性保存方法，将它转移到缩微胶片或纸上长期保存。

另一方面，数字资源保存必须做好存储数据安全检测工作，对保存数字资源载体必须进行定期检测和拷贝。必须经常检查存储媒体上数据是否能正确存取，数据原始内容有无受到外界篡改和破坏等。

数字资源长期保存还必须选择合适的媒体介质，现有存储介质中，最适合于长期保存是特殊光盘，其后依次为磁带一般光盘和磁盘阵列。从保存期限和成本方面考虑，选择特殊光盘和专业磁带较为适合。此外，安全策略方面，参照国家图书馆做法，通过备份机制、病毒检测机制、数据加密、权限控制、身份认证等安全策略保证保存资源的安全。

（五）加大政府投入，拓展多元化经费来源，以国家法律条文保障数字资源长期保存资金到位

图书馆数字资源长期保存需要大量资金长期投入，国家要主导这项工作从政策、资金等方面给予支持。如信息存储设备投入和运行维护费、软件升级、硬件更新、专业人员培训、设备消耗等费用，由国家主导保障经费投入，并制定相应法律法规保证这些资金到位。

其次，要拓展多元化经费来源，如图书馆要扩大宣传，积极奔走，联系实力相对雄厚的机构投资数字资源长期保存项目，例如数据库商，出版社等，按照投入比例计算收益，共同开发、共同经营这项工程。

第三，各级各类图书馆也要尽其所能，争取多方面资金支持，如争取地方财政的支持，争取社会团体和各类基金会赞助，充分发挥图书馆的主观能动性，探索有效的合作模式，做好数字资源长期保存工作。

（六）完善知识产权法，加强数字资源长期保存相关法律建设

针对我国目前知识产权等的相关法律不够完善，使不少价值很高的数字

资源得不到保存情况，我国应尽快完善相关法律保障体系，让图书馆等数字保存主体能顺利保存数字资源。明确赋予数字资源长期保存的法定地位，在增强知识产权人利益保护的同时，也要顾及国家历史、文化、经济、科技等数字资源长期保存。例如在版权法中赋予了图书馆等数字保存主体保存和限量使用合法数字资源的豁免权；完善著作权集体管理制度，加强与版权人的协作，与国际法协调，或学习法国的做法，尽快推进《出版物样本缴送管理条例》立法工作，以立法形式强制要求数字资源版权人将数字资源向图书馆等数字资源保存主体呈缴。确保数字资源在国家控制下长期保存，使有保存价值的数字资源充分被挖掘，从而长期保存下来。

（七）注重人才队伍建设，加快培养或引进技术型和管理型人才

图书馆数字资源长期保存和利用需要专门技术人才和管理人才做保障。据有关调查结果显示，多数图书馆严重缺乏数字资源长期保存的管理专家和技术专家以及拥有交叉学科知识复合型人才。特别是中小型图书馆，这种情况更加突出。所以，图书馆的决策层要重视技术型和管理型人才的培养或引进，也要注重交叉学科型人才的培养，特别是既精通图书情报学专业知识又懂得其他学科知识如法律、外语、历史文献等复合型人才的培养。根据馆情制定人才培养或引进策略并尽快实施，填补这方面的不足，提高图书馆人才队伍专业素质，以保证图书馆数字资源长期保存和利用工作的正常开展。

图书馆数字资源长期保存价值的高低，受读者、技术、政策、经济等多个因素影响。只有国家重视，建立数字资源长期保存机制，统一设计、规划、管理，加大投入，开放引进新技术，完善相关法律，大量培养人才等，才能使数字资源长期保存的各项工作顺利进行，使有价值的数字资源尽可能得到长期保存，为后人研究我国各阶段的社会、经济文化、科学技术、思想意识、文化艺术等提供最直观原始的资料，使国家、民族和社会记忆等得到永存。

第二章 数字图书馆的概念及安全管理研究

第一节 数字图书馆

一、数字图书馆

（一）数字图书馆概念

数字图书馆是用数字技术处理和存储各种图文并茂文献的图书馆，实质上是一种多媒体制作的分布式信息系统。它把各种不同载体、不同地理位置的信息资源用数字技术存贮，以便于跨越区域、面向对象的网络查询和传播。它涉及信息资源加工、存储、检索、传输和利用的全过程。通俗地说，数字图书馆就是虚拟的、没有围墙的图书馆，是基于网络环境下共建共享的可扩展的知识网络系统，是超大规模的、分布式的、便于使用的、没有时空限制的、可以实现跨库无缝链接与智能检索的知识中心。数字图书馆具有信息查阅检索方便、远程迅速传递信息和同一信息可多人同时使用等特点。

《2013—2017 年中国数字图书馆行业市场前瞻与投资战略规划分析报告》显示，数字图书馆的建设力量主要有：高校、国家图书馆和软件公司。其中：高校是各国数字图书馆建设的主力之一；国家图书馆在部分国家的数字图书馆建设上也发挥了巨大的作用，他们往往以"示范计划"的形式出现；计算机软件公司能参与到数字图书馆的建设中来，很重要的原因就在于数字图书馆对信息技术的高度依赖性。在这种因素的作用下，软件公司已经越来越成为数字图书馆建设中不可忽视的一支力量。任何一项国家数字图书馆计划都需要大量经费的支持，而在吸纳资金的问题上几乎各国都是"慷慨解囊"。目前各国数字图书馆建设资金的主要源于政府投入和基金会等机构的资助。

1. 数字图书馆是一门全新的科学技术，也是一项全新的社会事业

简言之，数字图书馆是一种拥有多种媒体内容的数字化信息资源，能够为用户提供方便、快捷、高水平的信息化服务机制。

2. 数字图书馆不是图书馆实体：它对应于各种公共信息管理与传播的现实社会活动，表现为种种新型信息资源组织和信息传播服务

它借鉴图书馆的资源组织模式、借助计算机网络通信等高新技术，以普遍存取人类知识为目标，创造性地运用知识分类和精准检索手段，有效地进行信息整序，使人们获取信息消费不受空间限制，很大程度上也不受时间限制。

3. 数字图书馆就是以数字形式贮存和处理信息的图书馆，是将计算机技术、通信技术、微电子技术等合二为一的信息服务系统

它针对有价值的图像、文本、语音、影视、软件、和科学数据等多媒体信息进行收集、组织、和规范加工，不再是传统图书馆以纸介质或其他非数字介质为存储载体。它利用现代先进的数字化技术，将图书馆馆藏文献数字化，通过国际互联网上网服务，供用户随时随地地查询，使处在不同地理位置的用户能够方便地利用大量的、分散在不同处贮存处的信息。只要在有网络存在的地方，就可以随时随地地查询资料、获取信息。通俗地说，数字图书馆是因特网上的图书馆，是没有围墙的图书馆。

（二）数字图书馆的范畴

1. 将纸质图书转化为电子版的数字图书；

2. 电子版图书的存储，交换，流通。国际上有许多组织为此做出了贡献，国内也有不少单位积极参与到数字图书馆的建设中来。

（三）产生背景

随着信息技术的发展，需要存储和传播的信息量越来越大，信息的种类和形式越来越丰富，传统图书馆的机制显然不能满足这些需要。因此，人们提出了数字图书馆的设想。数字图书馆是一个电子化信息的仓储，能够存储大量各种形式的信息，用户可以通过网络方便地访问它，以获得这些信息，并且其信息存储和用户访问不受地域限制。

数字图书馆是传统图书馆在信息时代的发展，它不但包含了传统图书馆的功能，向社会公众提供相应的服务，还融合了其他信息资源（如博物馆、档案馆等）的一些功能，提供综合的公共信息访问服务。可以这样说，数字图书馆将成为未来社会的公共信息中心和枢纽。信息化、网络化、数字化，这一连串的名词符号其根本点在于信息数字化；同样电子图书馆、虚拟图书馆、数字图书馆，不管用什么样的名词，数字化也是图书馆的发展方向。

（四）基本组成

1.一定规模并从内容或主题上相对独立的数字化资源；

2.可用于广域网（主要是 Internet）服务的网络设备和通信条件；

一整套符合标准规范的数字图书馆赖以运作的软件系统，主要分信息的获取与创建、存储与管理、访问与查询、动态发布以及权限管理五大模块，类似于图书馆集成管理系统对于传统图书馆所起的作用：数字图书馆的维护管理和用户服务。

（五）服务方式及作用

1."数字图书馆"概念一经提出，就得到了世界广泛的关注，纷纷组织力量进行探讨、研究和开发，进行各种模型的试验。随着数字地球概念、技术、应用领域的发展，数字图书馆已成为数字地球家庭的成员，为信息高速公路提供必需的信息资源，是知识经济社会中主要的信息资源载体。

2.数字图书馆的服务是以知识概念引导的方式，将文字、图像、声音等数字化信息，通过互联网传输，从而做到信息资源共享。每个拥有任何电脑终端的用户只要通过联网，登录相关数字图书馆的网站，都可以在任何时间、任何地点方便快捷地享用世界上任何一个"信息空间"的数字化信息资源。

3.数字图书馆既是完整的知识定位系统，又是面向未来互联网发展的信息管理模式，可以广泛地应用于社会文化、终身教育、大众媒介、商业咨询、电子政务等一切社会组织的公众信息传播。

4.随着计算机和网络技术的研究和发展，数字图书馆正在从基于信息的处理和简单的人机界面逐步向基于知识的处理和广泛的机器之间的理解发展，从而使人们能够利用计算机和网络更大范围地拓展智力活动的能力，在所有需要交流、传播、存储和利用知识的领域，包括电子商务、教育、远程医疗等，发挥极其重要的作用。

二、数字图书馆的特征

数字图书馆是数字化网络化的图书馆，是一个网络连接的"信息空间"，它利用计算机技术将各种文献信息资源数字化，并提供多媒体资料的网上服务系统，还对数据进行管理和存储，以便有效地发送和传递，便于读者访问和查询。数字化图书馆具有强大的信息收集、传播、发布和知识产权保护功能。用户可以利用数字图书馆，对多个信息源进行远程访问、搜索和查询。与传统的图书馆相比，数字图书馆大大扩充了自身的信息范围，提高了信息处理的效率，从而为信息密集的学习和工作提供了有效的服务手段。它具有文献信息资源数字化、网络化、共享化及服务全面、快捷、方便的特征。

三、数字图书馆的功能

尽管数字图书馆和传统图书馆一样是图书馆的一种发展形式，其功能在本质上是一样的，但是数字图书馆作为传统图书馆的延伸和发展，其功能也得到了延伸和发展。而且随着数字图书馆的不断发展，其功能也在不断发生变化。和传统图书馆相比，数字图书馆在保存信息、信息服务、社会教育等方面具有独特的功能。

（一）大容量地保存文献信息

保存文献信息历来是图书馆最主要的职能，可以说，人类物质文明与精神文明的许多重要成果正是由于历代图书馆的存在与发展而完好保存。传统图书馆主要收藏对象是纸质文献，受存储空间影响，其存储容量非常有限。数字图书馆以电子介质为信息存储的载体，其收藏对象是以"0"和"1"为主体的数字信息。电子介质的大容量储藏是惊人的，一张 1.44 兆大小的磁盘一般就能存储 70 万字的图书。

（二）最大限度地实现文献资源的共享

信息资源实现共享的基础首先是信息可以进行多项传递，其次是同一信息可以同时为众多的用户所接收、利用，而且不影响信息的再传递和再利用；同时，信息可以以多种形式进行大量复制、加工；此外，信息在使用时还将发生增值。以目前科技水平衡量，要达到上述要求，只有数字化信息可以做到。因此，以数字化信息为主要馆藏的数字图书馆可以最大限度地实现信息资源的共享。

（三）提供优质的信息服务

"为用户提供优质的信息服务"是传统图书馆的宗旨，同样也是数字图书馆工作永恒的主题。数字图书馆将改变传统图书馆信息存储、加工、管理和使用的方式，借助网络环境和高性能计算机等先进手段为广大社会成员提供优质的信息服务。数字图书馆以数字信息为服务标的，用户无论在何时何地都可以通过计算机终端和网络自由地获取信息资源。数字图书馆还可以通过网络信息导航、信息再加工和信息订制，为用户直接提供有用的信息，使用户面对日益繁多且杂乱无章的网络信息不至于不知所措。

网络信息导航是指数字图书馆通过对网络信息的研究、筛选与分类，将大量分散的同专业、同主题信息进行合理的组织，并建立专业信息资源指引库，建立因特网这一信息海洋的航海图，使广大社会成员在这一"航海图"的指引下，自由地邀游于信息海洋之中，能够快速便捷地获取信息。

进行深层次的信息加工，也是数字图书馆的功能之一。在信息时代，一条孤立的信息的价值相对较小，而一组相关的信息通过分析、推理、组合得到的新信息的价值往往大于所依据信息的价值之和。数字图书馆可以按照用户的需求，搜集相关信息，对信息进行系统的综合加工，然后提炼加工成"综述""述评""研究报告"之类的高级信息增值产品，从而实现信息服务从"提供相关信息到提供答案"的转变。

（四）最广泛地开展社会教育

从诞生那天起，图书馆就具有了开展社会教育的功能。在知识经济时代已经到来、终身学习已成为时代潮流的今天，带有围墙的、固定的传统图书馆无论是在服务时间，还是在服务场所等方面都无法适应广大社会成员的需要了。数字图书馆可以超越时空的阻隔，以其特有的数字化、网络化优势在知识经济时代开展最广泛的社会教育，尤其是信息素养教育。

数字图书馆以其对信息资源的整理加工和有序组织可以最大限度地突破时空界限，营造出全民终身教育的良好环境，对于我国国民素质教育将起到巨大的提升作用。这种高科技手段下的图书馆尽管目前在使用范围和服务人群方面有一定的局限，但在充分发挥传统图书馆的教育职能上却非常实用和便捷。随着计算机技术和网络技术的进一步发展，以及计算机和网络的进一步普及，人们使用数字图书馆也会像走进超市一样，坐拥书城，信手拈来。人们可以通过计算机终端和网络，随时随地学习。学习者可以在自己最有利的时机，根据自己的知识功底，选择最合适的教学内容和进度，以提高学习效率。通过多媒体技术、网络技术，数字图书馆还可以为社会成员提供图文音像并茂、丰富多彩的交互式人机界面，激发学习者的学习兴趣，加深对课程内容的理解。

四、数字图书馆的主要问题

（一）资源浪费问题

从数字图书馆概念的提出到现在许多高校图书馆纷纷投身于数字图书馆的建设行列，只有短短几年时间，由于缺乏统一的规划与协调，数字图书馆标准不一，相关立法尚未制定和执行，各单位之间的利益又难以找到彼此都认同的平衡点，同时，有的单位抱着"急功近利"的思想而片面地追求数字化资源的量，有的单位则是忽视自身馆藏的特点和学校教学的实际情况，这就造成中国不少高校在盲目地建设数字图书馆，合作建设少、各自为政多的现象屡见不鲜，各数字图书馆的用户检索界面、检索语言和管理系统等存在较大差异，不同馆的数据库各不兼容，各系统之间难以相互联通、应用，大量的财力、人力、物力资源浪费在低水平的重复建设上。

（二）信息版权问题

计算机技术、自动化技术和网络技术的高速发展，使文献资源的格式转换、数字化作品的复制、下载、盗版等变得更加容易，数字化作品的知识产权保护问题比传统纸质文献也更为复杂和突出。根据著作权法，上载作品必须取得作品权利人同意，但是资源库容量庞大的数字图书馆要取得每一位作品权利人的授权在现实中非常困难，在数字图书馆的有关立法中再不能套用那些陈旧的、与自身建设和发展特点不符的法规。

（三）建设资金问题

数字图书馆建设是一个庞大、系统、长期的工程，硬件设备和软件资源的购置、网络布线工程、人员培训、数字化资源的更新、馆藏文献的数字化转换等等，都需要充足的经费作后盾，但经费不足偏偏又是困扰高校图书馆发展的老大难问题。重点大学及进入"211工程"的大学数字图书馆建设与开发有专项拨款，而普通高校图书馆经费来源单一，主要依靠学校拨款，近年来图书、刊物价格大幅度暴涨，以致许多馆连每年的纸质文献购置、业务培训、科研、奖励等各项基本经费都难以维持，开展数字图书馆建设更是举步维艰。

（四）图书馆员素质问题

目前中国高校图书馆员队伍整体现状是专业知识和技能普遍不能适应数字图书馆发展的要求。随着数字图书馆的兴起，馆员队伍中专业人员与技术人员少、工作热情欠缺、年龄老化等现实问题显得更为尖锐。由于图书馆地位历来没受到足够重视，各大高校中普通馆员与教师仿佛是两个相差极大的级别而接受截然不同的待遇，致使图书情报专业、计算机专业、自动化专业等方面的人才择业时很少会将图书馆置于优先考虑的范围，这也是一直以来高校图书馆出现高素质人才难以引进，另一方面馆内人才纷纷跳槽另谋高就的重要原因。对现有馆员队伍缺乏系统的、有计划的在职学习和培训，馆员和业务水平难以出现质的提高，知识结构和观念落后陈旧，无法适应提供数字化信息资源服务的要求，这也是不容忽视的一点。

五、数字图书馆与传统图书馆的区别

数字图书馆是以传统图书馆为基础，是传统图书馆的进一步发展，两者共存互补，然而又有区别。

（一）文献信息载体及其寿命的不同

传统图书馆是以纸质载体为主，其他载体并存，它的复本概念和拒借率等现象始终存在，不会消失；而数字图书馆则是全部以电子出版物和网上数字信息为管理对象，它的存储介质已不限于印刷体，它具有文本、声、光、图像、影视等多种媒体，其存储的载体也相应的有光盘录音带和各种类型的数字化电子化装置。它通过多媒体、超文本、等技术，提供智能化的信息检索手段向读者展示各种生动、具体、形象逼真的信息，而且网络化的信息资源不存在复本和拒借率的现象。

以纸质为载体的文献，保存的时间长，若保管得当，可使用上百年的时间甚至更长，自古中国便有"纸千寿"之说。而电子载体不仅保存条件苛刻，且寿命极短，数字化的信息还容易受病毒等因素的影响，导致数据永远丢失，如果图书馆因经费拮据而不能续订网络数据库，那图书馆将会一无所有，因为图书馆只不过是购买一段时间的使用许可权。

（二）服务方式不同

传统图书馆是以物理的图书馆为中心被动地为读者服务，它受时间和空间的限制，只能局限在一定的地区和在一定的时间段里为读者服务；而数字图书馆的服务是开放型的，是一个分布式的图书馆群体，它是虚拟的，没有围墙的图书馆。数字图书馆通过宽带高速互联的计算机网络，把大量分布在一个地域或一个国家的众多图书馆或信息资源单位组成联合体，把不同地理位置及不同类型的信息按统一标准加以有效存储、管理，并通过易于使用的方式提供给读者，超越空间和时间的约束，使读者在任何时候、任何地方都可以在网上远程跨库获取任何所需的信息资源，达到高度的资源共享。

（三）图书馆管理员工作任务的不同

传统图书馆管理员主要任务是对文献信息进行收集、整理、保存、传播。例如：馆员要对新书进行采集，对到馆的新书要进行登录、分类、编目、上架、流通等工作，成为社会文化传播者的角色；而数字图书馆时代的管理员不再只是被动的信息资源的管理者，而是兼顾信息的采集、管理和传播，成

为读者利用文献信息的导航员，可以通过网络随时发布和传播各种文献资源信息，对读者进行"引导"，向读者提供多种语言兼营的多媒体远程数字信息服务。

（四）图书馆发展经费差别很大

传统图书馆的发展较缓慢，在图书馆建设基本完成以后花费不多；而数字化图书馆发展建设的投入就很高，具有高资金、高技术设备、高人力消耗投入的特点，而且信息资源共建共享也是高投入的。

六、数字图书馆的发展前景

数字图书馆是在 20 世纪末 21 世纪初提出来的，虽然还处在理论研究与局部开发研究中，但它强大的生命力已经展现在我们面前，数字图书馆是图书馆的一次革命，是传统图书馆的发展趋势，它必然会对图书馆界及整个社会造成深远的影响，但我们也应该看到，从传统图书馆到建成数字图书馆还有一段路要走，因为大量的国内外科技资料的数字化处理很可能是一个漫长的过程，因此，笔者认为它的发展建设应分两步走。第一，建立复合图书馆，也就是传统图书馆与数字图书馆并存，做好纸质文献资源与数字化信息资源的整合工作。首先对现有信息资源进行统一标准的存储和重新加工，建立完善的复合型图书馆信息资源体系，在技术标准上与国家标准保持一致。其次，在进行数字化建设时，要分清主次，优先将特色馆藏资源进行数字化加工处理，为读者提供更便利的服务。如开辟网上阅览、查询、检索等。第二，在复合图书馆的基础上建立真正意义上的数字图书馆，强化服务。数字图书馆是应服务的要求而产生的，它应该更要充分地满足读者的服务要求，适应信息载体发生的变化而使服务更趋多样化，由封闭走向开放，并与世界各大图书馆在因特网上融为一体。与此同时，数字图书馆的建设还要加大信息基础设施建设的力度，从通讯、网络、计算机等方面为数字图书馆正常运行提供保障，此外，各地区各部门的图书馆要打破区域界限，在编目、馆际互借、联机检索、采购等方面互相协调，按照优势互补、互惠互利的原则实行大联合，以便最大限度地共享信息资源，那么，数字图书馆的发展前景将会是一片光明。

第二节 数字图书馆建设

随着计算机网络技术、数字存储技术、通信技术的飞速发展，数字化的信息已经越来越多地呈现在我们的生活中。以前，当我们谈论图书馆的时候，头脑中自然涌现出的是雄伟的建筑、汗牛充栋的书库和宽敞明亮的阅览室。但今天在数字化信息的冲击下，一种新型的图书馆——数字图书馆出现了。它打破了人们对图书馆的传统认识，在计算机网络的信息管理系统下，成为一种虚拟的无围墙的图书馆。数字图书馆的出现，使人们随时随地都可以查找到自己需要的信息，数字图书馆资源的丰富性以及服务的方便性是数字图书馆建设的重点。

一、数字图书馆的概念

数字图书馆具有广泛的内涵和含义，不同的行业都有自己不同的定义。一般的图书馆用户认为数字图书馆只是传统图书馆的电算化、数字化。而教育界可能认为数字图书馆是数字化学校，将正式、非正式、职业培训等学习形式融为一体的技术支撑或者手段。综观各家之言，结合数字图书馆的特征和结构，我们认为：数字图书馆是传统图书馆功能的扩展，它对信息进行收集、转换、描述，并以计算机可处理的数字化形式存储馆藏信息和网络数字化信息，以智能化的信息检索方式和统一友好的检索界面，利用先进的信息处理技术和互联的计算机网络，提供多种语种兼容的多媒体远程数字信息服务。要理解数字图书馆的含义，可以把它与相关概念进行比较。

数字图书馆与电子图书馆：电子图书馆强调的是资料以电子形式予以存储和利用。实际上是一种组织电子信息入馆的场所，并提供有效利用。数字图书馆关注的不是"收藏"，而是网络共享，形态不是建筑的实体，而是通过网络建立在 cyber 空间的知识大厦。

数字图书馆与虚拟图书馆：数字图书馆和网络图书馆都强调信息传播的网络化，资源的广泛可得性，用户的感受。虚拟图书馆更强调信息获取的广泛性，信息宇宙是无所不包的，信息的物理存储对用户是透明的。

数字图书馆与无围墙图书馆：无围墙图书馆的概念主要是从用户感觉的角度来刻画数字图书馆的部分特征的，即网络化特征。如：利用因特网打破了获取信息的地理障碍和时间限制，使用户感觉好像正在利用一个没有围墙、不规定借阅时间的图书馆。

数字图书馆与复合图书馆：复合图书馆将传统图书馆与数字图书馆有机地结合起来，优势互补，信息用户在电子和印刷型资源并存地符合环境下查询信息。强调资源、技术、管理与服务各层面的整合和功能集成。

二、数字图书馆的资源建设

数字图书馆的三大要素是资源、技术和服务，其中资源建设是最根本的要素。数字图书馆中的资源包括三个方面：一是自主或合作开发的数字信息资源；二是购买或免费获得的数字化出版物和数据库资源；三是经过组织的网络信息资源。相应的，数字图书馆的资源建设就主要包括下面的三种方式。

（一）馆藏资源数字化

由于网络信息资源存在着许多问题：网上数字资源难以满足用户的需求；来源复杂多样，真实性与可靠性无法保证；网络信息提供上无保存职责，信息容易消逝；科技信息多，人文社会信息少。而数字图书馆资源建设的目标是针对服务对象的需求，建立方便可用的数字信息资源体系。所以馆藏资源数字化是资源建设中最重要的一环。

馆藏信息数字化也就是文献信息数字化，就是把原来用纸张形式存贮的文献信息转化为用计算机存储设备中的电磁、光电信号存贮的信息，从而使文献信息的载体由过去单一的纸质载体向多种载体形态发展。

数字化的途径有：

手工录入。即通过录入人员手工录入和绘制的方式实现文字、图表等的数字化。这种方式所需辅助设备较少，录入精度高，形成的数字化结果使用方便，可支持各种检索方式。但其缺点也是显而易见的，录入工作效率极低，时间消耗过大，人力成本过高，文字校对和排版工作量大。

高速扫描。即通过高速扫描设备对原始文本进行精确度较高的扫描操作，从而实现数字化转换。该途径包括两个层次：第一个层次只将图书资料扫描转化成为图片的形式。这对于一般的阅读需求是可以满足的，而且转换速度快，对原文的变化做到最小，转换效率高，人力成本低。第二层次是指在第一层次扫描图像的基础上，通过当前较为成熟的 OCR 技术实现对图像的文本识别和转换，再通过一定的文本和图表校验，从而实现扫描结果的全部或部分的文本化，从而达到和手工录入相同的阅读、检索、存储和传输指标。

数码拍摄。即采用数码照相机等数码设备对原始图书文本进行拍摄，再进一步实现数字化转换。这种途径一般不作为馆藏资源数字化的主要途径，只作为对其他方式的有益补充，主要用于古代书籍、画作等的数字化转换。

（二）购买数据库和电子化出版物

出版商出版发行的电子出版物有 CD-R0M、VCD、CD、LD、DVD 等多种类型，随着数字技术的发展，电子出版物的类型可能还会增多，各种类型的品种数量也会大量增加。由于电子出版物具有市场化、商品化的操作机制，所以这类信息资源将成为数字图书馆的重要组成部分。获取这部分资源的方法和传统的购买图书的方法相似，根据出版商或代理商的征订目录进行选购，或到现场进行现购。也要做好订购记录，以免重复购买。价格昂贵的可以与其他狭义数字图书馆进行协调。

根据各自数字图书馆资源建设的能力，可以选择购买现成的数据库。购买数字图书馆的步骤为：①数据库评估。数据库评估是引进数据库的第一步，同时也是具有决定性的步骤。评估的指标一般包括数据容量、学科性质、覆盖年限、更新频率、标引深度、出版声誉等。②组织试用。③签约。如果购买数据库的图书馆达到一定数量，应该采取集团购买形式，以文理中心或工程中心牵头统一签约购买。最后才是正式提供服务。

（三）网络信息资源的组织

Internet 作为一个整体，在使用者面前体现的根本价值就在于它提供大量的信息服务。信息资源是网络最重要的资源，其内容无所不包，信息量大到一个数字图书馆或几百个数据库。数字图书馆的一个最大的优势就是可以通过计算机网络共享网络信息资源，下载网络信息资源，以供自己所用。

使用网络信息资源时，要注意的问题是，要下载固定信息源提供的信息。网络上的信息源有固定和非固定之分：所谓固定信息源是指那些能长期地提供信息，而信息的内容范围较为稳定并能经常进行维护，不时增加新信息的网站，如政府机构、学术团体、图书馆、出版社、网络公司、数据公司等；非固定信息源是指提供信息的内容范围经常会发生变化或生产信息的随意性很大的以及随时可能会消失的网站，如一些个人网站、经营不正常的或试运行的网络公司等。

对图书馆来说，应该选择固定信息源。这是因为网络信息浩如烟海，不可能全部都能获取，必须有所选择，而固定信息源一般可信度较高，内容范围基本稳定，符合信息资源建设系统性原则的要求。

三、数字图书馆的服务开发

任何资源的建设，都是以提供服务为目的的。数字图书馆的建设也是以提高服务水平和服务手段为目的。数字图书馆是一个庞大的数字信息资源库。数字图书馆资源的数字化和传输的网络化，使得用户可以不受时空的限制，随时随地的造访数字图书馆，享受数字图书馆提供的各种服务。基于此，数字图书馆进行对用户有利的服务开发便成了一个重要任务。

1. 网上借阅服务

数字图书馆与传统图书馆不同，其资源的数字化、传递的网络化使得同一个数字化文献具有共享性，能大大提高信息资源的利用率。数字图书馆可以向用户提供最广泛的网上借阅服务，它包括数字化资源的在线阅读、下载、复制以及数字化资源的远程传送服务等。

2. 信息查询、检索服务

为了促进用户对数字图书馆的利用和信息资源的获取，数字图书馆通常向用户提供多种检索服务。常见的有：联机书刊检索目录服务、搜索引擎检索服务、数据库检索服务、代理检索服务等。

3. 知识导航服务

数字图书馆提供的知识导航服务能避免用户在浩瀚的信息网络中误入迷途，并提高电子信息资源的使用效率。数字图书馆要收集具体的检索网址，将网上信息检索、筛选、整理，提高信息服务的知识含量和技术含量。在此基础上建立导航站，将网上信息资源有效地组织起来，使读者对其访问时，准确地获取相关信息，并分门别类地进入本馆建立的"书海导航系统"数据库中。

4. 咨询馆员服务

咨询馆员通过对电子邮件、聊天软件、电话、传真及上门读者等进行巡视，为读者提供帮助。如制定检索策略、设置参数、提醒一些注意事项等；在网页上将一些常见问题的解答列出，供读者自己查找答案；设立"怎样利用数字图书馆"的读者帮助系统；按专题系统介绍数字图书馆各种功能和使用方法。

5. 教育服务

数字图书馆的功能不仅仅在于满足人们对各项信息的需求，它还能成为以知识传播和知识创新为目的的社会知识教育服务体系。在文化方面，它在扮演搜集、保存文化信息的传统角色之余，同时也肩负起弘扬文化和积极创造新文化的重任；在社会、政治、经济方面，它有义务普及社会信息、提高人们的素质，兼顾经济信息的提供；在学术方面，它提供各项研究信息的搜集、整理，促使研究信息能够互相交流与影响；在满足民众日常信息需求的功能上，它不仅扮演着寓教于乐的角色，更是大众追求进步、陶冶情操的场所。

6. 个性化定制服务

所谓个性化定制服务是指首先为用户提供基础模板，由用户根据自己需要从中选择内容和服务。以后一旦用户登录，系统确定用户身份后，将调用相关定制信息，利用定制信息匹配系统数据或过程，生成个性化的系统形态和系统行为；或者根据用户个人定制的信息需求，定期检索相关信息，推送到其电子邮箱中等。

7. 电子商务服务

数字图书馆与电子商务两者有相通的地方，将两者结合起来，有利于电子商务的发展。数字图书馆中的电子商务服务有：付费浏览服务，用户需要缴纳一定的费用才能浏览数字图书馆的某些数字化资源；在线交易，通过网络进行电子商务；知识租赁服务，靠订阅信息来获取报酬。

8. 文化娱乐服务

以丰富的数字化信息为基础，数字图书馆可以向公众提供多种文化娱乐服务，如音乐欣赏、经典电影下载等，满足人们不同的兴趣爱好，丰富人们的精神文化生活。

第三节　数字图书馆信息资源安全

数字图书馆是指运用计算机技术、网络技术通信技术、数据库技术和多媒体技术等多种信息技术及其设备，对不同类型、不同载体、不同形式的各种文献信息资源进行搜集、选择和规范化处理，使之以数字化的方式和多媒体的形式存储，建立分布式的馆藏信息资源库和虚拟馆藏信息资源库，以网络为基础进行信息传递，为本地区或远程读者提供服务的数字化和网络化的信息系统。由于计算机网络分布的广域性、开放性和信息资源的共享性等特点，在给人们提供高效率、高效益、高质量的信息共享同时，也埋下了安全的隐患。比如：虚假信息的发布导致网络信息资源的失真，黑客的攻击导致一些机密信息的泄漏，不法人员对数据库信息的窃取、盗用、非法的增删改及种种扰乱破坏，数字图书馆信息服务的权益保护及监督问题得不到有效的保障。因此，安全问题是数字图书馆的核心问题之一，它关系到数字图书馆的使用、推广和发展。在图书馆建设与发展中我们要采用全面、有效的安全防护措施来保证数字图书馆的安全。

一、数字图书馆资源的特点

数字图书馆从概念上有许多种定义，有人曾统计多达百种。但究其本质，仍然没有脱离开各家共识的 3 个要素，即数字化资源、网络化存取和分布式管理。作为数字形态的资源集合体，数字图书馆所收集、整理和存储的数字对象、元数据描述体等内容具有与传统形态资源完全不同的特殊性，其存在的物理形态不固定，虚拟成分较高，数字化的保存方式也更易于受到来自外界的因素干扰，这些干扰可能是显性的，也可能是隐含的。从资源本身来说，通常具备如下特性，这些特性既有积极意义，也为信息安全带来了新的挑战。

（一）资源共享性

由于数码技术本身的特点，使得数字化资源可以极低的成本复制和传播，而产生的结果与原对象没有任何差别，不构成内容与形式的伤害。在共享过程中，信息资源创建者和使用者的概念是相对的，没有绝对的界限。这个特性在信息传递上有积极意义，但同时也给数字知识产权的保护造成了一定的难度。

（二）对设备载体的依赖性

数字化资源不同于普通类型载体，它必须通过一定的设备和软件平台才可以形成、传递、处理和回放，如果这个环境条件被改变或破坏，那么资源生产和利用的各个环节都将受到极大的影响，因此，我们需要为资源本身和技术环境提供双重的安全保障。

（三）更新动态性

通过一定的工具软件可以方便地更新对象内容，而且不留任何痕迹，在传输、转换和接受过程中，任何人为的改变都可以对原内容产生侵害，因而客观上给数字产品造成了潜在的危险。

（四）内容与实体的分离性

数字信息内容产生于一定的数字环境中，它可以在一定实体上保存，也可以联机在线存储，既可以以某一种媒体形态回显，也可以同时在不同媒体上再现。特别是在分布式网络条件下，表现同一内容的不同形态可能完全处于不同的地理和状态，只有在使用时才整合起来，而这种完整性必须建立在信道通畅和安全的前提下。

（五）平台跨时空性

数字资料内容的获取不受时空的限制，人们可以在不同平台上，同步或异步使用同一资源对象内容，特别是在互联网条件下，信道完全开放，主机（服务器）和客户机的差别在很大程度上被屏蔽了，通信协议沟通了绝大部分信息内容，而使用者的目的也不尽相同，这就给信息保护提出了新的难题。

（六）内容结构的复杂性

数字资源内容和形态可以根据不同的使用需要，改变其存在结构，包括物理结构和逻辑结构，数字化内容在普通文档和超文本、整体与部分之间变换。这种结构的复杂性给数字信息长期保存利用和管理增加了难度。

二、数字图书馆安全的基本要求

数字图书馆作为开放的公共数据信息资源，其安全的含义包括信息保密、内容完整和系统正常使用，因此从概念上理解，需要满足几方面的基本要求。

（一）保密要求

保密性定义了哪些信息内容不能被窥探。虽然数字图书馆站点上有许多信息资源是向用户公开的，但有些知识内容带有产权认证标记，因此只能向经过授权的用户提供，如数字图书馆网络系统数据和有偿服务的资源，有严格的使用级别限制。

（二）完整要求

在数字化信息存储和传输过程中，为了维护内容的正确可信，须防止被未经授权的用户篡改，包括不被编辑修改、破坏、丢失、替换或截取，其最终目的是保证数字图书馆系统上数据和信息的绝对真实和可靠。

（三）可用要求

要保证数字图书馆的信息内容与相应功能随时为授权用户提供利用的可能，防止由于计算机故障或人为因素造成数字资源被非法独占、系统无法正常运行，或使非法用户得以入侵。

三、数字图书馆的安全问题

（一）网络安全

网络安全就是利用技术和管理手段为计算机网络系统建立安全的保护，

避免因为偶然或恶意的行为造成计算机的硬件、软件和用户数据被破坏、更改及泄漏，使系统可以正常运行。数字图书馆本身就是一个局域网，同时又是广域网和因特网的一个组成部分。计算机网络具有不稳定性，随时都有可能遭受来自各方面的袭击和破坏，有些甚至是毁灭性的。因此，计算机网络的安全直接关系着数字图书馆的安全。网络不安全的主要因素如下：

1. 认识不足，重视不够，措施不力

忽视国家的有关标准，在防雷、防水、防震、防电磁干扰和防泄密等方面存在；安全隐患，权限策略、安全策略的制定和实施存在漏洞。

2. 网络安全的自身并不安全

网络是一个开放式系统，通过 TCP/IP 为国际互联网提供的通信标准，都可以与 Internet 相联，与网络中任何一台计算机进行信息交流。网络下的图书馆，不受时间与空间的限制，可以随时随地利用周围的计算机网络查询信息数据。因特网的共享性和开放性使外部的恶意用户能够轻易地非法接入网络，使网络信息处于危险之中。

3. 技术落后存在安全漏洞

我国信息技术和信息产业的发展与技术先进国家存在较大的差距。信息安全技术产品大多数是进口的，而引进设备中的核心芯片反技术都掌握在他人手中。这给技术相对落后的国家留下了隐患，，操作系统的这一安全漏洞是导致网络入侵的重要因素。

4. 网络安全的另一大隐患是计算机病毒

计算机病毒是一种人为制造的，在计算机运行中对计算机信息或系统产生作用的程序，具有传染性、隐蔽性、激发性、复制性、破坏性等特点，在严重情况下，将使计算机无法启动，甚至使整个网络系统处于瘫痪状态。

5. 黑客攻击

黑客又称为蓄意破坏者。黑客的原意是热衷于从事计算机程序设计者，现指那些利用高科技手段闯入网络系统后为所欲为的人。他们精通计算机和网络的机理，通过窃取口令和密码找出网络及系统中的漏洞，控制对方机器，篡改文件和数据，窃取情报，扰乱和破坏系统。由于缺乏针对网络犯罪卓有成效的反击和跟踪手段，因此黑客的攻击不仅具有破坏力，而且具有很强的隐蔽性。

（二）数据库的安全

数据和信息是数字图书馆的生命，准确而完整的数据库是图书馆自动化管理正常开展的保证。因网络安全问题导致数据丢失或信息被盗将使图书馆损失惨重，而针对数据库系统安全的攻击更可能会殃及公共网络。随着网络环境的不断发展和完善，作为数字图书馆，不仅各项业务工作如借还管理、采编管理、信息检索等由计算机替代了手工操作，而且图书馆的信息存贮及信息提供亦转变为数字方式，图书馆数字；化信息服务已成为当代图书馆的主要功能。作为存贮数字化信息产品的数据库，已成为图书馆日常事务工作及提供信息服务的基础及核心，没有数据或数据不准确、不完整，图书馆自动化服务、数字图书馆就无从谈起。因此数据库的安全问题变得尤为突出。影响图书馆数据库安全的主要因素如下：

1. 偶然的、无意的侵犯或破坏，如水灾、雷击等导致的硬件损坏，进而导致数据的损坏和丢失；

2. 硬件或软件的故障和错误，可能导致数据丢失或；数据更新不一致，从而使数据处于不可用状态；

3. 人为的失误，如不正确的共享、访问操作，或者操作人员直接的错误输入、应用系统的错误使用等；

4. 蓄意的侵犯或敌意的攻击，如授权用户可能蓄意破坏数据，从而使数据库中的部分数据丢失或数据更新不一致；

5. 病毒的侵害。病毒可以通过自我复制，永久地通常是不可恢复地破坏计算机软、硬件系统及数据库。

以上几个因素均是图书馆数据库的安全隐患，直接影响数据库中数据的完整性、可靠性及可用性，数据库的不稳定性和易受攻击性已成为我国图书馆界在数据库安全保护方面的难点。

四、数字图书馆安全问题解决策略

（一）加强管理，提高安全意识

信息安全工作涉及面广，任务艰巨。黄菊同志在全国信息安全保障工作会议上指出："随着世界科学技术的迅猛发展和信息技术的广泛应用，我国国民经济和社会信息化建设进程全面加快，网络与信息系统的基础性、全局性作用日益增强，迫切要求加强信息安全保障工作。要从促进经济发展、维护社会稳定，保障国家安全、加强精神文明建设的高度，充分认识进一步加强信息安全保障工作的极端重要性，增强做好这项工作的紧迫感、责任感和自觉性。"因此，必须加强管理，进一步建立健全信息安全管理体制，建立数字图书馆信息资源的安全管理机构，包括安全审查机构：安全决策机构、安全管理和领导机构等。

（二）完善和加强数字图书馆计算机系统的安全管理功能

首先，应加强对数字图书馆用户账号和口令的管理，设置对文件、目录、打印机和其他系统资源的访问权限，加强口令滚轮，设置其有效期，根据需要经常更改口令等。其次，应加强对计算机的监控能力，确保审计系统充分发挥作用。

（三）建立健全各项规章制度

建立与制定各项规章制度，是做好数字图书馆信息资源安全的基本保障。如：信息安全领导责任制度、信息安全部门工作责任制度、信息安全负责制度、网络管理人员工作责任制度、网络安全委员会职责、图书馆子系统管理员及安全员职责等，以此来明确主管领导，落实责任部门，具体到人，同时各部门还要加强协调配合，相互支持，形成合力，把安全工作做细做好。

（四）加大投入，提高网络安全性

要提高网络信息安全水平，必须有较好的安全技术为支撑。为实现这一目的，必须加大对网络安全技术的投入。数字图书馆信息资源安全是一项动态的、整体的系统工程。从技术上来说，数字图书馆网络安全包括安全的操作系统、防病毒、防火墙、入侵检测、网络监控、通信加密、安全扫描等，网络信息安全技术由加密、数字签名、认证、审计、日志、网络监测及安全性分析技术等多个安全组件组成，一个单独的组件是无法确保图书馆网络的安全性的。

（五）采取切实措施，确保数据库安全

强化对图书馆数据库安全保护的认识，开发人员在开发图书馆系统时，要充分认识数据库的安全在图书馆中的重要性，要选择一个安全可靠性高的数据库管理系统，充分利用其安全机制。要选择高效而可靠性高的操作系统，通过这一系统及应用软件的安全保护机制来加强数据库的安全保护。在应用软件的设计上应充分考虑系统及数据库的安全保护。适当考虑应用数据加密技术来保护数据库，数据库加密技术可作为系统中所能做到的数据库安全控制的最后一道防线。但是，许多图书馆自动化管理系统仅在设置使用权限和口令、操作日志及源程序的加密方面做得较完善，而在数据库的加密方面却考虑较少。图书馆系统维护人员和操作人员更应提高对数据库的安全保护意识。

1. 提高对数据库的安全保护意识

在选购图书馆自动化系统时，不仅要注重系统软件的功能特点及操作的便捷性，更要注重数据库的安全保护措施，以及灾难发生后系统及数据库的恢复功能，以使数据能最大限度地保护图书馆的数据财产。

2. 强化图书馆数据库外围的安全保护措施

在硬件设备的选用上要注重硬件的稳定性、可靠性。数据库最终是存贮在计算机的硬盘中，如果硬盘或电源等硬件设备不稳定，亦会直接导致数据库的不安全，因此在系统硬件设备的选购上要注重数据的保护问题。

3. 重视数据的备份工作

要绝对保证系统数据库不被破坏是比较困难的，作为数据库安全保护的最后一道防线，数据库的备份工作是必不可少的，尤其是设备投入较少的图书馆，系统维护人员必须在日常维护中要注意做好数据备份工作以保证系统崩溃后的数据恢复。

4. 采取有效的防病毒措施

日益增多的计算机病毒，给图书馆数据库的安全性造成了很大的威胁，由于网络环境为病毒传播提供了有效的途径，使得病毒对数据的侵害更是防不胜防，因此要更好地预防病毒。首先要在服务器及工作站上安装防火墙或有效的防病毒、杀病毒软件，并不断升级，定期自动地对病毒进行检查。工作人员要强化自我保护意识，尤其是上网浏览时不要随便下载内容不能肯定的软件，在收电子邮件时也不要打开不熟悉的信件，尤其是邮件中的附件。最后，可在各工作站上安装硬盘保护卡，使得硬盘的每次更新不能长久驻留，每次关机后，硬盘就会恢复到原始状态。

5. 完善各项安全制度

由于图书馆数据库的安全性问题涉及许多方面，如自然灾害或合法用户滥用权限等，从技术上是无法控制的问题，就必须通过组织或制度来解决。因此要更好地保护图书馆数据库的安全性还应当制订或完善一系列相配套的规章制度并严格实施，包括机房管理制度、设备的环境保护（防火、防潮、防雷等）、数据备份制度、防病；毒制度、系统操作制度以及相关责任人的责任制度等。

（六）加强制度和法律建设

数字图书馆是一个超大规模容量的信息系统，随着信息内容的持续增加，其信息安全问题将日显重要。相应的管理手段在此中的作用不容忽视，法律法规将成为重要且有效的管理手段。这是因为：一是信息安全技术的发展与完善，需要在法律的框架内实行；二是与更新发展较快的技术措施相比，法律制度由于是以成熟技术为依据制定的，故能为数字图书馆平稳发展提供良好的、相对较为稳定的法律环境和法律指导。采用法律手段保护自己、维护信息安全是信息安全保障的主要非技术措施之一。我国近几年颁布了《计算机信息系统安全保护条例》《计算机信息网络国际联网安全保护管理办法》《关于维护互联网安全的决定》《互联网信息服务管理办法》《计算机病毒防治管理办法》等法规，以及《刑法》中对计算机犯罪的惩治条款（第 285、286、287 条），都将为数字图书馆的信息安全提供良好的法律运行环境。因此，在维护数字图书馆信息安全时要树立法制观念、法律意识，熟知熟用这些法规条例将有助于研发符合法律要求并受法律保护的信息安全技术，有助于用法律武器维护信息安全，有助于规范约束数字资源使用者的行为和震慑惩治信息安全破坏者。但目前，随着数字图书馆的兴起，针对数字图书馆信息资源的计算机犯罪、黑客攻击、计算机病毒等案件不断出现。这在一定程度上是由于相关法律法规不健全，制裁不力造成的。安全技术与安全管理是数字图书馆安全的基础，而法律法规是数字图书馆所采用的安全技术和安全管理的法律化，是技术与管理的保障，它反映了高科技立法的特征，有利于数字图书馆的管理人员和用户认真地、自觉地执行安全措施，并提高这方面的管理水平，增强安全防范意识。

数字图书馆安全是一个复杂的系统工程，它涉及技术水平、各类人员、管理制度、法律调整等诸多方面。在互联网飞速发展的今天，我们要通过各种渠道很好地解决好安全问题。在大力发展网络安全技术的同时，还应不断完善一系列；网络安全法律法规政策，并且还要不断地加强人们的网络安全意识教育和网络道德教育，从宏观和微观的角度来约束网络行为。如果我们使网络安全得到最大限度的保护，把各种不安全因素控制在了最小的范围之内，就能保障数字图书馆安全运行和健康发展。

第四节 数字图书馆信息资源共享管理机制的构建

随着计算机互联网技术的不断发展，我国图书馆已经逐步向数字图书馆方向转变。数字图书馆实现了图书等资源的跨库无缝链接与智能检索，不受时间与空间的限制，为我们获取资源提供了便利。数字图书馆的发展，不仅需要建立与完善数字平台。还需要构建科学合理的信息资源共享管理机制，只有不断健全信息资源共享管理机制，才能保证高品质与高标准的共享信息资源，才能为数字图书馆的可持续性发展奠定坚实的基础。

一、数字图书馆信息资源共享的概述

信息资源共享是利用一定的互联网平台，最大限度地满足用户信息资源

需求的全部活动。数字图书馆的信息资源共享。是数字图书馆在自愿、平等、互惠的基础上，通过建立数字图书馆相互之间及其他机构之间的各种合作、协作、相互协调关系，利用各种技术、方法和途径，实现信息资源的共同提示、共同建设和共同利用…。信息资源共享实现了信息资源的优化配置。提高了信息资源的高效利用效率，实现了数字图书馆的信息化、智能化。数字图书馆信息资源共享是基于计算机网路技术发展起来的一项系统工程。在我国的建设与发展不仅需要庞大的信息、先进的科学技术与设备、大量的资金、专业化的人才等资源作为基础，还需要在制度、政策、法规、机制等管理方式上加以保障，才能够促进数字图书馆信息资源共享的更好发展，才能够为社会主义现代化建设服务好。

二、我国数字图书馆信息资源共享管理机制的现状

（一）共享信息资源质量不高，存在严重浪费现象

数字图书馆在我国发展还处于初级阶段，虽然在大规模地建设与发展。但总体表现为共享信息资源质量普遍不高，更由于管理不到位，导致信息资源的严重浪费现象，对数字图书馆的发展产生不利的影响。由于数字图书馆在我国发展时间还较短。一些相关规定与标准没有健全，更缺乏统一的规划与协调，使得数字图书馆的建设标准不一、参差不齐，相关立法尚未制定和执行，各部门之间经常出现利益冲突，严重影响数字图书馆建立的水平。与此同时，有些单位存在一定的盲目性。片面追求信息资源的量化，忽略信息资源的质化，又没有根据用户的实际需求和原有图书馆的特点进行建设，使得数字图书馆在实际使用过程中发挥不了应有的作用，形同虚设。

（二）共享信息资源的知识产权纠纷

在数字图书馆实际建设过程中，经常会出现一些共享信息资源知识产权的纠纷，这使得数字图书馆的安全出现严重的问题。随着计算机网路技术的迅速发展，其广泛的信息资源被各种媒体转载利用，尤其对于文献资源格式的转换，网络作品的复制、下载、盗版等，还有一些黑客和恶意病毒等违法行为的侵害。这就使得数字图书馆对于数字作品的知识产权保护问题日渐突出。在相关著作权法中明确规定，对于作品的转载必须取得作品权利人的同意，但是复杂而且庞大的数字图书馆中，要联系到这一作品权利人不大容易，一些法规已经不再适应现在的数字图书馆。新的法规没有健全与完善，这是使得知识产权纠纷不断的主要原因之一。另一个主要原因是数字图书馆对信

息资源共享的安全管理机制不够重视，防范意识不强。

（三）数据图书馆建设的资金短缺

任何项目的建设都需要雄厚的资金作为保障，才能够更好地建设与发展，数字图书馆也是一样。建设数字图书馆不仅需要基础设施的建造，还需要信息资源的更新、购买，人力资源的管理，等等，都需要充足的资金作为后盾。对于高校来说，资金本身来源就很单一，在学校其他开支上资金就已经很难，更别说在数字图书馆建设中，这是导致数字图书馆难以发展的主要困境。

（四）相关管理团队综合素质不高

在数字图书馆信息资源共享的管理中，不仅没有建立完善的管理团队。相关工作人员的专业技能和职业素质还不高，整体水平较差，对于数字图书馆的工作积极性不高，无法满足数字图书馆的建设需求。之所以出现这些问题主要是因为相关学校对这项工作不重视，社会对其认可度不高，使得人才的培养和引进存在很大难度。另外，由于数字图书馆理工作相对枯燥。一些专业人才的流失，使得数字图书馆人才匮乏。

三、构建数字图书馆信息资源共享管理机制有效策略

（一）构建完善的规章制度与法规

首先，借鉴其他国家先进经验，根据我国国家性质，相关国家部门构建完善数据图书馆信息资源共享的规章制度与法规。各单位根据国家相关政策，落实并明确管理工作的权利和责任，保障数据图书馆信息资源共享的管理工作有法可依，更要明确管理者的岗位职责，对职责范围内出现的问题进行追责。其次，完善数据图书馆信息资源共享管理的监督体制。数据图书馆信息资源共享的管理与用户的切身利益紧密相连，要通过完善的监督制度使管理更加公平公正。数据图书馆信息资源共享管理不仅要在内部实现监督体制，更要在外部建立健全人民群众的监督体制。最后，建立分明奖惩制度。对于在数据图书馆信息资源共享管理工作中出现的错误进行严惩，对于实现工作目标并表现积极的给予物质奖励，通过构建管理机制的科学合理性，调动员工的工作积极性。

（二）构建健全的安全管理机制

数字图书馆是基于计算机网路系统而建立起来的，其内部信息资源的共享是基于这种强大的系统而存在的，构建数字图书馆信息资源共享的安全管

理机制，是当前数据图书馆建设的首要问题。首先，保障软件系统设计的安全。然见系统是数字图书馆各项功能得以实现的核心部分，包含服务器系统、数据库系统和应用系统，在软件系统设计过程中，必须完善相应的安全防护功能，屏蔽一些病毒的侵入。其次，保障系统运行环境的安全，这就需要相关管理人员定期定时进行安全维护与监测，保障系统对各种资源的稳定性与兼容性及在信息资源共享过程中的知识产权安全。

（三）构建多元化的资金管理机制

数据图书馆信息资源共享的资金保障，不仅仅来源于政府和地方，还来源于社会各界及各行各业的支持，使其融入市场机制中，通过多元化的资金来源，丰富数据图书馆信息资源共享资金供给手段，组建数据图书馆运营机制，提供一些有偿服务，增强资金筹集渠道多样性，促进数字图书馆的可持续性发展。

（四）构建高标准的管理与服务人才队伍

在数字图书馆运行中，相关的管理与服务工作不再是简单的接收与保管，而是在此基础上进行信息服务的提供。因此，必须建立高标准的数字图书馆信息资源共享管理与服务人才队伍。首先要对原有的工作者进行培训与指导，提高自身的专业水平及综合管理与服务水平。其次，引进高标准的先进人才，充实数据图书馆信息资源共享管理与服务队伍。最后，建立健全激励机制，鼓励数字图书馆工作者发挥创造力并进行物质奖励，调动积极性的同时营造良好的工作氛围。

综上所述，我国数字图书馆信息资源共享的各项管理机制的不健全与不完善，严重阻碍了数字图书馆更快、更好的发展。虽然在广泛推广中取得了明显的成效，为用户提供了便利，但是其存在的问题严重影响了数字图书馆信息资源共享作用的高效发挥，因此，构建科学合理化的管理机制是其突破难题的主要途径。

四、数字图书馆信息资源共享管理机制的构建

管理机制是管理体制的具体实施。对于数字图书馆信息资源共享的管理，笔者认为必须建立科学高效的管理机制，规范并加快高校数字图书馆资源共享。

（一）数字图书馆信息资源建设共享机制

1. 资源建设的内容

数字图书馆资源建设的内容包括以下几个方面：（1）将传统馆藏资源的

数字化。利用现代信息技术对传统介质的图像、文字、声音和影像资料进行处理并转化为数字信息，通过计算机技术进行储存并通过网络通信技术传播、接收。（2）根据需要建设专题资源库。根据用户的信息需求，结合图书馆的重点学科和科研项目，建设各类具有较强针对性和实用性的专题数据库。（3）信息资源的整合。收集互联网上或其他来源的数字信息，如专利、法律法规、电子预印本等，并进行整合。

2. 资源建设的方式

数字信息资源建设的方式有以下几种：（1）自建。自建资源是指图书馆根据本馆优势。自行加工、开发一些具有本馆馆藏资源特色的专题数据库或网络信息资源库，如重点学科导航等，从而形成自己的学科优势和特色信息资源数据库。（2）合建。合作建设是协作馆之间通过协议合作建设数据库。是目前数字图书馆信息资源共享建设的主要方式，具有长期性、广泛性、复杂性、需求迫切性等特点。可以结合用户的需求进行广泛的资源共享、合作建设。（3）购买。数字资源的购买是指图书馆与供应商达成共识，购买数据库供应商的实用性强、学术价值高的专业数据库资源。（4）委托建设。委托建设是指不具备馆藏资源数字化能力的图书馆委托具有相应资质或能力的专业机构对本馆中各种不同形式的非数字馆藏资源进行数字化加工转存、处理。

3. 数字图书馆信息资源共享建设的原则

数字图书馆信息资源共享的建设要遵循以下几个原则：（1）标准化和规范化。主要是指在建设数字信息资源的过程中建设人员必须严格遵循标准要求，遵循一定的行业规范。（2）信息协调发展。数字资源与传统纸质文献资源协调发展，不同品种、不同类型的数字资源协调发展。（3）经费优化配置。合理分配传统资源与数字资源、重点数字资源与一般数字资源的经费比例，保证重点、综合平衡。力争达到经费的最优配置。（4）共建共享。馆与馆之间协作进行数字资源建设。避免重复建设造成人力、财力、物力的浪费，同时实现优势互补。

4. 图书馆数字资源共享建设的策略

在进行数字图书馆资源共享建设时，结合各馆实际情况，可以从以下几个方面制定具体可行的实际策略。一是提高管理技术水平。数字图书馆是一个随信息环境和用户需求的变化不断调整的动态有机体，具有资源数字化、分布式网络存储、信息智能化采集、信息关联处理等特点，必须提高管理技术水平才可构建一个集数字资源加工、整合、管理与服务于一体的数字图书馆应用系统平台。二是加强队伍建设和各方面协作关系。数字图书馆是高新技术集成化应用的现代化图书馆。唯有加强管理人员和专业技术人员的培训，提高他们的业务水平，做好跨系统、跨行业、跨地区的协作关系，方可实现数字资源的全面、高效、低耗的建设。三是强化知识产权保护。在进行数字图书馆资源共享建设时要加强知识产权的保护。通过建立和完善知识产权的保护机制，采用权限设置、加密技术、用户使用与安全协议以及实行许可证制度等措施进行授权使用，既要防止自身侵权，也要保护已经取得合法版权的成果不被非法盗用。四是促进数字图书馆与社会各界的广泛合作，根据各馆特色建设各领域的数字图书馆领头羊，充分发挥各馆资源优势以及地域优势，为社会各界提供全面的信息服务，例如东部发展地区图书馆为社会发展相对落后的偏远地区援建乡村数字图书馆应用节点。为当地提供农企业情报信息服务、中小学教育教学服务等数字信息服务，积极促进当地社会经济、文化等领域的良好发展。

（二）实现集团购买共享机制

数字图书馆的信息资源很大一部分需要通过购买而获得。数字图书馆信息资源可以通过集团购买来实现共享。即在采编建立统一平台，实现采、编、检、流集成系统的基础上，参建馆的资源从采购到编目在同一平台上操作，资源互为补充实现有限的经费利用价值最大化。在购买数字资源时不但要购买具有权威性、学术价值高的专业数据库，也要购买综合类和应用类资源，使馆藏资源协调发展。与购买非数字化信息资源的最大区别是，购买数字信息资源可先试用再购买。数字化信息资源的购买流程通常分为数字资源需求、数字资源试用、数字资源购买三个步骤。

1. 数字资源需求

由于图书馆用户对信息资源的需求是多层次、多元化、多目标、多方位的。因此要准确判断信息资源的情报价值、知识价值、科学价值、智力价值等，明确所购的数字资源的用途，并结合馆藏情况与规划，选定几种最有购买价值的数字化信息资源进行试用。

2. 数字资源试

用选定试用数字资源并与供应商达成试用协议后，在图书馆网站首页设置试用专题专栏。通过信息推广技术向广大用户推广宣传试用的信息资源，积极与用户互动并邀请用户参加问卷调查。

3. 数字资源购买

信息资源试用结束后，图书馆根据用户使用反馈信息，对供应商提供的资源的权威性产品性能、数据维护及售后服务等方面邀请专家进行评审，根据评审结果决定是否购买。

（三）数字图书馆信息资源共享服务机制

数字图书馆信息资源共享服务是指通过本地服务器或网络服务器提供数字图书馆信息服务。包括共同建设联合目录实现共享服务、在线数据库服务、学科导航服务、文献传递服务、数据访问等。在线数据库服务的共享通过参建馆共同采购的数据库中才能实现，如文献传递、学科导航、开放存（获）取。

1. 共同建设联合目录，实现数字资源共享

联合目录又称联机公共目录查询系统，是馆藏文献的缩影，是识别和检索馆藏文献的工具，是查找图书馆馆藏文献的线索和依据。其功能从本馆本地资源向异地、远程资源扩展，从单一的书目查询向全文检索，甚至各类型资源整合查询的方向扩展，从布尔逻辑式检索向人性化、智能化检索功能发展。

2. 共同购买数据库实现共享

单一图书馆购买的数据库不能够共享，只有多个参建馆建立图书馆联盟共同协商购买用户需求的数据库，通过共享服务管理平台在统一检索语言、统一读者认证、统一记账系统的条件下，才可实现数字资源双向互补、资源共享，提高数据库的使用率。

3. 开放获取资源

开放获取是从 20 世纪 9O 年代在国际学术界、出版界、图书情报界兴起，由于出版成本经济性、信息传递时效性、获取使用的便捷性、成果扩展的广泛性等方面具有较强优势。读者通过公共网络平台不需成本就可以获取资源，主要有跨系统资源库、学科资源库、开放获取期刊等数字资源。

4. 利用网络平台直接访问服务

目前，数字图书馆的信息资源绝大多数是仅限专用网络用户使用的，即通过 IP 限制用户的访问权限，其他用户需要通过 VPN 和反向代理两种方式来访问。

5. 建立图书馆借还信用系统

参考银行信用系统，建设数字图书馆借还信用系统，针对违反共享管理规定的图书馆或用户。暂停对其共享服务并追究其责任；根据用户信用额度决定对其提供信息服务的开放程度。数字图书馆信息资源共享服务要以用户为中心，在继承传统图书馆服务功能的基础上。发展并创建满足网络环境下新时代用户需求的新功能，提供资源共建共享平台，为用户提供完善的信息资源。

（四）数字图书馆信息资源共享的安全机制

数字图书馆依赖于计算机网络而存在，数字图书馆信息资源共享更是如

此。其建设与发展面临着数字信息安全的严峻考验，主要涉及以下几个方面。

1. 软件系统的安全

软件系统是数字图书馆信息系统的核心部分，主要包括服务器系统、数据库系统、应用系统三大部分，其中服务器系统安全和数据库系统安全是信息系统安全的核心，必须采取严格的安全措施保证系统安全。

2. 系统日常运行过程中的安全

首先，系统设备和远程子网及其资源在与其他网络处于联接状态时的稳定与兼容；其次，专网和外网进行传输过程中的完整性、真实性和保密性。

3. 系统物理安全

系统物理安全主要包括中心机房环境安全、系统设备安全、数据载体安全等，涉及人员、气象、配套设施等多个方面。

笔者认为应通过以下途径建立良好的安全策略：

（1）应对系统进行严格的安全测试和评估，减少系统漏洞，提高信息的完整性、可用性、抗抵赖性以及系统稳定性，同时制定严格的安全保密管理制度，加强管理人员的安全保密意识，利用先进的数据加密技术进行信息的存储和传输。

（2）提高管理人员的业务和技术水平，避免误操作发生。建立合理可靠的运维机制，必须定期对系统或服务器进行备份，借助网络隔离技术、网络防火墙、病毒防护软件等安全措施保证系统正常运行。

（3）应使用稳定的供电系统，系统中心机房应按照有关规定配置相应等级的安保系统，包括防火、防漏电、防潮、防盗等安全监测和报警子系统。并设置值班岗位和管理人员定期检查，必要时还应对安保系统进行年检等。

（4）可与权威的系统安全供应商合作，建立数字图书馆安全防护中心，借助安全供应商的安全防控中心和专业技术人员实时动态地为图书馆提供全方位的系统与网络安全。

（五）实现数字图书馆信息资源共享管理模式的办法

数字信息资源的管理包括信息安全管理、信息质量管理、信息服务管理等。针对数字图书馆信息资源的类型与特点，结合当前数字信息资源的主要服务和运作方式，本文探索了以下两种管理模式。

1. 集体宏观调控

统一管理集体宏观调控，统一管理是指由统一的领导组织进行合理规划，制定统一的标准规范和管理制度，对数字信息资源进行集中、统一管理和宏观调控，联合协作。在共同遵守相关协议的基础上根据各馆的特色合理分工协作，相互联系，形成合力，避免重复建设，共同完成数字图书馆的信息资源建设。

2. 个体运行管理模式

从数字信息资源实际运作角度划分。数字信息资源可以分为三种个体运行管理模式：实数字馆藏模式、虚数字馆藏模式和实虚数字馆藏相结合模式。

实数字馆藏模式是指本地存取数字信息资源，由本地存储介质提供，可以管理、控制和使用。如本地光盘、光盘服务器提供的信息资源和本地 Web 服务器、镜像站点上的信息资源以及自建数字信息资源等。

虚数字馆藏模式是指远程存取数字信息资源，由远程存储介质提供，远程授权方可进行管理、控制和使用。如数据交换中心提供的数字信息资源、数字信息资源服务商提供的数字信息资源、通过授权获得使用权的数字信息资源等。虚数字馆藏模式需要通过申请或购买等方式获得使用权，搭建相应的使用平台。

实虚数字馆藏相结合模式。这种模式被广泛应用。如高校数字图书馆部分资源取自本地镜像站，部分资源读取自交换中心数据或者购买使用权。

先进完善的信息资源共享管理机制对数字图书馆资源共享的建设中尤为重要。是数字图书馆资源共享持续健康发展的保障。必须努力探究数字图书馆信息资源共享管理机制，从体制建设、人才培养、资源配置等多方面入手。从根本上做好数字图书馆信息资源共享工程的建设。

第三章 图书馆数字资源维护

第一节 现状分析

一、数字图书馆信息安全现状

（一）数字图书馆信息安全概念

数字图书馆的信息安全是一个系统的概念，包括设备安全、自动化系统安全、各种数据安全、网络通信安全、人员管理安全及环境安全等多个方面。从本质上来讲，是指数字图书馆网络系统的各个组成部分不受偶然的或恶意的原因而遭到破坏、篡改和泄露，并且确保数字图书馆网络系统能连续正常运行，网络服务不中断，其最终目的是要达到数字图书馆网络信息处理和传输过程中保持可靠的机密性、完整性、可用性、可控性和可审计性以及对信息处理传递行为的抗抵赖性。

（二）我国数字图书馆安全现状

数字图书馆是为公众提供各种文化科学知识服务的，具有公益性，所存储的各类信息资源极少有像其他政治军事经济商业技术专利等方面需要保密的内容，一般很少会引起网络黑客的攻击，因而图书馆的网络管理者通常不会对图书馆网络信息的安全问题投入太多注意，虽然在安全保障方面也做了大量的工作，采用各种技术和措施来加强信息安全，但也只是一部分防护措施，不能满足用户的安全要求。据调查，近年来运用计算机管理信息系统的图书馆，不同程度的遭受数据丢失、信息篡改、病毒传播、非法访问等不安全因素影响的占90%以上。

1. 技术方面

信息安全技术是数字图书馆安全的基础，在这方面我们还比较薄弱，信息安全技术产品存在着一定程度的对外依赖性。虽然目前我国国产的计算机产品种类迅速增加，研制水平发展很快，但由于依赖性的这种潜在威胁因素存在，信息安全还存在着技术被动而引起的安全缺陷。我国目前使用的大部分网络产品和安全产品的核心技术由国外公司所掌握。据权威部门研究发现，这些网络产品有不同程度的"后门密码"，这些"后门密码"并不是黑客安装的，而是厂家想获得用户信息而设置的，在计算机工作时会通过互联网将机内信息发到生产厂家总部，也就是说任何人如果知道这些设备特殊的密码都可以进入数字图书馆并获取信息。从软件来说，微软统治桌面操作系统市场可能是一个相当长的时期了，我们对这些系统特别依赖，但微软系统平均每一个星期左右就有 1~2 个威胁到 WINDOWS 系统安全的漏洞被发现并公布出来。假如软件中的漏洞被恶意利用，造成的损失将是不堪想象的。另外，我国的芯片基本依赖进口，即使是自己开发的芯片也需要到国外加工，而且不少网络安全设备也是从国外引进的，这无疑更是一种严重的安全隐患。我国各种计算机系统，即使采用了现有的各种安全产品，但只要芯片，操作系统和数据库、网络管理这三大件采用外国产品，那么我们的计算机安全就岌岌可危，危险就会在你毫无知觉的情况下发生，机密会在你注视下视而不见地被窃取，这是我国计算机安全的三大黑洞，也是数字图书馆信息安全的严重隐患。

2. 管理方面

安全管理是数字图书馆信息安全的重要手段，现在出现的安全事件大多是由于管理不善而造成的。在所有的计算机安全事件中，属于管理方面的原因比重高达 70% 以上。首先，一些管理人员的安全观念只停留在防火，防盗的阶段，根本不重视图书馆网络信息的安全问题。再者一些图书馆在网络建设初期存在着重硬轻软，重建设轻维护的现象，对网络信息安全问题缺少考虑，即使考虑了安全的问题，也没有足够的认识深度，认为只杀杀病毒就够了，一般采取的安全措施通常就是配置防火墙、安装杀毒软件等。信息数据的完整性、一致性等深层次的安全问题，还没有引起大家的重视，这不能不说是图书馆网络信息安全的隐患。图书馆网络系统是一项复杂的计算机网络工程，如果缺乏严格、科学的管理，缺乏必要的应急措施，对网络信息资源信息系统的危害远远大于其他方面造成的危害，这是整个系统不安全因素中重要的因素之一。

3. 法律方面

法律法规是数字图书馆所采用的安全技术和安全管理的法律化，是技术与管理的保障。在这方面，我国近几年来颁布了《计算机信息系统安全保护条例》《关于维护互联网安全的决定》《计算机病毒防治管理办法》《计算机信息网络国际联网安全保护管理办法》等，这些都为数字图书馆的信息安全提供了良好的法律运行环境，也反映了高科技立法的特征，有利于管理人员和用户认真地、自觉地执行安全措施，并提高管理水平，增强安全防范意识。但是目前案件不断出现，一定程度上还是由于相关法律，法规不健全，惩处不力造成的，因此这方面的工作还需进一步加强。

要想达到信息安全的目的，必须同时从法规政策、管理、技术这 3 个层次上采取有效措施，高层的安全功能为低层的安全功能提供保护，任何单一层次上的安全措施都不可能提供真正的全方位安全与保密。

二、数字图书馆信息系统安全问题分析

信息安全所涉及的内容是多方面的，可以分为技术、管理和人员等方面。在技术方面主要防范外部非法用户的攻击，管理方面则侧重于内部的管理，在人员方面主要是强调工作人员的责任心和技术水平等。先进的技术是网络安全与保密的根本保证，集成先进的安全技术，建立一个安全的数字图书馆系统平台，是关系到图书馆能否正常健康发展的重要因素。

一个全方位的信息安全系统包括 3 个方面的内容：系统运行安全，信息传播安全，信息内容安全。

（一）系统运行安全

数字图书馆的系统运行安全主要指保证系统正常运行，避免因为系统的崩溃和损坏而对系统的信息造成破坏和损失。

计算机网络的安全直接关系着数字图书馆的安全。因特网的共享性和开放性使外部的任意用户能够轻易地非法接入网络，使网络信息处于危险之中。对数字图书馆的威胁可以分为几种类型：

1. 外部网络的安全威胁

外部网络上的任何人都可以访问图书馆内部网，内部系统容易遭到来自外部网络各种手段的攻击，对图书馆内部网络信息安全造成无可估量的损失，如释放病毒造成系统及至全网的瘫痪，冒充合法用户窃取机房机密，更改操作系统文件等。许多图书馆在组建网络时，将行政、业务和公用计算机所在子网建立在同一个局域网内，这种规划模式虽然降低了建网成本，方便网络的建设与管理，但也使得从网上窃取信息变得更容易，任何读者可以凭借图书馆的公用计算机轻而易举地入侵有安全漏洞的行政和业务用机，造成更大的破坏。

2. 内部网络的安全威胁

计算机网络规模庞大，网络上用户众多，用户的应用水平差异大，用户安全管理难度很大，如打开电子邮件的附件，安装来路不明的软件，密码设置过于简单，开通不必要的网络端口或服务，杀毒软件没有及时升级更新等，如果系统设置错误，在访问控制及安全通讯方面考虑较少，很容易造成损失。

3. 数据库的安全数据和信息是数字图书馆的生命

作为存贮数字化信息产品的数据库，是图书馆自动化管理正常开展的保证，是图书馆日常事务工作及提供信息服务的基础及核心。网络安全导致数据丢失或信息被盗将使图书馆损失惨重，而针对数据库系统安全的攻击更可能会殃及公共网络。数据库安全主要体现在两个方面：一是管理系统的安全性。无论是哪一种数据库，都有一些安全漏洞成为外部攻击数据库的缺口。二是数据库的角色权限等设置上的失误，导致无权限用户获取数据。数据库安全防范要采用先进的技术手段，如身份认证主要是通过设置口令，这种方式操作简单，但是安全性不足，在安全性要求较高的系统中可以通过物理技术，如智能卡，甚至生理特征如指纹等加强防范。

（二）信息传播安全

数字图书馆的信息传播安全主要指防止和控制非法、有害的信息进行传播，避免公用网络上大量自由传输的信息失控。数字图书馆的信息安全与知识产权保护息息相关，如果图书馆系统遭受恶意攻击和破坏，那么知识产权的安全也难以保证。在网络环境下知识产权的保护受到越来越强烈的冲击，专门针对知识产权保护的技术主要有：

1. 访问控制

目的是保证系统资源不被非法访问和使用。一般采用基于资源的集中式控制，即借助账号、密码进行身份验证，只有合法用户才有权访问特定资源，根据用户身份的不同，还可以对不同级别的用户赋予不同的操作权限。最新的技术可以使用智能卡或生物特征识别技术来辅助认证，以弥补账号、密码经常容易泄露的不足。

2. 内容加密保护技术

应用十分广泛，对于已经加密的内容，只有获得了相应的算法和密码，才能正确解读内容。加密有 3 种方式：对称加密、非对称加密（公钥技术）和单向加密，其中对称加密主要用于对大块文件内容本身的加密，非对称加密用于在公开信道中加密传递少量关键性信息，单向加密则用于对内容正确性进行校验，防止内容被篡改。

3. 流媒体技术

这是 20 世纪 90 年代中期以后才发展起来的新兴技术，当前主流的流媒体播放器有 Windows Media Player、RealOne Player 及 Quick Time。流媒体的传输有顺序流传输、实时流传输两种方式。实时流方式一般不允许用户对节目进行录制，因而具备一定的版权保护功能。对于顺序流传输，向其中添加所需的权利管理元数据，也能够限制随意的 P2P（Peer to Peer）行为。

4. 数字水印技术

将创作者的信息和个人标志以肉眼不可辩的水印形式嵌入到多媒体中，人们无法从表面上感知水印，只有用专用产品或计算机软件才可以检测出隐藏的水印，从而在开放的网络环境中保护版权，认证来源及完整性，当产生版权冲突时，提取出的水印可以作为版权归属证明作为法律依据。中国数字图书馆有限公司曾利用数字水印实现版权控制，他们结合电子图书浏览器，在数字图书资源中加入了水印和密钥，通过硬盘绑定技术限制数字化图书的传播。

5. DRM 技术

广义的 DRM 是指在网络及数字化环境下，以权限管理技术为核心，旨在有效保护数字内容安全与支持数字版权贸易的新型商业模式。DRM 技术中包含访问控制、内容加密保护等功能，但远比单纯的内容保护和访问控制要复杂，其核心在于权限管理元数据的采用。在网络与数字化出版领域，DRM 技术的地位越来越重要。2001 年 DRM 技术被 MIT 的《Technology Review》杂志评为"将影响世界"十大新兴技术之一，DRM 将成为网络出版中的主流技术。

（三）信息内容安全

数字图书馆的信息内容安全主要指信息的保密性、真实性和完整性，避免攻击者利用系统的安全漏洞进行窃听，冒充，诈骗等有损于合法用户的行为，本质上是保护用户的利益和隐私。目前，已有一些技术被用于这个方面，如数字水印技术。数字水印是信息隐藏的一个主要应用技术，作为一种全新的技术用于信息的安全保护，根据抗攻击特性，数字水印可分为鲁棒性水印与脆弱性水印。鲁棒性水印对攻击尤其常用的编辑、变换操作不敏感，可用于在数字作品中标识作者、书号等版权信息。脆弱性水印却对攻击十分敏感，稍有改动就会导致面目全非的结果，从而使得数字作品不可使用，可用来判断数据是否被篡改，保护作品的完整性。

第二节 图书馆的重要作用及其所承担的角色

21 世纪是信息的时代，信息已成为社会重要资源之一，对社会的发展起着越来越重要的作用。树立大学生的信息理念，培养大学生的信息素质，提高大学生解决分析问题的能力及创新能力，已成为高校大学生教育工作中的一项重要任务。

一、高校图书对培养大学生信息素质教育的影响及角色定位

（一）信息素质的内涵

信息素质最早是在 1974 年，由美国信息工业协会的会长 Paul Zurkowski 首次提出的。他认为信息素质是利用大量的信息工具及主要信息源使问题得到解答的技术和技能。1989 年，美国图书馆协会给信息素质下的定义为具有信息素质的人必须能够充分地认识到何时需要信息，并有能力有效的发现、检索、评价和利用所需要的信息，解决当前存在的问题的能力。可见，信息素质是现在人才的必备条件之一。

美国工程教育协会统计：美国大学毕业的科技人员所具有的知识，只有 12.5% 是在大学阶段获取得的，而 87.5% 则来自工作实践。所以，大学生的信息素质高低决定了其学习知识和获取的信息能力。

一般而言，大学生信息素质教育应包括信息意识教育、信息道德教育、信息能力教育及终身学习能力的教育。信息意识教育主要是培养大学生对信息的嗅觉程度及敏感度，或捕捉、分析、判断和吸收信息的自觉程度；具体来说它包含了对于信息敏锐的感受力、持久的注意力和对信息价值的判断力、洞察力。信息道德教育主要针对大学生防止信息垃圾与信息污染，规避知识产权方面的教育。信息能力教育主要是提升大学生信息认知能力、信息获取能力、信息处理能力和信息利用能力等；终身学习能力的教育是大学生信息素质教育的目标，让大学生学会学习，获得终身学习的能力。

（二）高校图书馆的作用

18—23 岁可以说是人生的黄金时期，大学生的这一阶段都是在高校中度过，而这一时期也是大学生们不断完善自己的知识结构为进入社会做准备的

阶段。在他们的生活中，教室和图书馆发挥着极其重要的作用。高校图书馆是为大学生提供知识资源的重要基地，它肩负着传播新资讯、新信息的重要使命。随着科学技术的发展，尤其是计算机技术以及网络知识的普及应用，高校图书馆可提供给读者的服务越来越丰富和完善，从单纯的纸本到以纸本为基础，电子数据库为补充的全面馆藏；以单纯的纸本期刊和图书资源到以纸本和电子期刊、图书共存，附加以会议文献、报纸及专利文献的在线阅读及下载，资源数量大幅度增加，学生们可选择的文献种类越来越齐全。图书馆服务的广度和深度发生了重大的变化。图书馆是大学生得以完善自身知识结构体系，获取最新的行业资讯，提升人文素养的知识宝库，为大学生从事知识创新及科技创新提供丰富的后备资源。

（三）高校图书馆在培养大学生信息素质教育中的角色

高校图书馆以其特殊的作用在培养大学生信息素质教育中扮演着特殊的角色，发挥着重要的作用。

1. 高校图书馆是培养大学生信息素质的重要基地

在各个高校，图书馆普遍会负责一门课程的教学，即文献检索课。作为一门主要教授检索方法和技能的工具性质的课程，文献检索课的教学目的是在老师的演示和引导下，在理论讲授和实践应用相结合的教学模式下，通过学生有意识、主动地在相应数据库查找所需资料、并通过对比分析剔除无用信息、获取有用知识的过程。在培养学生的发展性和创新性，培养学生的信息素养及独立学习能力等方面发挥着重要的作用，有利于学生提高获取信息和分析信息的综合能力。文献检索课要培养大学生对信息的敏感性、自觉性、注意力、判断力、洞察力和捕捉力；提升他们对于信息的认知力、获取力、处理力和利用力等。也可以使大学生树立防止信息垃圾与信息污染，规避知识产权的意识；最终培养大学生获得终身学习能力。

2. 高校图书馆为培养大学生信息素质提供必需的教育人才

要有效的提高大学生的信息素质，首先需要一批优秀的、自身具备较高信息素质的教育人才。图书馆通过经常性的对文献检索课教师专业知识、实践技能的培训，通过派送教师参加各类数据库推介会、教师内部交流、优秀教师传授丰富的教学经验等等方式，使教师在培养学生信息素质方面形成体系。比如在为学生讲授某一具体的检索课题时，教师通过同一课题在不同数据库中的检索，或者同一数据库中不同检索方法的应用培养学生捕捉获取信息的信息意识能力。对于检索出的结果，教师通过选择不同的下载频次，使学生看到文献的结果可以从相关度、发表时间、被引频次及下载频次等方面输出不同的结果培养学生分析、对比、筛选的能力，培养他们对信息的认知能力、获取能力、处理能力和利用能力等。教师在讲授文献传递时，可以通过具体数据库的使用使学生明白传播利用信息资源要注重规避知识产权，因为信息产品的利用是受知识产权法保护的。比如以学习和科研为目的的公益性服务机构 NSTL（国家科技图书文献中心）在做全文传递时，不允许请求内容超过文献的三分之一（无论是页码和篇数），不允许无限下载，也不利用纯电子版的资源进行原文传递服务等，教师通过数据库具体举措的介绍，使得大学生在信息获取实践中熟悉知识产权保护的规则。也让他们知道作为未来知识产品的创造者，尊重知识产权也是保护自己以后的自身利益。此外，图书馆应注重激发老师的个性教学，使教师在培养学生信息素质方面发挥最大的作用。

3.高校图书馆使大学生信息素质的培养教育成为可能

高校图书馆在对大学生进行信息素质教育，培养他们的信息素质方面提供了可能性。通过新生入馆培训和图书馆主页的培训使学生熟悉主页的布局，熟悉纸本资源的馆藏分布以及电子资源的种类，让学生充分了解图书馆资源，认识这个信息资源的宝库，为其合理有效的利用打下良好的基础；通过日常数据库培训使学生熟悉各个数据库，并迅速掌握数据库的检索使用方法，逐步具备检索能力；通过预约培训，适时的解决学生们在使用数据库的过程中碰到的各种问题，完善他们的检索能力，改善对比分析信息的能力，并提高其处理利用信息的能力。通过专题培训，拓展大学生信息获取渠道，熟悉信息系统和信息平台，掌握信息分析和信息吸收方法。图书馆通过以文献检索课教学为主，以教师培训、新生入馆培训、图书馆主页的培训、日常培训、预约培训和专题培训等各类相关培训为补充，建立一个完善的培养大学生信息素质的培训教学体系，使学生在学校的四年或者更长的时间里逐步具备利用各类资源分析问题解决问题的能力，培养他们的创新性、对新生事物的敏锐性等，最终具备终身学习的能力。

总之，大学阶段对于大学生信息素质的教育和培养极为重要，是学生们进入社会，为社会服务的根本和基础。而具有自身的优势和特殊性的高校图书馆在培养大学生信息素质方面扮演的角色和发挥的作用非常重要，不容忽视。

二、高校图书馆在构建和谐校园文化中的作用

高校作为引领社会和谐发展和社会文明进步的机构，理应担负起构建和谐社会的重任。建设和谐校园必须从校园文化建设入手，唤起教育者的文化意识，从校园实际出发，积极构建开放、民主、和谐的校园文化，全面提升

校园文化的品位。高校图书馆是构建和谐校园文化的一个重要组成部分，对促进校园和谐发展有着不可替代的作用。

（一）和谐校园文化的内涵

1. 校园文化的内涵

校园文化的内涵分为广义的和狭义的。广义的校园文化是指大学生活的存在方式总和，其主体包含在校大学生、教师以及行政人员，它在物质财富、精神产品和氛围笼罩以及活动方式上具有一定的独特性的文化类型。狭义的校园文化是指大学精神文化，是在大学的发展过程中逐步形成完善的，它反映了人们在生活方式、价值取向、思维方式和行为规范上有别于其他社会群体的一种团体意识和精神氛围。校园文化是学校全体师生员工在长期的教与学的过程中，逐渐培养并形成的具有共同价值观并共同遵循的最高目标，包括价值标准、基本信念和行为规范。它是管理文化、教育文化、组织文化以及校园文化形成过程中的一个内化过程，需要全体师生员工的共同构建、认同，并被大众所认同。优秀的校园文化是一个历史积累的过程，是一个主动建设营造的过程。

2. 和谐校园文化的内涵

和谐校园文化，既包括一所高校全体员工所拥有的价值取向、浓厚的学术氛围、和谐的人际关系及生活方式，也包括大学的校容校貌、建筑风格、良好的校园环境和先进的教研设备。教职员工以及学生本身既是文化建设的主体，又是客体；既是大学文化的创造者，也是接受者。和谐校园文化的内涵包括三个方面：一是精神文化，即由校园文化创设的思想与心理氛围组成，它是校园文化的核心，对校园文化建设起着导向作用；二是制度文化，即由校园文化的组织机构及其规章制度确定的制度文化，是其他文化得以实施的保障；三是物质文化，即由校园文化的物质条件构成的各种教学、科研、设备等，通过其外在特点来表现学校的文化特征。

（二）图书馆在构建和谐校园文化中的作用

在和谐校园文化建设中，图书馆以其特有的优势起着不可替代的作用。

1. 图书馆具有知识育人的功能

图书馆拥有丰富的文献资料，具备丰富的电子资源及网络资源。知识聚集的本身就形成了一种强大的文化氛围，吸引着学生及教师员工走进图书馆，接受知识的熏陶和启迪。大学是传授专业知识的地方，也是大学生成长、成才，提高文化修养和文学素质的地方。图书馆丰富的馆藏就是一种静态的育人的课堂，是学生扩展知识范围、开阔视野、自我教化和实现人文素养的第二课堂。图书馆是课堂教学的延伸，它对读者的影响是广泛而深远的。

2.图书馆具有服务育人的功能

图书馆的资源是静态的，但图书馆的服务是动态的、充满活力的，它的存在不单单是为了保存文献，更为重要的是为广大读者提供知识构造的平台。随着现代技术的发展和信息技术的广泛应用，图书馆的优质服务和读者对图书馆个性化服务的要求，已成为图书馆追求的工作目标。图书馆要充分利用宣传教育的职能，大力宣传推荐马列主义经典著作、毛泽东思想和邓小平理论及"三个代表"重要思想，由此提高读者的政治思想水平，坚定共产主义信念。图书馆要积极配合学校，结合学生的思想实际，在学生中大力开展爱国主义、社会主义、集体主义教育，使校园文化满足学生对文化、娱乐、科学、艺术等方面的需求。积极倡导正确的人生观、价值观，弘扬爱国主义精神，培养学生的竞争意识、拼搏进取意识，培养他们对祖国对人民高度的历史责任感和历史使命感，使图书馆成为和谐校园文化建设的基地。

3.图书馆具有创新育人的功能

图书馆为培养大学生的创新能力和实践能力提供了广阔的空间：可以让学生参与到图书馆的管理中来，通过建立读书网站、学生论坛，让学生找到施展才华的舞台，激发他们的创新意识，使学生在读书的过程中创新思维，不断地挑战自我；同时图书馆还可以邀请国内知名的专家、学者和社会名流给学生、老师提供各种报告会和专题讲座，指引更多的大学生去读书、去思考、去创新。传统知识与现代的新型知识、文化在大学的图书馆里交汇、交融，历史文化、历史观点与新文化、新观点不断碰撞，从而产生新的观点、灵感、文化等，促使大学生不停地去思考、去创新。

4.图书馆具有环境育人的功能

图书馆不仅能为大学生提供良好的知识资源，而且能提供一种适应他们成长的文化氛围和阅读环境，不断创造并丰富着人性化的阅读空间。图书馆的文化氛围和阅读环境对校园读者的文化修养起着潜移默化的作用，陶冶着他们的情操，从而建立起良好的自我激励、自我约束、自我管理、自我发展的激励制约机制。

（三）实现图书馆在和谐校园文化建设中作用的有效途径

图书馆要想实现在构建和谐校园文化中的作用，就必须做到以人为本，因为以人为本是图书馆服务创新的基础，是图书馆与时俱进、和谐发展的动力。

1.心系读者，以人为本

在构建和谐校园文化的各种元素中，图书馆和读者的关系是两个重要的元素，它包含了两个层面的内容，一方面是以馆员为本，另一方面是以读者为本。

对图书馆工作人员的以人为本表现在：第一，应该充分了解每个馆员的知识和才能，为每一个人找到适合他们的位置，充分发挥他们的知识和才能。馆员工作岗位的相对稳定，也有利于他们向职业化、专业化方向发展。第二，应鼓励馆员继续深造，提升自身素质，不断更新知识，与时俱进，向更高的层次发展。

对图书馆读者来说，以人为本应体现在以下几个方面：一是理解读者、尊重读者，明确图书馆是为读者服务的。二是关心、爱护读者，充分了解读者，满足读者的阅读需求。三是对读者要坦诚相助，为读者排忧解难，积极贯彻"一切为了读者"的服务理念及服务精神。四是提供人性化、亲情化的服务，让读者感到图书馆是"温馨的家"。

2. 营造一种以人为本的和谐环境

人本理念是一切理念的出发点和归宿。在人与自然的关系上，顺自然而以人为本；在人与社会的关系上，循人伦而以和为本；在人与自我的关系上，创造人际关系的美与和谐。在图书馆的建筑风格设计上要凸显人文精神的设计理念，从建筑的造型、平面布局、功能划分等方面要着意考虑；在图书馆周边环境上主要对图书馆周围进行绿化，种植花草树木，既净化空气，又美化环境，创造一个静美的外部阅读环境；在图书馆的室内装饰上要体现人性化，其布局、格调要符合大多数读者的审美及阅读环境需求，包括阅览桌椅的形状、大小、摆放的位置，颜色的搭配等。

3. 加强队伍建设，营建和谐馆风

和谐馆风主要包括合作精神、团队意识、奉献精神、与时俱进、开拓创新等方面的内容，它们是图书馆全体人员政治业务素质、职业道德水平和管理水平的综合反映，也是图书馆人员共同的价值观和行为准则。营造和谐馆风是构建和谐图书馆的前提和基础。良好馆风的形成，可以为馆员与馆员之间、馆员与馆内各级组织之间、馆员与读者之间建立起良好的人际关系，创造出一种整体的和谐氛围，营造出愉悦、舒适的工作环境与氛围；可以充分发挥个人潜能，做到"人尽其才，才尽其用"；可以增强图书馆的整体凝聚力。图书馆内在的和谐文化促进校园文化的和谐发展，校园文化的和谐发展又促进图书馆内部和谐文化的建设，二者相辅相成，缺一不可。

三、高校图书馆对教学和科研的作用

《中华人民共和国高等院校图书馆工作条例》规定：高校图书馆是学校的

图书资料情报中心，是为教学和科研服务的学术机构，它的工作是教学和科研工作的重要组成部分。

虽然高校图书馆工作被定性为教学科研工作的重要组成部分，但是传统的高校图书馆信息工作的实际定位往往局限于教学科研的辅助地位。面对信息社会和知识经济时代的到来，我们必须站在新的基点上对高校图书馆信息工作重新定位。据有关资料统计，高校科研人员获取信息知识总量的 70% 来自图书馆；在电子计算机等新兴学科的科研人员中，这一比例更高达 80% 以上。高校教师同样需要从图书馆获取大量的最新信息对教材进行丰富和补充。因此，只有改革传统的图书馆信息管理模式，优化图书馆信息服务工作，才能适应信息时代高校教学科研发展的需要。

（一）强化以计算机和网络为载体和媒介的信息意识

图书馆信息工作对高校教学科研所起的支撑作用日益增长，而且其作用应随时代的变化而变化，它必须顺应信息时代文化交流的特点而变革。未来社会属于信息社会，信息社会的实现依赖信息技术现代化。面对以计算机和网络系统为主体的信息时代，图书馆信息工作方式需要进一步改进和优化，利用现代化电子技术手段取代传统的手工操作方式，为高校教学科研提供信息保障。首先，增强电子检索信息意识，电子检索较传统手工操作有着无比的优越性，具有处理信息迅速、准确、容量大的特点，能极大地提高工作效率，可为高校教师及管理人员提供速度最快、内容先进、新颖真实、数据事实准确无误的有效信息。然而，传统信息工作还停留在以对书籍为主的印本文献资料的收集、加工、管理和传递环节上，在某种程度上存在着重收藏轻利用，重保存轻传递的倾向。高校图书馆还没有完全摆脱"古代藏书楼""历史博物馆"的尴尬境地。为了适应高校教学科研对信息资源多媒体、多方向、多功能的要求，促进高校教学科研的发展，图书馆的信息工作重心应逐渐转向广义的信息资源的收集、管理和利用上来，充分利用现代化管理技术组织图书馆的信息工作。其次，建立局域网络信息中心，对各种网络资源进行收集、整理、组合，开展专题服务，对与教学科研有关的某一专题的信息进行过滤、筛选、组合，使图书馆信息工作在"变信息资源"为"知识资本"的升华过程中，发挥最大限度的支撑作用。

（二）搞好信息优化工作

随着 21 世纪科技的发展与信息时代的到来，高校图书馆信息工作也应做到与时俱进，不断优化信息工作，以开拓进取的精神与竞争的态势抓住时机，才能适应高校教学科研发展的需要。图书馆信息工作在高校教学科研中起着至关重要的支撑作用，要真正发挥其积极作用，应从以下几方面着手：

首先，要实现图书馆信息工作与高校教学科研工作的融通与互动。早在20 世纪 60 年代就有学者提出，教育与信息具有一定的必然联系，教育的过程就是信息交流的过程。英国的布鲁克斯认为，来自教育者的信息作用于受教育者，便会与其原有的知识结构相结合，使原有的知识结构产生量的增加，并以简洁的"布氏方程"表述了这一过程：K[S]+!=K[S+!S]。也就是说，人们的知识结构由于获取了信息!，并与其原有的知识结构 K[S] 相结合，改进了其知识结构，产生知识增量 !S，从而变换为新的改进了的知识结构 K[S+!S]的情况。这说明系统化信息得到了交流，导致新知识增量的产生，也便产生了新知识、新信息，更丰富了信息资源。这一理论充分说明了高校教学科研活动与图书馆信息工作之间互相联系、互相依存、互相促进的辩证关系。教育教学的过程，也就是由教师向学生传授系统知识和新的信息，在系统知识的基础上使新的信息不断物化为新的知识结构，通过信息量的不断增加，促使知识结构不断发生新的变化的过程。高校图书馆信息工作要适应新形势发展的需要，实现自身的转型，从教学科研的辅助地位转化成为它的有机组成部分，从被动地提供查询和检索，转化为主动地提供服务与支撑，从而真正形成高校图书馆信息工作与教学科研活动相辅相成、相得益彰的互动关系，使图书馆信息工作在高校教学科研中的作用得以充分发挥。

其次，要注重发挥图书馆信息工作的前瞻性和先导性作用。当今社会是知识爆炸的时代，理论研究成果层出不穷，科学技术迅猛发展，理论研究、技术开发、成果转化的周期越来越短，新学科和边缘科学不断涌现。从目前我国高等教育体制来看，教师和学生的教学交往活动还主要是局限于相对封闭的校园内进行。这种相对封闭的教学环境，对教师知识结构的更新，对学生知识领域的拓展，都不可避免地造成了一些障碍。在这种情况下，图书馆无疑已经成为教师和学生获取信息的重要来源。这就要求图书馆信息工作要与各学科发展的最新成果相对接，与科技进步的进程保持同步。图书馆信息工作要把重点放在对最新学术动态，最新理论科研成果的收集、整理和传播上；要善于把握相关学科和专业的发展动态和发展趋势，满足教学和科研工作的需要；又要通过对前沿科学信息的收集和传播，对教师与管理人员教学科研活动的学术命题和研究取向产生影响，对学生知识领域的构成和专业发展的方向发挥导向作用。

再次，要强化图书馆信息工作对信息资源开发、整理、传播的功能。要使信息真正成为有效的资源，需要对信息资源进行收集、分类、整理和加工。据统计，近 10 年来产生的信息量比过去 2000 年还多。改革开放以来，我国的期刊数量已由原来的 900 多种增加到 8000 多种。人们正在感受到信息量的增加对有限的阅读时间、原有的接受能力以及对信息理解和吸收程度的挑战。图书馆信息工作就是要将各类媒体的信息资源按照一定的功用进行分析、归类，把粗糙的原始信息在数量上浓缩，在质量上提高，在形式上变换，去伪存真、去粗取精，加工成易于储存、传播和使用的有效信息产品。信息工作还要变粗放式经营为集约式经营，针对不同的服务对象确定信息资料工作的重点和方向。高校图书馆信息工作的服务对象是大学教师、管理人员和学生。不同的信息行为主体对信息的利用具有不同的特点。从信息主体、信息行为的角度分析，大学生的信息查询行为多是直接阅读资料取得信息，使用文末参考文献追溯查找线索，通过实地或口头调研取得有关资料。他们较少利用综合的搜集渠道和方法，较少使用信息系统的技术设备和检索工具，较少需要图书馆信息工作和研究论证的依据，把信息资源转化为教学科研的直接成果。

四、高校图书馆在文化传承中的角色定位及思考

文化传承是高等教育的基本职能，也必然是高校图书馆的基本职能，高校图书馆在文化传递与继承的过程中发挥着巨大作用。另一方面，高校图书馆也为促进文化创新，推动文化进步做出了不可磨灭的贡献。

（一）图书馆在文化建设中的角色定位

1. 图书馆是文化储存的宝库

图书馆在中国近代之前被视为"藏书"的地方，以"阁、楼、堂、斋、室、馆"等称之。随着信息化时代的快速发展，柯平在《重新定义图书馆》一文中给了图书馆一个新定义："图书馆是通过对文献和信息的收集、组织、保存、传递等系列活动，促进知识的获取、传播与利用，实现文化、教育、科学、智力、交流等多种职能的社会有机体。"从图书馆的名称到新定义，我们不难发现，图书馆从它诞生起，就成了文化保存的场所。从古代的甲骨文、竹木简策和手写本，到近代的印刷品，再到现代的声像资料、数字信息等，都是图书馆收藏的对象。截至 2012 年底，中国国家图书馆的藏书容量达 3119 万多册，其中价值连城的古籍善本就有 200 余万册。我国公共图书馆、高校图书馆、科研院所图书馆等几大系统众多的图书馆分布在全国各地，正是数以万计的图书馆人坚守在工作岗位，保存了人类文化的遗产。曾有人说，如果人类失去了一切东西，只要保存有图书馆，一切都可以恢复。毫无疑义，图书馆是文化储存的宝库。

2. 图书馆是文化传承的基地

现代图书馆的诞生改变了图书馆的根本属性，由私人独有转向公众服务。图书馆除了保存文化遗产外，主要是向读者提供服务。图书馆收藏的所有文献，都是人类共同创造的精神财富，是人类智慧的结晶，是一种综合文化资源。通过图书馆，把人类的知识一代一代地积累并继承下来，再向社会广泛地传播、运用和发展，从而推动社会创造更多的精神财富和物质财富。图书馆拥有几乎涵盖古今中外所有学科的专业知识，它主要通过书刊流通、数字阅读，图书宣传、阅读辅导等方式，不仅普及和提高读者的科学文化水平，同时，通过馆员的服务，向全民开展思想道德教育，引导读者多读书、读好书，辨别假、丑、恶，弘扬真、善、美，从而实现服务育人、文化传承的目的。

3. 图书馆是文化交流的场所

我国现代图书馆产生之后，除了保存本民族的文化遗产外，还兼顾吸收世界各民族优秀的文化遗产。"对外文化开放、文化交流，有许多部门、渠道和形式。国家机关、高等学校、研究机构以及各种文化团体等，都是进行交流的重要部门。这中间，图书馆扮演十分特殊的角色，可以说它是文化交流的重要枢纽和文化整合的服务器。"一方面，图书馆是读者交流的场所，思想只能在碰撞中才能产生火花。各个图书馆在新馆的规划中纷纷建立了读者沙龙、读者培训、学术报告厅等，图书馆不仅为读者提供看书学习服务，同时，也成了读者交流沟通的场所。通过不同形式的沟通，促进读者之间进行学术和思想的交流。另一方面，通过图书馆这个平台，引进和购买外国的包括图书在内的先进文化产品，让读者通过阅读外国文献和信息，了解其他民族先进的文化遗产和知识，促进世界文化的交流和融合。再者，图书馆通过组织学术交流活动，促进文化传播和学术交流。

4. 图书馆是文化创新的摇篮

没有阅读就没有创新，创新是民族发展进步的灵魂。图书馆历来就是文化研究和文化创新的基地。古今中外的政治家、思想家、科学家、哲学家、历史学家、艺术家、文学家的巨著，许许多多文化创新性成果，都得益于图书馆这个文化基地。开国领袖毛泽东在他考入湖南第一师范之前，曾利用图书馆学习了大量古今中外的优秀图书，其中包括亚当·斯密的《原富》、达尔文的《物种起源》、斯宾塞的《逻辑》、郝胥黎的《天演论》和约翰·斯·密勒、卢梭等人的著作，为他以后开阔的视野奠定了良好的基础。之后，在湖南省立第一师范学校毕业后，他又北上，在北京大学图书馆工作，利用这个便利条件，又一次阅读了大量书籍。毛泽东去世前的两个多小时还读了七分钟图书，他是一个终身学习的典范。他创造性地把马克思主义同中国革命的具体实践相结合，形成了科学的毛泽东思想，指导中国人民踏上了建设社会主义的康庄大道。毛泽东的一系列创造，都是与阅读密不可分的。

现代科学技术的创新，也离不开图书馆。科学技术日新月异，人们的知识需要不断更新，才能不断适应社会发展的需要。图书馆通过收集反映最新科学技术和各种新成果、新成就的文献信息，为读者不断获取新知识提供了条件。科研人员的创新，需要到图书馆查新并获取研究资料；政府领导制定决策，也需要图书情报部门为其提供必要的依据和决策信息。"经济的发展和社会的进步，依赖科技的发展和进步。蕴藏在文献信息中的情报是重要的智力资源。当今世界各国都很重视图书情报工作，把图书情报作为一种国家资源、无形的财富，与能源、材料并列，作为发展科学技术的三大支柱，并不断利用现代化的技术手段装备图书馆。"我国图书馆的发展，从建筑到设备不亚于发达国家的水准，已经进入了信息化、数字化的新时代。现代化的图书馆为国家的创新提供了坚实的文献信息保障。

5.图书馆是全民终身学习的学校

人的一生，在学校课堂上学习的时间是有限的，其他大部分时间的学习都需要依靠图书馆来进行。图书馆不仅能够提供丰富的文献信息资源，舒适优美、安静的环境，同时，图书馆有专门的图书管理员为读者提供阅读方面的辅助和指导。在学校教育中，图书馆是不可缺少的第二课堂；而在社会教育中，图书馆是面向各行各业、面向全民的大课堂。在图书馆学习，不受时间、空间、地点、年龄、性别等诸多限制，而且公共图书馆一般都设有残疾人专门通道。图书馆由于其收藏的文献信息具有多元化、全面性、历史性和前沿性的特点，可以满足不同专业、不同职业、不同学历、不同文化程度和不同年龄的读者的需要。数字化图书馆的建立，移动阅读的兴起，更使文献信息的传播、推广和教育更加方便快捷高效，可以极大地促进学习型社会的建设和发展。

（二）加强图书馆建设，繁荣文化事业

1.加强各系统图书馆融合，积极推进文化建设

由于历史原因，我国图书馆自然形成了公共图书馆、高校图书馆和科研院所图书馆、军事图书馆、工会图书馆等几大系统条块分割、部门所有、各自为政的管理体制。就目前来说，高校图书馆已经开始尝试向社会开放，但还没有成熟的办法和措施，各地区、各高校推进的速度也是千差万别；科研院所图书馆读者少，相对集中，专业性强，基本上是独立作战。各系统的各自为战，不仅造成了资源的重复建设严重，同时，也造成技术设备、人力资

源等方面的浪费。建议从国家层面积极思考全国的图书馆发展战略，尽快实现各系统图书馆高度融合；从地区层面，各地区积极开展各系统图书馆融合试验，为国家层面的融合探索有效途径。

如果各系统图书馆能够积极融合，实现真正意义上的资源共建、共知、共享，那么必将形成以大图书馆为中心，小图书馆深入社区、乡间，大小图书馆交织、星罗棋布的图书馆群落，这对于在全社会形成科学、文明、健康、和谐、积极向上的文化生活环境和传播实用知识，提高全民的文化素质和全面发展，必将发挥出图书馆更强大的作用。

2. 加强图书馆队伍建设，引领文化建设大潮

人才强，则国强；图书馆人才队伍强，图书馆也强。由于种种原因，我国图书馆界人才素质参差不齐。可以说，目前，仍然有相当一部分图书馆依然是单位的"安置办""中转站""收容所"，这样的一支队伍很难承担起国家文化建设赋予图书馆的历史重任和现实责任。

图书馆不仅是服务部门，同时，也是图书馆科学研究的学术机构。毛泽东在延安的一次演说中，讲过一段很精彩的话："有了学问，好比站在高山上，可以看到很远很多的东西；没有学问，如在暗沟里走路，摸索不着，那会苦煞人。"只有图书馆人把终身学习的理念落到实处，执行到底，才能引领读者多读书，读好书。只有我读，才能导读。同时，图书馆学也是一门独立的学科，有其自身发展的规律，只有通过不断研究，摸索图书馆自身发展的规律，才能顺应时代大潮，真正地为读者做好服务。只有图书馆队伍的素质提高了，学习氛围浓厚了，才能向全社会辐射出爱好学习的正能量，才能真正把终身学习的理念传递给全社会的人。

3. 加大图书馆投入，倡导全民阅读

倡导全民阅读，不能仅仅停留在政策层面，也不能仅仅靠几句口号行事，关键是营造读书的氛围，让全民阅读成为一种常态。加大图书馆投入，一方面把图书馆建在社区、建在乡间，让居民很方便去图书馆。另一方面，加强文献资源采购，加大全民平均购书数量。弘扬正气，杜绝歪风，引导居民找到读书的真谛，领略读书的乐趣，丰富知识，开阔视野，提高素质，提升境界，把被动读书变成自觉意识。只有全民争相阅读，才能建设良好的文化氛围，实现中华复兴的大业才能指日可待。

（三）高校图书馆在文化传承中的作用

1. 促进人才培育，为文化传承注入新的源泉

文化的育人功能是高校图书馆的首要基本功能。大学生在课堂中获取的

知识完全不足以应对社会对大学生的要求，图书馆已经成为大学生课外活动和学习的重要场所，学生沐浴着人类长久以来的文化积淀，为自身的文化知识的提升、专业知识的提升，为自己走向成功提供了强有力的帮助，帮助学生培养阅读兴趣，引领大学生自觉树立正确的世界观、人生观和价值观。高校图书馆不仅能够为学生提供了丰富的文献，还为高校提供了一个优美的图书馆环境，举目所及的是安静整洁的阅览大厅，对学生心理产生良好的影响，传递给读者醇厚的文化信息。

帮助学生根据自己的兴趣需要，有目的地阅读书刊，进行情操的熏陶，潜移默化地影响学生精神境界的升华，不断的积累文化、拓展知识结构，为学生提供一片广阔的发展天地。

2. 渲染校园文化，引领校园文化新导向

校园文化是一所高校所呈现的精神烙印，体现在高校师生所带有的特殊气质光环。高校图书馆本就是校园文化的基本载体和文化创新的重要基地，高校图书馆承担着光荣而艰巨的任务，在校园文化建设中发挥着独特的、不可替代的作用。图书馆结合着自身的资源优势，借助各方面的力量，逐渐形成了彰显着一个校园的文化特征，演化成为大学文化整体不可分割的知识成分，蕴藏着丰富的人类精神文化产品和先进的文化成果。高校图书馆在发挥育人作用的同时，也通过不断的加强自身文化建设，吸引和激励更多的学生来到图书馆内学习，丰富了学生的校园生活，为祖国未来发展增添砝码。

3. 发展文化服务事业，推动社会文化繁荣

高校图书馆承担着保存、传承、传播和创新文化的重要人物，是建设社会主义特色文化的重要组成部分，也是"十三五规划"中的计划内容，是实现中华民族伟大复兴的中国梦的重要场所。它通过筛选馆藏的文献书刊、参考资料等，力求为师生提供最有用的先进文化，帮助广大师生树立正确的价值观念，并通过校园文化对外界的影响，有力的推动整个社会风气的提升，推动社会文化的大发展大繁荣。

高校图书馆通过育人作用，帮助高等教育为社会培育出一批又一批涵盖各行各业的优秀人才，在不同领域和角落为整个社会的精神环境和文化氛围提供了优化的资源核力量。另一方面，高等教育在校园文化和社会文化的接轨方面起着至关重要的作用，是联系学校与社会的桥梁和纽带，把优秀的校园文化和社会文化产生交流和碰撞，形成更加年轻且生机勃勃的社会文化。

（四）高校图书馆在文化传承中的重新定位与发展

"十三五规划"对文化建设的新要求，无疑给高校图书馆指明了新的建设

方向，根据指标做出改变才是硬道理。

1. 发挥高校优势，利用馆藏资源形成特色文化

高校图书馆想要真正完成社会寄予的厚望和文化传承的任务，必须加强自身的文化建设，要充分发挥自身的资源优势，形成具有鲜明特色的图书馆组织文化，为学校和社会提供有特色的信息服务，为师生提供优秀的精神食粮，并推动文化传承和创新。高校图书馆通过构建特色高校图书馆，丰富文化服务的内容，积极引进新的理论文献和信息资源，加强各大高校之间的交流与合作，形成文化资源共享，形成特色的图书馆文化，积极参与构建有利于中华民族文化繁荣发展的体制，进一步推进文化的创新。

2. 利用新兴技术，拓宽文化传递与继承的渠道

新媒体技术的兴起已经渗透到社会的各个方面，而网络平台则非常受大学生的欢迎。通过网络这个载体，向学生传递信息，共享资源，已经成为时下覆盖面最广、时效性最强、最具有针对性的方法。高校图书馆应熟练掌握新媒体信息技术，将纸质图书馆和数字图书馆结合起来，推动图书馆的文献信息建设体系进一步改造，促进高校图书馆向现代化进一步迈进。

3. 加强环境建设，为文化传承创造优良的环境

高校图书馆的环境建设影响着读者的学习兴趣，建设一个优美的阅读环境能够大大提高读者的阅读质量。所以高校图书馆在建设中应注意图书馆的建设和布局，力求为读者提供最舒适的学习氛围，争取把以人为本的理念融入图书馆环境建设的方方面面，让读者在阅读的过程中能够感受到身边环境所给予的精神安慰与愉悦。加强全体员工的培训，让全体员工在观念和行动上真正做到"读者第一，服务育人"，充分调动工作人员的积极性、主动性和创造性，高质量的为读者提供优质服务，使读者在阅读过程中感受到工作人员的热情和真诚。

依据当今社会发展趋势，高校图书馆应结合自身优势，充分发挥自身在文化传承中的重要作用，同时通过加强文化建设，推动文化的传播与创新，为文化事业的繁荣和发展提供中坚力量，在传承文化的基础上创造未来。

第三节 图书馆数字资源维护策略

作为高校"三大支柱"之一的图书馆，是高校文献资源、文献信息的集散地，是高校文献信息中心、咨询服务中心和科学研究中心。随着信息环境的社会化、网络化，图书馆原有的基本服务功能已不能很好地满足读者的需求。数字图书馆的引人，改变了传统的服务方式，读者可通过网络使用超大

规模的、可跨库检索的海量数字化信息资源库。网络环境给高校图书馆工作带来了巨大变革，实现了通信和资源共享，加强了信息交流，提高了工作效率。但由于 Internet 的高度开放性，分布式的资源和共享，增加了网络的脆弱性，易于受到外界的攻击和破坏。现在，西方发达国家把他们的社会由于广泛使用计算机而称为"脆弱的社会"。

网络大大地提高了图书馆自动化程度，使图书馆对自动化网络系统的依赖性愈来愈大，图书馆数字信息的安全就显得更加重要，网络信息系统的安全性已成为一个急待解决的问题。

一、数字图书馆信息安全的概念

数字图书馆信息安全是指数字图书馆网络系统的软硬件及其系统中的数据在使用中受到保护，防止信息被恶意破坏、更改和泄漏。随着信息技术的发展与应用，数字图书馆信息安全的内涵在不断地延伸，从最初的信息保密性发展到信息的完整性、可用性、可控性和不可否认性，进而又发展为"攻、防、测、控、管、评"等多方面的基础理论和实施技术。

一般认为，计算机网络安全包括物理安全和信息安全两个方面。数字图书馆物理安全是指保护服务器、交换机、路由器、工作站以及通信线路等硬件实体免受损害和破坏。数字图书馆信息安全是指保护系统内的程序和数据在存储、处理和传输过程中不受破坏和泄漏，主要包括系统安全及数据安全两方面的内容。系统安全一般采用防火墙、病毒查杀、防范等被动措施，不能从根本上预防或根除危险所在；而数据科技安全则主要是指采用现代加密算法对数据进行主动保护。实践证明，解决网络的信息安全问题显得尤为重要和紧迫。

二、数字图书馆信息安全的重要性

数字图书馆对海量的数字资源进行加工、存储、传递与管理，并利用网络为众多的终端用户提供各种信息服务，因此，信息安全就显得特别重要。

首先为教师提供了国内外领先的科研环境，使教师的工作效率提高了，眼界开阔了，能及时了解到自己学科当今新的技术水平，使教师的科研教学水平得到了极大的提高。其次，数字图书馆的建设，也增强了学校对学生的吸引力，为学生提供了很好的学习环境，同时，在一定程度上也提高了学校的知名度。第三，数字图书馆的建设，促进了学校整体服务水平的提高。图书馆的信息化建设把图书馆从一个单纯的服务部门提升到了教学科研的窗口，使师生感受到图书馆给他们带来的新的服务模式，信息收集的方便、快捷。

如果网络不够安全，信息遭到了破坏，数字图书馆数据被删除或篡改，Web 主页被非法修改，造成服务器无法启动，数字图书馆网络的瘫痪，资源共享就成了一句空话，而且信息的失窃会造成无法估量的损失，就失去了联网的意义。据美国 FBI 统计：全球平均每 20 秒就发生一起 Internet 计算机系统被入侵事件，而且仅美国每年造成的损失就高达 100 亿美元以上。

因此，信息安全是数字图书馆能否正常运行的关键。

三、影响数字图书馆网络信息安全的因素

目前威胁数字图书馆网络信息安全的因素来自很多方面，但从根本来说影响其不安全因素主要表现在三个方面。

（一）日益增长的国外产品依赖性

从硬件来说，我国目前使用的大部分网络产品和安全产品都被国外公司所垄断。通过权威部门研究发现，这些网络产品有不同程度的"后门密码"，这些"后门密码"不是黑客安装的，而是厂家想获得用户信息而设置的，在计算机工作时会通过互联网将机内信息发到生产厂家总部。也就是说任何人如果知道这些设备特殊的密码都可以进入数字图书馆并获取信息。从软件来看，微软统治桌面操作系统市场可能是一个相当长的时期，别人很难在 Windows 的基础上做它的安全操作系统版本。而我们对这些系统特别依赖。目前，各种操作系统都存在大量的漏洞。其中微软系统平均每一个星期左右就有 1 — 2 个威胁到 Windows 系统安全的漏洞被发现并公布出来。漏洞一旦被黑客利用，造成的后果将不堪设想。虽然目前我国国产的计算机安全产品种类迅速增加，研制水平发展极快。但由于依赖性的这种潜在威胁因素存在，我国计算机系统安全性极差。我国各种计算机系统，即使采用了现有的各种安全产品，但只要芯片、操作系统和数据库、网络管理这三大件采用外国产品，那么我们的计算机安全就岌岌可危，危险会在你毫无知觉的情况下发生，机密会在你注视下视而不见地被窃取；这是我国计算机安全的三大黑洞，是数字图书馆信息安全的严重隐患。

（二）图书馆信息安全人才缺乏

数字图书馆的建设对图书馆工作人员提出了较高的要求，要求他们具备一定的计算机及网络相关知识，能够利用互联网及时找到读者需要的信息，并对这些信息进行加工整理，方便读者使用。

很多图书馆都配备有系统管理员，这些系统管理员能够保障网络的正常

运行。但从整体来说，他们缺乏网络安全的必备知识。从应用角度来看，目前国内的网络管理，尤其是信息安全管理人才奇缺。据有关权威部门提供的数据，目前我国共有信息化安全专业人才 3500 多人，而获得中国信息安全产品测评认证中心注册证书的仅 300 多人。全国仅 11 家企、事业单位获得了中国信息安全产品测评认证中心授牌，成为我国首批"注册信息安全专业人员资质认证"培训机构。因此，信息安全人才缺乏是影响数字图书馆信息安全的一个关键因素。

（三）数目不断增加的潜在电脑攻击者

由于数字图书馆里有很多有用信息，同时有些信息的使用有一些权限上的限制，诸如帐号、密码、级别之类的检测。由于计算机应用的普及，网民数量急剧增加，信息安全受到了多类潜在攻击者的威胁。非法入侵、窃密、计算机病毒等来自网络的人为因素威胁会越来越多。入侵者在互联网上很容易下载到攻击工具。任何攻击者的来源、目的、手段、程度也许各不相同，但对数字图书馆的危害却都是不容忽视的。

四、数字图书馆信息网络的保密防范措施

很多人认为进行了安全配置的服务器就是安全的、可以高枕无忧了，其实这是一种错误的看法。网络安全是一项系统工程，它不仅有空间的跨度，还有时间的跨度。我们只能说一台主机在一定的情况、一定的时间范围内是安全的，但是随着网络结构的变化，新的漏洞、新的病毒的发现，一些用户的操作，主机的安全状况是随时随地变化着的，只有让安全意识和安全制度贯穿整个管理过程才能做到真正的安全。

数字图书馆在使用中，还应该做好以下的一些安全防范措施：

（一）对病毒及系统"漏洞"的防范措施

经常安装补丁程序和对杀毒软件、防火墙升级，制定一系列的安全策略，其中包括局域网用户访问互联网的认证和访问策略。不定期的查看防火墙日志，检查网络的安全情况，尽量预防外来攻击。应跟踪网络病毒防治技术的发展，尽可能采用行之有效的新技术、新手段，建立"防杀结合、以防为主、以杀为辅、软硬互补、标本兼治"的最佳网络病毒安全模式。

用户不能幻想依赖防病毒产品彻底解决安全问题，要彻底解决病毒入侵等安全问题还需要安全操作系统。从长远来说，我国要设计出拥有自主知识产权的安全操作系统，设计出拥有自主知识产权的、性能先进的安全设备。

（二）及时备份网络数据

数字图书馆信息网络系统中的有关数据，是图书馆进行网络化信息服务的物质基础，是数字图书馆的核心资源，万一这些数据因系统故障或人为破坏而丢失，图书馆就无法开展工作。由于保存数据的磁介质的不可靠性和网络威胁的存在，对数据进行定期的备份是非常必要的，特别是网上的 Web 服务源代码程序、专业数据库、用户资料和一些实时更新的数据。

（三）检查运行进程，养成良好习惯

随时检查任务管理器，查看服务器运行的进程，遇到不熟悉的进程要及时关闭，并从注册表里删除该进程，防止恶意攻击。并养成少在服务器上进行与服务器安全管理无关的操作；保持 windows、杀毒软件和防火墙的升级；定期地检查管理员组；设置复杂的密码和良好的自我保护意识。

随着数字图书馆建设步伐的加快，信息安全显得越来越重要。国家信息安全测评中心主任吴世忠说："网络安全是相对的，动态的，没有绝对安全的产品。设计安全产品的人，还必须根据黑客攻击手段的变化不断更新安全策略"。因此，网络信息安全是一个漫漫求索之路，是一个长期的过程，没有绝对安全的网络。

五、数字图书馆的信息安全的防护对策

安全技术是保证网络信息安全的重要手段，很多网络信息的安全性都是依靠各种技术手段来实现的，如防火墙技术、病毒查杀技术、漏洞修复技术、VLAN 技术、加密技术等，为保证数字图书馆信息的安全和完整提供了强大的支持。下面列举其中的几项技术及其他防护措施进行详细阐述。

（一）安装智能防火墙

智能防火墙是利用概率、统计等智能方法对网络数据进行识别，从而实现访问控制的目的，这些方法简化了匹配检查所需的大量计算，能够进行高效的网络数据的运算，进行访问控制。只有防火墙融合包过滤和代理技术为一体，并克服了二者安全性能方面的缺陷，能够一直对应用层进行控制，实现 TCP/IP 协议的微内核，从而在协议层进行安全控制。这种微内核使速度超过传统的包过滤防火墙，减轻网络终端的负担；支持数据加密（DES）和解密（RSA），对虚拟网 VPN 提供强大的支持；强化代理服务，并使其和包过滤相融合，在智能过滤的基础上，使数字图书馆的安全性能大大提高。智能防火墙还能够对图书馆的内部局域网进行有效监控，其特有的 MAC 控制功

能和防欺骗功能，能够协助图书馆管理员找到恶意攻击的来源。虽然防火墙技术已实现了突飞猛进的发展，但还无法实现 100% 防范攻击的可能，但有效的防火墙可以抵挡大部分的恶意攻击，甚至可以为网络安全提供预警机制。因此，利用防火墙成为抵挡大部分黑客攻击的工具。

（二）建立病毒查杀系统

我们通常对病毒进行查杀多使用的是单机版的查杀系统，但是其并不能制止病毒在网络上的传播。而且，目前网络病毒呈现出以下特点，设定环境被激活自行通过网络传播，传播速度快，传播渠道多，病毒种类与日俱增，因此，要预防病毒的传播，必须采用集中的病毒查杀系统，比如可以在数字图书馆内建立病毒查杀控制中心。病毒查杀系统可以实现连网计算机的统一管理，进行统一的病毒清除，同时还可以及时发布病毒信息，自动升级病毒库，实现病毒科学预警。另外，病毒查杀系统还可以为网络终端提供在线服务，提供电子邮件病毒网关，和电子邮件系统整合，对邮件中携带的病毒进行查杀。病毒查杀系统必然会成为净化数字图书馆网络系统的有力措施之一。

（三）避免系统漏洞

系统漏洞又分为操作系统漏洞和应用系统漏洞。数字图书馆使用的操作系统多多少少都存在系统漏洞，对网络信息安全造成了威胁。目前网络服务器安装的操作系统包括 Windows XP、UNIX、Linux 等，不同的操作系统其安全级别也不尽相同，Windows 操作系统存在很多设计上的漏洞，很容易成为黑客攻击的对象，UNIX 由于设计技术复杂，能够抵挡一些低级黑客的攻击。因此，数字图书馆管理维护人员要时刻关注微软官方网站的动态，并及时为系统安装补丁，升级程序，不给黑客下手的机会。应用系统是操作系统中最核心的部分，在确保不受其他因素干扰保证网络正常运行的同时，应用系统自身的安全设置也非常重要，以克服应用系统本身存在的缺陷。一是系统开发的延时性使漏洞在所难免，二是应用系统的服务配置也存在很多安全隐患。对于系统方面存在的漏洞，可以采取使用补丁的方式对漏洞进行修复，而对于应用系统的安全设置，则需要在系统建立之前就对相关配置做好研究和优化，提前降低安全隐患的发生率。

（四）严格管理网络配置使用权限

网络的安全问题很大程度上是由使用权限决定的，在网络运行范围内执行越权操作就很容易对网络安全带来隐患，因此，科学管理网络用户的账号及权限是保证数字图书馆信息安全的重要保证。为此，我们可以从以下几方面进行注意：一是科学分配网络使用者的权限。二是限制高权限用户的数量，用户越多，漏洞越多。三是网络管理员要对网络用户极其账号进行统一管理。四是账户密码不可设置的过于简单。五是网络管理员账户要设定专人使用，不可随意转借给他人。六是限制网络用户对网络权限的使用时间。

（五）对图书馆重要数据进行备份

数据备份是保证数据不被丢失的最好方式，数字图书馆中的信息数据不仅是图书馆管理员多年的劳动成果，而且是维持网络正常服务的基础，一旦这些数据丢失，将会给数字图书馆的使用带来很大的障碍，因此，做好数字图书馆的数据备份是一项非常重要的工作。可以定期对数据进行转存，也可以采用 RAID0/3/5 磁盘阵列技术，实现数据的实时备份，再利用热插拔技术，可以实现数据丢失后，立即启用备份数据，实现服务的不间断性。

（六）建立图书馆信息安全管理制度

健全的管理体制是保证网络信息安全的又一重要因素，其主要包括完善的管理制度、健全的管理机构、明确的安全管理体系等，只有建立了相关的安全管理制度和操作章程，才能使数字图书馆的管理人员做到有章可循，有据可凭，减少错误的出现频率，始终不忘管理制度是图书馆信息安全的基础保证。图书馆要成立专门机构来负责图书馆的维护工作，并负责各项规章制度的制定和有效执行，在最大程度上减少风险带来的损失。同时，技术研发部门要建立信息安全管理制度，并严格按照规定执行，规范各项工作的操作程序，控制技术人员的使用权限，建立并完善硬件和软件管理制度、安全防护制度、审核制度等，在规范的制度保证下实现网络系统的正确开发。另外，图书馆工作人员要及时了解网络安全知识，并对使用者进行使用培训和指导，增强他们的安全意识，定期参加技术培训，丰富自己的网络安全知识的同时也保证了网络信息不受侵犯。

总之，数字图书馆的建立不仅是信息化时代的需要，也是实现图书馆数字化建设的重要组成部分。随着网络技术的发展，数字图书馆必定会面临更大的挑战，而网络安全是一项集技术、管理等多方位为一体的系统工程，要实现这一工程的完美竣工，不能只依靠其中的一项作为保证。网络安全性的提高依赖于不断提升的技术水平，依赖于管理方式的完善和管理人员素质的提高。数字图书馆管理人员可根据自身需要和特点来对其进行系统完善和网络信息的安全操作，以更好的推动数字图书馆的发展。

第四节 图书馆数字资源维护管理体系

数字图书馆是以数字形式存储和处理信息的新型图书馆，通过计算机技术进行图书馆各种信息资源的采集、数字化加工处理、信息的存储和管理、信息的发布和服务、信息利用与挖掘等处理工作，向读者提供智能检索和下载服务，实施知识的增值和快速传播，代表了图书馆发展的必然趋势。高校的数字图书馆往往是作为校园网的重要组成部分，其服务建立在开放性的网络系统上，面临着网络信息安全这一严峻挑战，对图书馆的网络安全建设提出了更高的要求。

一、数字图书馆的安全风险分析

（一）数字图书馆的一般网络结构

一般来讲，高校数字图书馆包括文献管理系统、数字图书馆门户网站及检索系统以及图书馆办公系统，其中图书馆办公系统和文献管理系统主要在图书馆局域网上运行，门户网站以及检索服务主要用户在校园网上，也有学校将部分服务的范围扩展到因特网上。因此，其网络服务一般分为三个层次：局域网、校园网和因特网，其网络结构一般采用内外两层结构，即图书馆内部局域网以及和校园网直连的公共服务部分。校园网与因特网之间的联接由信息中心统一管理，通常会采取一定的隔离和访问控制措施。数字图书馆的核心是信息数字化，计算机网络的正常运行是其基础，保障网络安全是保证数字图书馆安全、健康运行的关键。

（二）数字图书馆所面临的主要安全风险

1. 网络软硬件本身的技术缺陷

网络的开放性、操作系统和数据库系统的安全漏洞以及应用系统的缺陷都是导致网络安全问题的重要威胁，而在计算机软硬件产品中，主要的核心技术都为国外少数公司所掌控，系统本身的运行故障以及缺陷被利用所带来的攻击都是可能发生的问题，一般用户在改进核心技术方面的作为非常有限，通常能采取的措施只是及时打补丁。

2. 计算机病毒的攻击

计算机病毒是人为制造的程序，具有自我复制能力、感染性和潜伏性，要占用系统的存储空间并具备很大的破坏性，近年来计算机病毒数量的增长非常迅速。由于数字图书馆的用户分布范围广，用户对信息安全技术的掌握良莠不齐，为计算机病毒的传播提供了便利条件。

3. 来自黑客的攻击

黑客是指非法入侵信息系统的人，现代黑客以网络为主进行攻击。随着黑客常用攻击工具的迅速发展，成为黑客已经是一件比较容易的事情，因此，互联网上的各种扫描行为和攻击行为呈爆炸式增长。数字图书馆使用的操作系统如 Unix、Linux、Window 都存在安全漏洞，每个漏洞在补丁被安装之前都是黑客的后门。另外，系统管理员配置错误和应用软件本身的缺陷也能成为黑客攻击的突破点。

4. 法律风险

数字图书馆的法律风险一是内容的版权和知识产权的运用问题，二是信息安全法律法规的建设健全和运用问题。这两个问题主要与法律有关，网络技术只能起辅助作用，因此本文不作讨论。从现有的技术发展情况来看，以上尤其是前 3 个方面的威胁将长期存在，它们的发生可以带来信息损失和服务失效。

二、数字图书馆网络安全保障目标分析

国际标准化组织提出的开放式系统互连安全体系结构定义了五种安全服务和九种安全机制，安全服务是指网络提供的安全防范功能，五种安全服务功能分别是：安全认证服务，访问控制安全服务，数据保密性安全服务，数据完整性安全服务和抗抵赖安全服务。安全服务是由各种安全机制来实现的，一个安全服务可以由一种或多种安全机制来提供，而一种安全机制也可以用于不同的安全服务。九种安全机制分别是：加密机制，数字签名机制，访问控制机制，数据完整性机制，认证交换机制，通信业务流填充，路由控制机制，公正机制以及普适性机制（包含如可信功能度、安全标签、审计跟踪、事件监测和安全恢复等）。

高校数字图书馆的业务主要包括文献管理、信息检索和下载以及网络办公，其安全保障的目标主要包括信息系统的可用性、各种用户身份的安全认证、访问控制服务、保密性和完整性服务以及灾难恢复能力，在传输内容的保密性和抗抵赖方面并无特殊要求。因此，数字图书馆的保障目标可以具体分为以下几个方面。

（一）信息系统可用性保障

要保证数字图书馆的网络软硬件以及信息内容与相应服务持续正常运行，能随时为授权用户提供服务。防止由于网络系统本身的故障或各种人为因素造成系统无法正常运行或数字资源不能访问，防止非法用户入侵或合法用户的不正确操作造成系统服务中断。例如，设备故障造成网络中断、黑客入侵造成数字图书馆门户网站瘫痪等均属于可用性遭到破坏。

（二）用户身份的安全认证

安全认证用于识别对象的身份并对身份进行证实。数字图书馆的用户包括文献管理系统和内部办公系统上的工作人员、信息检索系统中的所有注册用户（一般是全校师生），对不同用户根据其工作的重要性和潜在的风险可采用不同强度的身份认证服务。身份认证是访问控制服务的工作依据，如果用户身份被假冒，如学生能够假冒图书馆工作人员进入文献管理系统修改借还书信息，进入门户网站后台管理系统进行管理操作，或者校外非服务对象假冒注册用户获得信息服务等，都会带来程度不等的不良后果。

（三）访问控制服务

访问控制主要是防止非法用户对资源的访问以及合法用户超出权限对资源的非法使用。在数字图书馆的内部办公系统、文献管理和网站管理系统中，各部门工作人员应各司其职，访问控制服务应保证工作人员不能超越自己的权限范围进行操作，非工作人员不能进行工作人员才能进行的操作；在数字图书馆的检索系统中，有些知识内容带有产权认证标记，只能向授权的用户提供，如数字图书馆网络系统数据和有偿服务的资源，有严格的使用级别限制，访问控制服务应保证不同用户得到各自对应的服务而不能互相串扰。对整个信息系统而言，访问控制服务应具备拦截各种可疑黑客和病毒的访问的能力。

（四）保密性和完整性服务

保密性主要是防止信息泄露，在数字图书馆系统中，用户密码之类的数据是重点的保密对象。完整性服务主要是防止信息被非授权篡改，如修改、复制、插入和删除等非法操作。如借还书信息或门户网站各栏目管理都是特定工作人员才能修改的信息，其他人员修改该信息就属于非授权修改，破坏了数据的完整性。在数字化信息存储和传输过程中，完整性服务主要是保证信息内容的正确，防止被未经授权的用户篡改，包括不被修改、破坏、丢失、替换或截取，从而保证数字图书馆系统上数据和信息的绝对真实和可靠。

（五）灾难恢复能力

灾难恢复主要是做好各种灾难发生之后的应对准备和恢复计划。在数字图书馆系统中，可能的灾难包括系统断电、关键服务器设备或网络设备的失效、重要数据文件的损坏或灭失，网站被篡改等，主要应对方法包括容灾和备份。如采用双服务器、采用备份能力强的存储设备、对重要数据文件进行定期离线备份等，以便灾难发生后能迅速恢复系统运行，将不利影响降到最低。

三、数字图书馆网络安全保障策略

木桶原理是由美国管理学家彼得提出的，意思是决定木桶盛水量多少的关键因素不是其最长的板块，而是其最短的板块，已经被广泛应用到多个领域。新木桶原理则是对其进一步的发展，它认为一只木桶能够装多少水，正常情况下取决于三方面的因素：最短木板的长度；木板与木板之间的结合是否紧密；是否有一个牢固的桶底。同样这个理论也可被应用于安全领域，根据这个理论，桶底就是数字图书馆网络系统和应用管理系统；木板则分别是身份认证服务、访问控制服务、保密性和完整性服务，防病毒，防入侵以及灾难恢复措施；人才和管理体系是木板之间紧密结合的保证。因此，高校数字图书馆信息安全保障策略应从以下诸方面进行建设。

（一）构建牢固的业务网络

牢固的业务网络是数字图书馆整个网络信息安全的基石，包括网络的物理安全，系统软件、业务软件和合理的网络结构等方面。

1. 物理安全

物理安全的设计，首先要求建设良好的机房环境和检测报警系统，注重配套设计及工程质量，加强机房的安全管理及人员的安全意识，避免设备被盗或从终端非法访问；其次是选用高可靠的硬件设备，采用双机或集群服务器方案，排除非授权的连接端口，在校园网主干网络与数字图书馆间设计备用链路，确保链路的可用性。

2. 系统软件建立

在 TCP/IP 协议上的因特网是目前普遍适用的选择，尽管 TCP/IP 协议有一定的安全漏洞。系统软件主要包括网络操作系统和数据库系统，可选的网络操作系统有 Windows、Linux 和 Unix，数字图书馆局域网的工作站上的操作系统以 Windows 系列操作系统居多，服务器数据库系统常用的有 Access、

SQL Server、MySql、Orcale、DB2 等。不同的产品有各自的特色，数字图书馆网络中相关的工作主要是在主流产品中选择合适的操作系统和数据库系统，在服务器上做好各种安全配置、帐号安全策略、目录和文件的权限管理。

3. 应用软件数字图书馆的业务

软件一般由专业公司设计，应选择有实力的软件公司的成熟的产品，要求产品具备相应的安全功能设计，并要求有持续升级的能力；如果是自开发的系统如门户网站，应在开发平台的选择和软件设计中融入必需的安全设计，或者可考虑采纳成熟的开源系统。

4. 网络结构优化

数字图书馆的网络结构是非常重要的，将数字图书馆网络分成两个部分：内部网络和隔离区（DMZ）。内部网络通过代理服务器与校园网隔离，将内部办公系统和文献管理系统放在内部网络上运行，内部网络的用户可通过代理服务器访问外部的网络；将数字图书馆门户网站及相关服务器放在 DMZ 区上，通过防火墙与校园网联接，为校园网上的用户提供服务；校园网与因特网的联接一般由学校相关部门统一管理，也会有相应的安全措施。

另外，为了保证图书馆数据的安全，必须在内部网络上通过 VLAN 技术划分多个虚拟网段，将不同的业务系统和数字资源划分到不同的网段，例如电子阅览室，只需将相关的工作站和服务器设在同一 VLAN 上，可减少 VLAN 间的通信，提高网络性能。在有多个服务器进行协同工作的情况下要做好服务器域的划分、管理和目录树的优化设置。

（二）合理布置各种安全技术

需要布置的安全技术包括身份认证、访问控制、保密性和完整性、反病毒，抗攻击以及灾难恢复等。

1. 身份认证技术

高校数字图书馆中需要认证身份的用户有非注册用户、注册用户、数字图书馆内部工作人员、数字图书馆服务器管理员和网络管理员等，主要认证形式是单向认证即用户必须被服务器认证。非注册用户和注册用户一般采用简单口令认证，简单口令认证的关键是密码要足够强，如确保随机性、强制密码最小长度、使用多种符号组合、定期更新等，可使用口令管理工具来产生强口令和淘汰弱口令。若服务器提供密码找回功能的话则要在找回密码的时候采用质询 / 响应认证。

内部工作人员和各种特殊岗位的管理员可采用简单口令认证或基于智能卡的认证方式，如使用 i-Key 对图书馆内部工作人员可以采用网下口令分发方式。

要做好身份认证，一个重要工作是应用基于各资源管理系统的授权及认证机制做好用户管理，以便进行合理的用户权限分配。如操作系统的用户管理、门户网站以及文献管理系统的用户管理。应用系统如门户网站等对用户名和用户密码的传输和存储要采取加密措施，防止传输和存储环节的泄露。

2. 访问控制技术

接入访问控制是网络访问的第一层屏障，它控制能够登录到服务器并获取网络资源的用户，通过用户名、用户口令和用户账号的默认限制检查可控制入网用户。数字图书馆可采用基于用户 ID 或 IP 地址段进行接入控制，辅以控制用户的入网时间及入网工作站、对网络中的节点设备和端口进行有关设置等措施。资源访问控制是对资源信息的访问控制管理，包括文件目录访问控制、系统访问控制、文件属性访问控制以及信息内容访问控制。在数字图书馆中应对各服务器操作系统进行完善的文件系统配置和用户权限配置，在服务器中为用户和用户组赋予一定的权限，控制用户和用户组可以访问哪些目录、子目录、文件和其他资源，指定用户对这些资源能够执行的操作。网络管理员应加强对数字图书馆网络的监控。通过服务器的日志对非法的网络访问进行监控，设置适当的报警方式，对非法访问的账户进行限制。

3. 保密性和完整性技术

信息加密是为了保护网内的数据、文件、口令和控制信息不被泄露、篡改和破坏，保护网上传输的数据不被监听分析。网络通信加密常用的策略有链路加密和端到端加密，高校数字图书馆在无线网络链路部分要做好加密配置以保证安全，有线链路部分一般在图书馆内，链路加密的需求并不迫切。对于与图书馆跨校区的分部联接可采用 VPN 技术在公共网络上构建安全的情报信息网络，VPN 即 Virtual Private Networks（虚拟专网技术），采用隧道技术、加密和身份认证等技术，在访问与被访问者之间建立一条虚拟的专用隧道，利用外部网络进行两个内部网络之间安全的互访和数据传送。在数字图书馆的 VPN 的配置方面可划分为 VPN 和 VPDN。与 VPN 不同的是，VPDN 是一种拨号 VPN 技术，需要设一个 VPDN 拨号服务器，通过 Windows 自带的拨号软件进行拨号连接，适用于员工在外地临时连接到内部网络进行管理，或是对单个用户开放使用内部网络。VPN 设备的一般配置步骤为：（1）建立内部地址列表，指定内部网络的网管出口；（2）建立路由，指定内部网络转发出口；（3）建立用户，并设置密钥；（4）设置规则，定义通过和拒绝的规则。数字图书馆中需要保护的数据主要是管理信息数据库和内容数据库，例如存放用户密码和权限信息的数据库、存放文献借还信息的数据库，以及数字文献内容数据库，对这类数据库要采取存储加密措施防止非法访问和非法篡改，确保保密性和完整性。

4. 反病毒措施

病毒防护非常重要，高校数字图书馆应该选择一套完善的网络版防病毒系统，包括查毒、杀毒和实时防毒功能，还可在图书馆局域网和校园网之间设置防病毒网关；在日常使用中及时更新防病毒系统的病毒数据库，使系统具备最强的防病毒能力。

5. 抗攻击措施

抗攻击措施主要包括设置代理服务器、配置防火墙、配置入侵检测系统，以及例行化进行漏洞扫描工作。代理服务器主要用于数字图书馆隔离内部网和校园网，防火墙用于对通过的数据包进行筛选，入侵检测系统功能是尽早发现正在进行的网络入侵行为并报警，漏洞扫描则是主动检查系统存在的漏洞，及时采取补救措施如打补丁。

6. 灾难恢复措施

高校数字图书馆信息系统中的数据是图书馆的核心资源，要使系统受到意外破坏时能迅速恢复工作，主要措施包括容灾设计和制定数据备份和恢复计划。容灾策略可采用双服务器或双硬盘策略，数据的存储设备建议采用较高级别的 RAID 磁盘阵列，可保证局部磁盘损坏时的数据恢复。

数据备份计划中对不同的数据都应根据其特点制定相应的备份策略，数字图书馆的内容数据因为更新变化频度不高，可采用差额备份方式，即首先对所有数据保留一个备份，当有新增或更新时再备份新增或更新的部分；而管理信息系统的数据库因为总量并不太大并且变化频率较高，可采用完全备份的方式，即每次备份进行全部复制。另一个需要备份的内容是软件系统和网站内容。数据恢复方案提前定义在何种灾难下采用何种方案快速恢复系统和数据，并最好能进行演练，以防方案本身有不周之处。尽量采用自动化的恢复工具例如网页保护恢复系统，可监视 Web 服务器页面文件，发现非法篡改后自动进行恢复。

（三）人才与管理体系的建设

高校数字图书馆的建设中，精通信息安全的技术人员是稀有资源。安全管理人员的任务包括制定安全策略、在系统各环节有效落实安全策略、制定合理的管理制度、实施安全管理工作、对使用者进行安全意识和安全技术的培训等。人才的建设方法主要是引进和培训。

安全的数字图书馆网络系统必须要有健全的安全管理体系作保障，包括有效的管理机构、完善的管理制度、针对性的培训和明确的安全责任体系等。数字图书馆安全管理机构应由主管技术的领导负责，由技术部门和重要业务部门的骨干参加，负责原则、制度和策略的制定并监督执行；对系统的调整或变动要进行论证，最大限度降低风险；建立规范化、科学化的安全管理制度，包括各项业务规范的操作流程，各种人员的权限，软硬件设备管理维护档案，技术规程管理制度，病毒防护制度，定期审核制度，定期培训等。同时，数字图书馆要建立安全责任体系，落实安全责任到人。有了合格的人才和良好的管理体系，就可以将各种安全管理技术充分利用，紧密结合，构成一个最强大的安全信息系统。

事实上，网络安全是一个综合体系，而不是若干网络安全产品的简单集成，网络安全形势是在动态发展变化的，这要求我们的安全系统也要持续随之应变。中南财经政法大学的数字图书馆建设过程也是一个不断进行安全管理探索的过程，现实中经费、人才等客观因素，技术方案不够完善，安全产品不够成熟，都是制约因素。因此，数字图书馆的信息安全建设将是一个长期的重要任务，各高校图书馆应充分重视，不断提高安全防护水平。

第五节 我国图书馆数字资源维护的挑战

随着计算机网络技术、高密度存贮技术和现代通信技术的飞速发展和广泛应用，以及美国"数字图书馆倡议"的联合颁布与实施，在图书馆界掀起了一股数字图书馆的研究热潮，从众多的研究来看，大家的目光都集中在数字图书馆的美好前景。毫无疑问，资源数字化和网络传输卓越的时效性使数字图书馆的利用不再受时空的限制，人们通过数字图书馆不仅可以获得一般的信息服务，还可以实时欣赏音乐作品和电影作品等。数字图书馆的建设不仅仅是硬件的建设，它也是一个系统工程。数字图书馆的发展也不是一蹴而就，目前仍有许多问题尚待解决。

一、图书馆建设面临的几个问题

（一）用户环境

我国目前整个社会受教育程度还不能适应数字化时代的要求，包括对整个信息社会特别是网络信息资源的认识、情报意识、电脑操作技能等等。数字图书馆的硬件环境与软件环境的共同作用，对用户的整体素质和技能提出了更高的要求，从而使得图书馆的用户环境必然发生变化。基于对信息技术的掌握程度不同，用户可能会发生比较大的分化。一部分高科技人员能熟练地运用信息网络，能够自己获取所需的各种信息，因而图书馆在他们心目中的地位逐渐下降；一部分人由于成长的时代不同及所受的教育程度偏低等原因，几乎不懂计算机；还有相当一部分人则处于中间状态，懂一些计算机技术，但又不太熟练。这种参差不齐的用户环境，将对数字图书馆提出更高的要求。

由于英文在网络技术中使用的各种软件及其网络资源上占有相当大的比例，要想及时跟踪获取先进国家的最新信息、资料，首先要突破语言障碍。因此，熟练掌握一门外语已是当前用户必备的一种交流工具。同时，传统文化观念的影响也不可忽视，包括对传统图书馆强烈的认同感，传统的文献利用习惯，对新文化十分微妙的抗拒心理等，所有这一切都会影响数字图书馆的建设和利用。

（二）通信网络

这是数字图书馆传送文献信息的通道。通信网络的线路要连通各个已经实现数字化的图书馆，同时连接千家万户，带宽要达到一定的容量，能让各种文字、图像、声音在网上快速地进行传播。应该说近几年来，随着中国教育科研网（CERNET）、邮电部的中国公用计算机互联网（CHINANET）、国家教委的中国科学技术网（CSTNET）、电子部的中国金桥信息网（CHINAGBN）等全国性网络的开通，我国的网络环境大为改善，"上网"正逐渐成为一个很普通的事。目前主要的问题是，通信网络的带宽不够，虽然我国的主干网带宽相对几年前已大为改观，但上网速度依然很慢，建设"高速公路"尚需时日，一些地方的通信网络建设还十分落后，所以在近年内要在全国范围推进数字图书馆建设，其难度是相当大的。

要使用户能很方便地查询或获取数字图书馆的文献信息，就需要不仅在图书馆配置接受设备，还必须在用户家里和办公室中装置接受设备，不然无法充分体现数字图书馆的优越性。目前来说，我国在这方面的差距还比较大。

（三）保存问题

在数字图书馆里，文献信息全以数码1和0的方式存在，然后附着在某种物理载体上。这些数字信息的寿命自然便完全依赖于其物理载体的寿命了。然而事实上，磁带、唱片、硬盘驱动器等的寿命仅仅只有10年、20年，保存数字信息的物理载体一旦老化，其上大量的有用信息马上就面临消失的可能。各个图书馆要实现全部文献或部分文献的数字化，都需要大量的电子贮存设备，包括大容量、高密度的硬盘、光盘以及光盘塔和光盘库，尤其对那些馆藏达几百万册，乃至上千万册的大型图书馆来说，对贮存设备的容量要求就更高。近几年来，信息贮存技术已有很大发展，容量达 72GB 以上的硬盘也已出现，但费用比较高，目前，我国除部分大的院校有雄厚的经费支撑外，一般的高校是无力承担如此高的费用的。文献贮存与文献更新已成为数字图书馆建设中日益突出的矛盾，在建设费用相对较少的图书馆，只能边删除边更新，这与图书馆具备保存文献资源功能相违背。因此解决数字图书馆文献的保存问题应该引起数字图书馆建设者的广泛关注。

（四）版权问题

在传统图书馆里，作者、传播者和使用者之间的权益分配已有相应的法律依据和公认的做法。但在数字图书馆里，这些做法明显缺乏针对性，不再适用了。数字图书馆处在网络环境下，各种作品均以数字化的形式存储、传播和使用，不但使各类作品之间界线模糊、相互渗透，而且使作品复制的质量、复制品向公众传播的速度大幅改观。网络上版权的保护能否妥当解决，直接影响到高水平的学术作品在网络上的传输使用，也关系到数字图书馆的高层次服务。

数字图书馆除可保存电子出版物外，还将其他形式文献资源数字化后进入网络流通，通过网络完成其远程信息服务。可是这些资源在转化为数字信息之前，有很大一部分是享有著作权的，将它们数字化后使用涉及作品的使用权。在这个问题没有解决好之前，我们不能贸然将它们上网共享。

（五）网络安全问题

"网络黑客"这个词对人们来讲已不陌生，在网络上传输的数据随时可能被暴露、盗用或篡改。"网络黑客"凭着高超的解码和破译技术，在具有高度政治和经济诱惑的军事和商业金融等领域作案。数字图书馆存贮和传输的主要是文献信息，这些信息本来就是对公众服务的，受"黑客"关注的程度极低。但是，随着数字图书馆的数字化资源不断丰富，社会影响不断扩大，网络用户不断增加，信息安全问题要得到重视，防止黑客和计算机病毒的入侵是非常重要的。

数字图书馆本身就是一个局域网，同时，它又是 Internet 的重要组成部分，计算机网络的安全直接决定数字图书馆的安全。系统开放、资源共享给用户带来了极大的方便，但是其负面效应也不容忽视。广大的计算机网络用户，既是网络信息资源的共享使用者，又是信息资源的生产者，目前我们还不能控制他们产生的各种信息，只能坐视它们自由地大量产生。同时，计算机网络分布的广域性，密集资源的共享性，通信信道的公用性等，都为信息的窃取、盗用、非法的增加、删改及各种破坏，提供了极为方便且难以控制的可乘之机。这些危害的隐蔽性、广泛性和巨大的灾难性是难以预料的。

网络病毒的泛滥已成为计算机网络系统的一大严重威胁。病毒轻则破坏系统某个文件，重则破坏计算机所有资源（包括硬件）。近几年以来，网络病毒层出不穷，"CIH""蠕虫""I love you"等病毒泛滥成灾，已使全世界的计算机及网络资源遭受巨大的损失。计算机网络多为用户共享，有许多的共享资源，运行中需要进行广泛的文件交换，所以它一旦感染计算机病毒，其传播速度将非常快，破坏力也极强，相反清除它却比较麻烦。

与此同时，人为危害对网络的破坏已有泛滥之势，在我国有以下几种类型：一是散布影响社会稳定言论；二是宣传和散布有色情、淫秽内容的文章和图片；三是盗用他人账号上网，窃取科技、经济情报，进行经济犯罪；四是恶意攻击网络，致使公用网络瘫痪。

上述种种事实说明，计算机网络存在太多的不安全隐患。数字图书馆作为 Internet 的一个节点，也同样面临严重威胁，因此，在描绘数字图书馆美好前景之时，也应冷静思考，解决一些实际存在的问题是当务之急，建设真正的数字图书馆还任重而道远。

二、数字图书馆建设中面临的信息安全问题

数字图书馆是采用现代信息技术支持的数字信息资源库，它已不是传统意义上的图书馆，由于计算机技术、多媒体技术、光存储技术、通信技术和网络技术等现代信息技术手段在图书馆中的应用，图书馆在信息存贮、管理、检索、利用等方面发生了质的变化。从信息资源构成来看，数字图书馆出现了收藏文献信息的载体、类型多样化；信息资源获得方式的多途径；信息资源收藏更加突出专业化、特色化、针对性、实用性和经济性等特征。总体来说，数字图书馆的信息资源主要由以下几部分组成：（1）传统文献资源，包括各种纸质文献（如图书、报刊等）、音像资料和缩微资料等；（2）电子文献资料，包括电子图书、电子期刊、各种光盘数据库等；（3）文献书目数据库；（4）数字化馆藏资源，包括传统文献资源的数字化部分；对各种文献信息资源进行深度开发生成的各种专题数据库；网络信息资源中被下载并永久保存的数字资源；（5）远程数据库，包括图书馆联合开发的数据库和购置、租用的数据库；（6）网络信息资源，即图书馆搜索选择、组织整理并下载存贮到本地网络之中，或者链接到图书馆的网页上。这些变化表明，数字图书馆已不是传统图书馆简单的数字化，反之，传统图书馆的数字化则是数字图书馆的重要的信息来源和组成部分。

另一方面，数字图书馆信息资源与普通的网络信息资源也有明显的不同，表现在：

（1）资源内容的组织方式不同

网络资源是无序的，网上信息内容鱼龙混杂，良莠不齐；而数字图书馆将资源分为元数据库和对象数据库。元数据库是描述和管理对象数据库的数据，对象数据库是指数据化的文本、图片、声音、影像等数据。元数据库要集中在数字图书馆中心的超大规模服务器上，对象数据库则可分布式存放在各地的资源点内，用户查询时，中心调度系统通过元数据调度各个对象数据库中的数据，提供用户使用。

（2）资源内容标引方式不同

信息资源有的标引深度以文献条目为主，大多数全文文献则是不经过标引上网，在使用搜索引擎的情况下查全率、查准率都有问题；而数字图书馆的资源标引则深入到文献内容，对其每一数据对象使用标准通用的置标语言/可扩展置标语言（SGML/XML）进行置标，并抽取元数据组织元数据库。

（3）检索效果不同

数字图书馆只要采用合适的查询引擎及中间件，用户就能方便、迅速地找到所需的内容；而因特网上的信息未经过规范的加工、标引，各种资源杂乱无章，不能确保信息的质量，对网站要逐一访问，使用引擎检索既慢又不全。

总而言之，数字图书馆的建设离不开信息技术这一基本基础，但与任何新生事物一样，信息技术在推动人类社会发展的同时，也在滋生着它的消极面，数字图书馆在建设和发展中也面临着越来越多的病毒攻击、黑客入侵、计算机犯罪等问题，对图书馆信息资源的安全造成了严重威胁。由于网络世界与生俱来的开放、自由、共享之特点，任何网络用户均可自由、平等地使用各种信息资源，故数字图书馆的信息资源也潜伏着极大的不安全性。人们可以轻而易举地对这些信息进行复制、变造、伪造、删除等操作，而网络的迅速普及更是使这种不安全性加大了。这里的不安全因素主要体现在以下几方面：（1）侵犯网络著作权；（2）侵犯软件著作权；（3）侵犯商业秘密；（4）侵犯通信自由；（5）侵犯隐私权和名誉权；（6）非法侵入他人之计算机信息系统；（7）非法向他人之计算机信息系统输入有害程序；（8）非法破坏他人计算机信息系统之数据和程序；（9）利用计算机信息系统传播淫秽信息等违法犯罪行为；（10）利用计算机信息系统进行危害社会公共秩序的违法犯罪行为等等。

在上述不安全因素中，以网上侵权、病毒攻击、黑客入侵最为常见。以病毒攻击为例，据不完全统计，每年全球计算机用户因病毒攻击造成的直接经济损失就达到数百亿美元之巨，病毒本身是一种人为编制的恶性计算机程序，一般在进入计算机系统后，在满足特定条件（如日期）时才发作，但其自我复制能力极强，通常破坏计算机的软件系统（如使计算机系统瘫痪或降低其性能）或损坏计算机数据，一些恶性病毒如"CIH"等还可对计算机硬件设施进行攻击。虽然目前反病毒技术也有了长足发展，而且一些反病毒工具还具备了一定的防范未知病毒的能力，但由于新型病毒、变种病毒每天都在大量产生，所以反病毒工具在这一领域仍存在很大的局限性，从技术上讲，再好的反病毒工具都无法防范所有的病毒，也不可能杜绝病毒的蔓延。由于网络是病毒传播的主要途径，目前各图书馆防范病毒的主要办法仍然是在计算机终端安装反病毒软件或使用病毒防火墙，但由于病毒种类和传播方式变化迅速，现有的反病毒工具都仅仅只能治标而不能治本，并不能从根本上解决问题。

除病毒外，近几年对图书馆信息资源安全构成较大威胁的还有黑客行为（HACK），但对哪些行为属于黑客行为，目前尚存在争议。有的学者认为，黑客行为是指通过非法登录（即盗用他人上网帐号或使用公共帐号进行远程登录）而侵入他人计算机系统，并通过植入一些控制性程序来实施破坏活动的行为，如果行为人仅仅为满足其好奇心或为证明其计算机应用能力而侵入他人之计算机系统，侵入后也只是进行"偷窥"而未对该系统中的数据进行非法复制、变造、删除等破坏性活动，则不属于黑客行为。但具体到图书馆信息资源，笔者不能同意这种看法，因图书馆信息资源大多不属于无条件公开的信息，黑客利用非法手段获得上述信息属于违法行为。且黑客一般不会仅仅满足于知悉上述信息，多数黑客还会努力寻找和利用图书馆计算机系统中的各种漏洞来进行攻击，包括炸弹攻击（邮件炸弹、聊天室炸弹、浏览器炸弹和留言本炸弹等）、破解密码、网络监听、拒绝服务攻击等。

值得注意的是，目前网上已形成一种黑客文化，网上有很多黑客站点和黑客论坛，并提供了大量现成的黑客工具，任何一个具有一定计算机知识的人，只要利用这些工具，不需要经过什么专门的培训就可轻易侵入图书馆之计算机系统，成为一名"黑客"。可见，如果对"黑客行为"的含义作限制性解释，对数字图书馆的发展将是极为有害的。笔者认为，凡是通过非法登录侵入图书馆之计算机系统的行为均属于黑客行为，而不管其是否植入了控制性程序，包括非法侵入图书馆计算机信息系统的行为、非法破坏图书馆计算机信息系统数据和程序的行为，以及利用计算机信息系统进行网上犯罪的行为等。

黑客行为的危害性主要是侵犯了图书馆和读者的多项民事权利，首先是通信自由权。图书馆和读者有权利选择与何人建立网上联系，有权决定允许谁访问自己的计算机，共享自己计算机系统中的信息，并有权设置相应的密码对此加以控制。而黑客的入侵和攻击行为则使这一切都形同虚设。例如，黑客完全可以通过破解图书馆各种对外、对内电子邮箱之密码而控制该邮箱，之后图书馆发送、接收的电子邮件，黑客都可随便打开、删除或更改，并可通过炸弹攻击等手段使该邮箱陷于瘫痪或崩溃。此外，黑客入侵还侵犯了图书馆和读者的数据隐私权，并可能侵犯图书馆和读者的知识产权等，严重的还可使整个图书馆信息系统陷入瘫痪或崩溃。

三、目前影响数字图书馆信息安全的因素

由于信息系统的开放性，软、硬件的脆弱性及法律法规的不完善性，数字图书馆信息存在许多安全漏洞和隐患，归纳起来有以下几个方面：

1. 物理安全因素

包括由水灾、火灾、地震、静电、断电等突发事故引起的信息服务中断或系统设备损坏；硬件设备老化、被盗、被毁、电磁辐射等造成的信息丢失或泄密。

2. 网络安全缺陷

包括网络硬件和软件方面。硬件方面主要指计算机、网络设备和传输介质等都不同程度地存在安全缺陷或后门。如计算机处理器上的"序列号"，防火墙无法防范数据驱动型的攻击，通信链路有辐射，且易被搭线窃听等。软件方面主要涉及操作系统、网络通信协议、应用软件及图书馆信息管理系统。

3. 病毒

计算机病毒是指编制的或者在计算机程序中插入的破坏计算机功能或者毁坏数据，影响计算机使用，并能够自我复制的一组计算机指令或者程序代码。其种类繁多，具有传染性、潜伏性和破坏性。

4. 黑客

黑客一词开始时是电脑迷的意思，现在则泛指对计算机网络信息系统进行非法授权访问的人员。黑客攻击比病毒更具目的性，因而也更具危险性。

5. 人为因素

用户安全意识不强，随意使用来历不明的软件造成系统感染病毒或黑客软件，口令密码泄露；另一方面内部工作人员操作失误或有意破坏系统。

6. 法制问题

目前我国法制建设滞后，有关的法规还不完善，还没有形成一个比较完整、系统的数字图书馆馆法。当前，最紧迫的是制定网上知识产权保护法、

专利法、信息产品质量法、网上信息保密法和网上信息安全法等。

四、常用的攻击手段

（一）DOS 入侵

DOS 是一种较严重的主动攻击，目的是使目标主机或网络无法提供正常服务。它的原理：任何计算机系统或网络都存在安全漏洞且资源有限。入侵者利用目标主机或网络的安全漏洞，向目标系统发送特定的数据包或通过控制众多高宽带主机，向目标系统发送大量的数据包（服务请求），致使目标主机运行出错或系统资源消耗过度，无法响应新的服务请求，甚至系统崩溃。

（二）网络监听法

网络监听法是黑客常用的方法之一。网络监听工具可以监视网络的状态、数据流动情况及网络上传输的信息。一旦黑客成功潜入某局域网，他便可截获同一网段上计算机之间传输的机密或敏感数据。如用户口令、系统密码及低级协议信息等。

（三）电子欺骗

电子欺骗是利用 TCP/IP 本身的缺陷而进行的入侵。攻击数字化图书馆技术论坛者通过端口扫描，监听技术来确定目标主机之间的信任关系，然后将某台主机伪装成被其他主机信任的主机或切断从被入侵者主机到目标服务器之间的正常联接，建立一条从被入侵者主机到入侵者主机，再与目标服务器的联接，从而骗取服务器的信任，获取合法用户口令密码等信息，以达到非法登陆的目的。

（四）口令破解

攻击者通过一些口令破译工具，自动地从电脑字典中取出一个单词，作为用户的口令，再输入给远端的主机，申请进入系统。若口令错误，就按序取出下一个单词，进行下一个尝试，并一直循环下去，直到找到正确的口令或字典的单词试完为止。

（五）病毒攻击

病毒一般将自己附着在其他程序之中，当被感染的程序被运行时，病毒代码也开始了自己的活动。病毒代码的作用有两种：一是完成它们既定的工作，如对硬盘进行格式化，显示一则消息等。二是将自己附加到其他程序上，感染其他程序。被感染的程序可通过 Internet 或者是通过存储介质传送到其他计算机上，进而使其他计算机也受到感染。

（六）内部窃密或破坏

馆内没有明晰的安全管理制度和操作规程，缺乏相互监督机制，内部不满的员工就有可能有意或无意的泄露、更改记录信息或破坏网络系统。

第四章 图书馆数字资源维护平台

第一节 图书馆数字资源内容及构成

早在 20 世纪 80 年代中期，当图书馆学界提出文献资源、信息资源概念的时候，就有人开始使用图书馆资源一词，20 世纪 90 年代后，图书馆界开始讨论图书馆资源的概念和构成，形成了多种观点。最近几年，图书馆资源一词使用频率颇高，但是大多数人仍将图书馆资源与文献资源混为一谈，对其具体含义和构成不甚明了。时至今日，随着图书馆事业的不断发展，为我们研究图书馆资源的相关理论提供了实践基础。本文拟在图书馆界已有的研究基础上，对图书馆资源的概念及构成作一辨析，并作出一个较为科学、全面、合理的解释。

一、图书馆资源的概念

图书馆资源的概念目前尚未有一个明确的定义，比较有代表性的观点有两种：一种观点认为图书馆资源是指为了资源利用而组织起来的信息集合，它实质是一种动态信息资源体系。另一种观点认为图书馆资源是各类资源组成的有机整体。本文认为讨论其概念应从分析其特性入手。

（一）可用性

图书馆资源是为图书馆存在并被利用的，因而其具有可用性，任何资源失去了可用性，也就失去了存在的价值。

（二）有序性

图书馆资源应是有序存在的资源，最显著用，稍具图书馆知识的人都能理解。那么图书馆人力资源是否具有有序性？本文认为也存在有序性，我们常说的人力资源整合即是对人力资源的整序，人力资源不进行整合，就无法发挥它的最大效益。同样，设施资源如果无序，也无法发挥其应有的作用。

因此，图书馆资源的有序特性决定了其作为资源存在的必要。

（三）整体性

整体性是指按一定方式构成的有机体系统各要素之间相互联系、相互制约，体现出整体大于部分之和以及要素与系统的不可分性。图书馆资源各构成要素组成了一个整体，各要素之间是密不可分的，其整体发挥的效益要大于各要素的简单相加，也就是人们常说的"1+1 ＞ 2"效应。

（四）联系性

联系性是指系统的各组成要素之间具有相互作用、相互关联的关系。图书馆资源各要素之间相互依存，相互影响，这种关系决定了图书馆资源内部联系的特性。

（五）动态性

动态性是指一个系统必须随着时间的推移及外部环境的变化，系统组成要素亦不断发展变化。图书馆资源的动态性决定了图书馆资源的不断发展变化，正如图书馆资源从诞生之日发展到今日，其内涵和外延正逐步扩大一样。

从上述的分析中，本文试对图书馆资源概念做如下定义：图书馆资源是指图书馆为了资源利用而组织起来的相互联系的多种资源的动态有机整体。可以看出，这个定义综合了前文所提的两种观点，并修正了个别不准确的用词。第一种观点说图书馆资源是一种"信息集合"，不能准确包括图书馆各类资源，而第二种观点过于宽泛，不够精确。

二、图书馆资源的构成点

一种观点从图书馆资源作为一种动态的信息资源体系的角度出发，认为有四个要素：信息资源、用户信息资源、信息人员：主要指图书馆员、信息设施：包括技术与设备；另一种观点认为图书馆资源有四个内容：文献资源（主要包括馆藏文献资源）、网络信息资源（包括静态的文献数字化信息和动态的社会各类信息）、人才资源（包括图书馆员、读者资源）、设备资源（包括馆舍及其各类设备）；第三种观点比较泛，认为有七个要素：文献信息资源（主要指馆藏文献资源）、人力资源（主要指图书馆员）、技术资源、设备资源、建设资源、资金资源、读者资源；第四种观点认为有八个方面的资源：入藏的文献、图书馆专业人员、图书馆品牌、图书馆市场－读者和潜在的读者、图书馆馆舍、图书馆设备和用品、图书馆的政策和法规、图书馆的理论和方法。从以上诸多观点中，我们似乎又看到了我国图书馆学界早期关于图书馆构成要素的争鸣的影子。关于"要素说"曾有杜定友先生的"三要素"、刘国钧先生的"四要素""五要素"、黄宗忠先生的"七要素"。实质上，图书馆的构成要素亦即图书馆资源的构成要素，只不过随着时代的发展，它的内涵和外延都更丰富罢了。

图书馆资源的构成不外乎三个方面：信息资源、人力资源、设施资源。这也是当前比较流行的看法，只是各人对此三要素的理解尚有偏差。本文从广义的角度去理解，可以比较准确地囊括上述多种构成，即在三个大资源下再细分种属小资源，形成一个分类体系。上述多种要素从系统要素的相关效应来分析，已逻辑地包含在三大资源中，具体分析如下：

1. 信息资源

信息资源是图书馆赖以生存的基础，其含义包括图书馆可供利用的所有信息，可分为文献信息资源和网络信息资源，文献信息资源是指图书馆信息需求服务的各类信息资源，它又包括印刷型与电子型；网络信息资源是指存在于现代计算机络系统之中，并以联机方式向用户提供服务的信息资源，包括静态的文献数字化信息和动态的社会信息。近年有人将图书馆信息资源分为现实馆藏、虚拟馆藏，这也是对新环境下图书馆信息资源理论的发展。现实馆藏指本馆的文献资源，等同于上述的馆藏文献信息资源；虚拟馆藏广义上等同于网络信息资源，狭义上则指各馆根据本馆的性质、任务、类型、特点等具体情况并经过认真筛选与组织的网络信息资源。

2. 人力资源

人力资源是图书馆发展的关键因素，其含义包括图书馆各种人员及由人衍生出的管理方法，可分为图书馆员、读者资源，其中图书馆员资源又逻辑包括了图书馆理论和方法、图书馆政策和法规、技术资源，因为这些资源是图书馆员的智力结晶。狭义上的人力资源仅指图书馆员，近年来有关图书馆人力资源开发与管理的研究大都从狭义的人力资源的定义上来论述的，很少把图书馆员以外的读者资源纳入人力资源的研究范围中。实质上让读者参与图书馆管理，将为图书馆事业注入新的活力，如有些图书馆建立的专家顾问团、青年志愿者服务队、学生图书馆管理协会等都是对读者资源的开发。

3. 设施资源

这个用词比较妥当，虽与设备资源只一字之差，但其范围要大于设备资源，包括馆舍、设备、用品。其中的设备是主要资源，其又可分为传统设备（如书架、阅览桌椅等）和现代化设备（如计算机等），有人将现代对上述的资源构成，有人会提出图书馆为什么没有资金资源？资金是图书馆存在发展的经济基础。

三、概念概述

（一）数字图书馆

数字图书馆是同时具备数字资源、网络服务和特色技术三大特征的图书馆。也就是说，拥有数字资源、实行网络服务和具备特色技术的图书馆就是数字图书馆。

（二）元数据

元数据是关于数据的数据。它是识别、描述和知名网络化电子资源定位的数据。

（三）定题服务

定题服务的英文全称"Selective Dissemination of Information"，简称 SDI 即"信息的选择性传播"，是信息工作机构根据一定范围内的用户对某领域的信息的需求，确定服务主体，然后围绕主题进行文献信息的搜集、筛选、整理，以定期或不定期的形式提供给用户的一种信息服务业务。

（四）互操作

根据 USIEEE 的定义，互操作性是指两个或多个系统相互使用已被交换的信息的能力。就其本质而言，互操作性是指对异质实体中可获得资源的透明调用的能力。

（五）文献传递服务

所谓文献传递服务是指由图书馆或商业性机构根据用户的信息需求将其所储存的电子文献或纸制文献，在适当的时候内，以有效的数字或非数字方式有偿的直接或间接地传递给用户的活动。

（六）版权许可使用

是指版权人将其作品版权中的一项或多项财产权授权许可他人在一定的地域和期限内使用的行为。

（七）虚拟参考服务

虚拟参考服务 VRS 或称数字参考服务、网络参考咨询服务，是一种基于 Internet 的帮助服务机制。

（八）数字对象

是数字图书馆体系结构中存储信息的基本逻辑单位和实体。是以一定结构的数字形式来表达信息内容的一种方法，是网络环境下的数字资料。

（九）RDF

为资源描述者提供广泛的资源元数据。

（十）CBR

CBR（基于内容特征的检索）是对媒体对象的内容及上下文语义环境所进行的检索，如图像中的颜色、纹理、形状，视频中的镜头、场景、讲透的运动，声音中的音高、响度、声色等。

四、数字图书馆最主要的三大特征

（一）数字资源

数字资源是指图书馆中所有数字形式的信息资源，包括经过数字化转换的文献或本来就是一数字形式出版的信息。

高速数字通信网络是数字图书馆得以存在的基础。数字图书馆得对内业务组织和对外服务都是通过网络进行，网络是数字图书馆得生命线。基于网络运行的数字图书馆只有通过网络才能提供服务，这也是数字图书馆不同于传统图书馆得一大特征。没有网络，就没有数字图书馆；网络中断，数字图书馆得服务业会随之终止。因此，保证网络通常是数字图书馆运行的关键。现在特色技术包括分布式资源与运行管理技术、海量信息存储与组织技术、多媒体信息标引与检索技术等。

（二）OAI 的工作原理

可以解释采集元数据的开放信息仓储首创协议。OAI 是一个应用于交互平台上的检索、发布数字化信息资源的协议，主要为解决不同资源的元数据互操作，达到有效的挖掘、发布和利用因特网上的数字信息资源的目的，是一种利于有效的传播信息资源的技术，当前主要的应用是交互式的搜索信息系统。

（三）数字图书馆的存储设备

1.磁盘阵列：是将多个类型、容量、接口一致的专用硬磁盘或普通硬磁盘连成一个阵列，从而提高数据读取速度和安全性的一种设备。

2. 磁带库：磁带库是一种可将多台磁带机整合到一个封闭机构中的箱式磁带备份设备，它能够提供同样的基本自动备份和数据恢复功能，但同时具有更先进的技术特点。光盘塔、光盘库和光盘网络镜像服务器。

3. 光盘塔：由多个 SCSI 接口的 CD-ROM 驱动器并联而成得，可通过软件来控制某台光驱的读写操作。

4. 光盘库：是一种带有自动换盘机构的光盘网络共享设备。"查询代理"根据"推送服务代理"传送的用户要求，定期检索相应的数据库，并将查询结果返回"推送服务代理""推送服务代理"按照用户的要求，定期将最新信息推送到用户指定的地址。

（四）数字图书中定题信息服务的实现

数字图书馆中定题信息服务的实现过程可表示为：用户给出信息需求—数字图书馆在线服务部—确定检索词—搜索相关网页—确定并进入相关网页—下载相关信息资源存在本站点—形成用户所需信息资源—以一定的语言、格式将这些资源进行有序化整理，编辑成一个或多个方案。

第二节　图书馆数字资源生命周期

随着计算机技术和通信技术的发展，信息也海量地增长，图书馆是信息聚集和人们利用信息的重要场所，在资金有限的情况下，如何有效地对信息进行存储和利用已经成为一个必须面临并且有待于解决的问题了。运用信息生命周期管理理论，可以讨论分析分级存储技术在图书馆视频点播中的应用与管理，同时提出与之相适宜的分级存储体系构建策略。

一、信息生命周期的含义

信息具有生命周期和有效范围，会随着时间的变化而变化，随着科技、社会的发展而贬值。就像一个人的成长一样，信息同样会经历成长期、旺年期、衰老期直至死亡等一系列阶段。信息生命周期是从信息的收集（或形成）、生产、保护、分配（或传播）、检索存取和利用，到退出存档和销毁的过程。信息生命周期之所以开始于信息收集，是因为未被人们发现或收集到的信息，虽然客观存在并具有价值，但是对用户来说，却没有使用价值。

二、信息生命周期管理

（一）信息生命周期管理概念

信息生命周期管理就是指以信息生命周期管理系统为基础，在整个信息生命周期过程中，针对信息在不同时期、社会环境中价值和有效性产生的变化，以尽可能低的成本实现一种与其价值级别相应的自动优化的信息资源管理方式，即日益剧增的海量数字信息的处理与读者使用及信息存储成本增加和资金缺少等矛盾。信息生命周期管理是面向组织、个人层面的一种管理方式。信息资源生命周期管理的目的是延长信息资源生命周期，增加信息资源的价值，减少信息资源的浪费，降低信息成本，提高信息资源的利用率和经济效益。即信息生命周期管理是为了确保用户在最有利的时间、地点和方式，以最少的代价，顺畅获取所需要的信息和使用信息。

信息生命周期的管理是以先进的现代化信息技术为基础，基于信息生命周期管理系统之上的一种信息资源管理方法，即信息人员对信息生命周期的管理是以信息生命周期管理系统为基础的。从某种程度上讲，信息生命周期管理是从经济学或者是从经济效益的角度对信息资源进行管理的一种方法，其目的是在低成本的基础上，满足人们的信息资源需求。

（二）信息生命周期管理的实现

信息生命周期管理系统是实现信息生命周期管理的基础。信息生命周期管理系统是一个有层次、由各种不同系统组合而成的综合化管理系统。它由专用存储平台、存储管理软件和信息管理软件三个基本构造块组成。从信息生命周期管理系统的构建上讲，信息生命周期管理可以分三个阶段实现。

1. 存储网络化和整合

将数据迁移到自动化网络存储环境，以提供基于策略管理的基础和手动开发分层存储平台价值的功能。通过整合服务器降低存储成本，集中存储管理降低复杂程度，增强业务连续性，在不中断业务的情况下灵活地扩大或缩减规模。

2. 将服务级别与数据价值相匹配

通过对数据及其应用加以分类，并与业务策略相链接，将信息生命周期管理提升一个级别。用户可以对存储资源实现更好的管理和最优分配，获得根据变化的性能和可用性要求迁移信息的能力。将服务级别与相应存储解决方案进行匹配，提高业务连续性和遵从法规能力。

3. 实现管理与控制自动化

勾画企业范围内自动化的、基于策略的信息管理规划图。产品和服务在该阶段仍处于开发中，用户将实现企业范围内自动化管理和控制，在企业内保持服务级别和数据价值的一致性，并且不断进行自动调整，以确保基于预订的业务规则在适当的时间将信息传递到正确的应用程序。利用信息生命周期管理，可以将信息管理与业务目标相对应，按照数据对业务价值的不断变化管理数据，从而通过分层存储平台提高资产利用率，实现信息和存储基础结构的简化和自动化管理；通过将存储基础结构和管理与信息的价值相匹配，以最低成本实现价值最大化。

三、信息生命周期管理的提出

著名信息资源管理学家霍顿提出：信息是有生命的。也就是说信息就像人和其他生物一样具有生命，同样经历了产生、使用到消亡这样一个完整的生命过程，那么信息在不同的生命阶段其价值也是不一样的。信息生命周期管理就是要在信息生命周期的不同阶段，根据信息价值的不同而采取不同程度的管理，这样能以最低的成本在信息生命周期的每一个阶段都能获得信息的最大效益。

在信息化时代的今天，信息的积累呈几何级数增长趋势，大量的信息进行了数字化处理和存储。而图书馆作为社会知识、信息、文化的记忆装置、扩散装置，随着信息技术和计算机技术的发展，图书馆的数字信息量也呈现出了几何级数的增长态势。图书馆里具有庞大的信息量的同时，图书馆又是公益性事业，其管理和建设的资金是有限，要想使其信息的利用价值充分发挥出来，信息生命周期管理理念的提出就成了一个必然趋势。

在一般情况下，数据引用概率同数据寿命之间的关系：随着信息产生时间的推移，信息引用次数下降。这就为我们如何对图书馆的数字信息进行生命周期管理提供了依据。我们可以根据信息生命周期不同阶段的价值来对其进行分级存储管理。

四、如何实现图书馆数字信息生命周期管理

美国信息学家霍顿基于信息交流将信息的生命周期划分为创造、交流、利用、维护、恢复、再利用、再包装、再交流、降低使用等级、处置 10 个阶段。

当用户提出相关的信息需求时，此时信息拥有的价值是较高的，许多部门人员都要对该信息进行分析、加工、整理，形成报告的形式提交给信息需

求用户后，该信息报告的信息价值开始逐渐下降，这时应该将其转存到低成本的存储介质，以节省成本。但当其他信息用户需求的信息与其相关时，就要再一次将其重新激活，提取到高效设备中，对其进行重新修改、整理、加工，然后提交给用户，满足用户的信息需求。随着时间的延长，该类信息的价值逐渐降低，直到一定时期内不再有人需要该类信息时，它便退出它的生命周期。

信息生命周期管理需要分三个阶段实现：

第一个阶段，实现自动网络存储，优化存储基础设施。这是实现信息生命周期管理的前提条件和基础。图书馆的资金主要是由国家拨款，因此资金是有限的，很多图书馆都将资金用于买书，增加馆藏，忽略了存储基础设施的建设。这在信息化时代的 21 世纪对于图书馆的发展是十分不利的。存储设施的价值功效是长远的，因此其建设是不容忽视的。网络化存储也是当前发展的一大必然趋势。但这并不是说要集中资金来建设网络存储设备，而是说要根据各自资金的多少拿出一定的比例建立最合理的、性价比最好的网络存储设备。

第二个阶段，提高服务等级，优化信息管理。这一阶段主要是依据图书馆数字信息价值来将其分别放在不同的层次上加以管理，这样既可以优化其信息资源管理，又可以合理地节省设备成本。

第三个阶段，实施集成式生命周期管理环境。这一阶段是在前两个阶段的基础之上实现的，一般需要若干年的时间来完成。

五、信息生命周期管理的过程

世界著名的存储供应商 EMC 将信息生命周期管理的过程划分为六个阶段。

（一）数据创建阶段

图书馆数字信息量庞大，存储设备的存储容量有限，存储系统不够优化，故在创建数据时就应该根据数据的类型（主要有文本数据信息和多媒体数据信息）、数据价值等等来决定信息被删除的日期。

（二）数据保护阶段

数据的丢失或缺损对图书馆的数字信息管理来说是一个很关键的问题。图书馆是人们获取知识、信息最依靠、最信赖的地方。如果图书馆提供的信息都不能确保准确、完整、无误的话，图书馆存在的意义就会被广大读者、用户置疑。所以数据保护对图书馆来说是尤为重要的。因此，我们要根据具有不同价值的数字信息资源，采取不同的数字保护措施和技术，以保证各类不同价值的数字信息得到及时和有效的保护。

（三）数据访问阶段

图书馆的数字信息应该在馆内的多个部门或全部门实现真正的共享。数字信息按其变化状态可分为动态数字信息和静态数字信息两类；按数字信息被访问的频率，数字信息的存储可分为在线数据（每天都需要访问的数据）、近线数据（需要随时访问，但访问的频率和访问的速度的要求都不高的数据）和离线数据（偶尔需要查询或访问的数据）三类。我们可以把在线数据和近线数据视为动态数据，离线数据视为静态数据。在线数据需要频繁地被使用和利用，故应放在在线存储上。

1. 在线访问

在线存储的数据一般包括当前的热门话题、热点问题和各个学科的最新科研成果等等。正是由于在线数据被频繁地访问，所以对在线存储设备性能的要求很高，既要求存储速度快，又要求大的存储空间，高的扩充能力。一般多采用 SCSI（或 SAS）磁盘矩阵柜或光通道磁盘陈列柜，价钱较高。

2. 近线访问

近线存储的数据多为一般性的数字信息。虽然不是频繁地被访问，但却仍然处于信息生命周期管理的重要阶段。对于近线存储设备的速度要求不是很高，但对存储空间要求较高。因为处于近线存储的数字信息量比较大。一般多用 ATA（或 SATA）磁盘阵列，其成本比 SCSI（或 SAS）磁盘阵列柜或光通道磁盘阵列柜低很多。

3. 离线访问

离线存储的数字信息多为长时间不被访问的数字信息。所以对其存储设备的速度和容量要求都不高，一般多采用价格更低的存储介质和设备。当数据被访问时才将其恢复到近线存储设备。

（四）数据的迁移阶段

图书馆的数据信息量很大。如果为了对系统进行升级或配置的改变而进行停机的话，这样无疑将会对图书馆产生巨大的影响，也给读者和信息需求用户带来了极大的不便。数据迁移就解决了这个问题，即在不影响系统正常运行的情况下将数据从一个存储设备转移到另一个存储设备上。

（五）数据的归档阶段

对图书馆数字信息的归档是维持图书馆正常运作中不可缺少的重要组成

部分之一。因为对图书馆数字信息进行备份和归档，可以在原始信息因某种以外原因被损坏或破坏时进行恢复而不影响图书馆的正常运作。而且对于用于数据归档和备份的存储设备的要求并不高，低价格大容量的存储介质就可以达到要求了。

（六）数据的回收（销毁）阶段

图书馆数字信息经历了很长的一段时间后一定会有很多的数字信息没有再保存的价值了，就一定要将其进行销毁或回收。对于数字信息价值的界定到目前为止还没有形成统一的规则，但可以根据各个图书馆的目标以及数字信息资源的特点，分析影响图书馆数字信息资源价值的因素，依据各因素的重要程度，构建一个评价指标体系，然后可以依据一种评价方法构建一个数字信息资源价值的评估模型来确定数字信息资源的价值。对图书馆一些不再具有价值的数字信息进行回收和删除。

六、信息生命周期管理对数字图书馆建设的影响

（一）在数字图书馆资源建设中，必须引进和加强信息生命周期管理

数字图书馆是伴随着计算机多媒体信息技术、网络技术和数据库技术的飞速发展而出现的产物，是目前图书馆界的一个热门话题，也是图书馆未来的发展方向。数字图书馆的核心工作之一就是数字化信息资源建设。随着数字化信息的发展，数字图书馆将要进行存储及加工处理的数据越来越多，例如"超星数字图书馆"能够向用户提供 38 个大类，10 多万种全文图书，并以每天 10 万页的速度增加。而图书馆是公益性部门，其发展建设资金绝大多数来自国家及地方政府拨款，这就产生了日益剧增的海量数字信息处理、存储、使用成本增加与资金缺少之间的矛盾。面对这种情况，笔者认为应该在数字图书馆建设过程中引入信息生命周期管理理念，促进数字图书馆的建设。

谈及数字图书馆信息资源建设，有些人认为主要就是建数据库，通过数据库推动信息资源开发。这种认识是对的，但也是片面的。因为在数据库建设前后，还有一系列重要的工作要做，包括从总体上把握目前所拥有的信息资源，了解如何对它们进行分类组织才能让读者比较方便地获取，如何分类组织才能使现在的信息资源与数字图书馆长远的发展相适应。而信息生命周期管理则为图书馆员了解和分类组织信息资源提供了方便的管理平台，依据信息生命周期分类标准，可以保证读者在最为有利的时间和地点，以最适合的方式顺畅获取所需要的信息。

在数字图书馆信息资源开发建设中，要认识到信息生命周期的重要性，树立对信息生命周期进行过程管理的理念。在制定方针政策、规划计划、分析评测时，应该加强信息生命周期全过程的管理，从宏观上把握住信息生命周期链条的各个环节。

（二）实施信息生命周期管理，可以提高数字图书馆的经济效益，降低建设成本

在传统图书馆中，人们为了解决图书馆空间与剧增文献数量、文献保存成本增加等矛盾，对文献保存布局进行了研究，并提出了一系列解决方案，其中最著名的是"三线典藏制"。依据"三线典藏制"，将利用率不同的文献分别保存在不同的书库中，从而方便读者找到利用率较高的文献。信息生命周期管理采用了与此类似的思想，根据信息价值及其生命周期的不同，将信息资源分别存储在不同的联机存储介质上或数据库内，使生命周期长或信息价值高的信息资源能最快、最方便地提供给读者使用，而对于几乎没有读者使用的信息，则可以删除、淘汰，为新的信息提供空间。这种方法确保了在信息的不断流动中降低存储成本和利用成本，从而提高数字图书馆建设的经济效益。

（三）实施信息生命周期管理，便于数字图书馆实现集中、简化管理，减轻图书馆员的负担

利用信息生命周期管理系统，能够快速、方便地对信息进行分类存储，更好地控制和解决数据快速增长、服务器和存储系统等支持硬件不断增加等问题；利用信息生命周期管理系统，可以充分开发、利用信息资源，在各种运行平台和数据整合的基础上实现信息资源的有效管理。这样，一方面使图书馆员对信息资源的存储、使用情况了如指掌，另一方面，可以节省图书馆员大量的时间，从而能把更多的精力放在信息的深层次加工、整理、组织上，创造出更多符合用户需求的信息产品，使图书馆员成为名副其实的"馆员"，而非单纯的信息或图书管理员、图书保存员。

（四）实施信息生命周期管理，有利于提高数字图书馆信息资源建设质量，提高信息资源利用率

数字图书馆不是简单的技术概念，而是一个复杂的社会概念，它是一种创造性的智力活动，具有增值功能，而且重在信息资源的组织、整理与开发。实施信息生命周期管理的目的之一就是延长信息资源生命周期，增加信息资源的价值。通过信息生命周期管理系统，数字图书馆员可以更好地对信息资

源进行深层次的开发和组织，除了提供一次文献服务外，更多地为用户提供二次、三次文献服务，从而提高信息服务的层次和水平。

正是因为如此，信息生命周期管理对图书馆员提出了更高要求。图书馆员需要具有较强的信息灵敏性和信息预测能力，能够分析、测算出在某一特定时间内，哪些信息资源的使用率较高，哪些信息资源只是读者暂时需要，而哪些则是读者会长期使用的。同时能对信息资源进行深层次的挖掘，满足读者多方面的需求。

信息生命周期管理是针对信息价值的变化，以尽可能低的成本实现与其价值级别相应的一种自动优化管理，其重点在于：按照级别来科学地管理信息，从而保证信息在整个生命周期中都能得到充分利用。在数字图书馆建设中引进信息生命周期管理，有利于从新的角度深入了解信息，以最低成本实现信息价值最大化。虽然信息生命周期管理在技术上具有一定难度，但其先进的管理理念将会对数字图书馆的建设起到重要作用。

第三节 图书馆数字资源保护平台要素

图书馆数字资源保护平台是一项复杂庞大的工程，涉及很多内容和因素，如平台涉及哪些内容？平台应该由谁组织？平台需要哪些相关标准的支持？平台顺利实施又需要履行哪些职责？清楚地了解这些内容，才能更好地发挥图书馆数字资源保护平台的作用，下文将对上述问题展开论述。

一、平台资源

图书馆数字资源保护平台的主要目的是对图书馆数字资源进行有效的管理，履行数字资源保存职责，开展数字资源保障服务，以发挥馆藏数字资源的最大价值。因此，图书馆数字资源自然是图书馆数字资源保护平台的主要内容，平台的各项任务都是围绕如何有效地管理、保存和利用图书馆数字资源而开展。作为图书馆数字资源保护平台的主要内容，图书馆数字资源具有如下特点。

1.重要性：保存人类文化遗产是图书馆的重要使命

随着信息时代的来临，印刷媒体占据市场份额的下降和电子媒体所占比重的大幅上升，使得数字资源的长期保存和保护也成为保存人类文化遗产的一支重要力量。图书馆作为传统的信息保护机构。其数字资源是国家"数字资产"部分，对图书馆数字资源实行有效的保存、管理、开发和利用将有利于人类文明的传承，有利于提高信息资源的国家控制力，有利于充分发挥信息资源对经济发展、社会发展、文化发展的战略价值。

2. 非直观性：基于传统信息载体的信息资源已经存在了几千年，无论是甲骨文、石刻、竹简，还是绢帛、书本，我们都可以直接阅读

而数字资源从形成、传输到存储的每个过程都是通过计算机实现的，与计算机系统中的各种设备特别是存储介质有着密不可分的关系。数字资源需要依托一定的存储介质而存在，存储介质既是数字信息临时或长期驻留的物理媒介、也是数字资源的保护伞和提供利用的工具。数字资源的存储形态是以二进制编码表示的，我们无法直接读取到。如果离开存储介质及计算机的软硬件平台，数字信息便既看不见也摸不着，这就决定了数字信息对存储介质的依赖性。这种依赖性也就造成了数字资源的非直观性，为数字资源的保护工作带来了一定困难。

3. 脆弱性：与传统资源相比，数字资源的一个突出特点就是脆弱性

物理存储方面：数字资源及其所依赖的存储载体非常不稳定，容易受环境影响而损坏，从而使信息本身无法读取甚至消失；信息技术方面：信息技术的快速变化使得硬件和软件都在不可预测地老化；使用方面：多数情况下，信息机构仅购买了数字资源的使用权，而由于多种原因，数据库商或其委托的镜像服务商有可能终止经营或者停止向用户提供服务；安全方面：数字信息容易被未经授权操作而改变甚至删除；信息更新频率方面：新网页的出现实际上就意味着旧网页和大量信息的消失。

二、管理主体

图书馆数字资源保护，需要科学有效地管理，其中，明确数字资源保护的管理主体是关键所在。

管理主体的确定存在一定的复杂性，应根据数字资源所有权的转变具体而论。但无论谁是管理主体，都必须承担相应的管理责权。

1. 数字资源保护的决策者负责制定数字资源保护政策声明、确立数字资源保护协议的原则和总体安排、组织审计和评价数字资源保护协议的执行情况，并承担及时分析和解决数字资源保护原则问题的责任。

2. 数字资源保护管理者负责管理实际的数字资源保护过程，参与制定政策声明，参与确立保护协议的制定和总体安排，参与组织评价保护协议的执行情况，组织制定和审核相关技术说明与过程说明，负责组织和监控保护过程中的相关环节与相关人员。

3. 数字资源的组织者负责对被保护数字资源的谈判和管理，参与数字资源保护协议谈判，参与相应的保护过程设计与安排，参与评价数字资源保护

的执行情况。

4. 数字资源保护的技术管理者负责对数字资源保护技术过程的管理，参与保护过程的设计与安排，负责技术过程设计与安排，参与对数字资源保护过程的评价。

5. 数字资源保护流程管理者负责数字资源保护具体技术流程的实施，参与技术过程设计与管理安排，参与对数字资源保护具体流程的评价，承担及时分析和解决具体流程问题的责任。

三、标准体系

标准是数字资源保护平台建设过程中不可忽视的重要元素，是保证数字资源保护活动各环节互操作的基础，贯穿于数字资源生命周期的全过程。因此，在制定过程中要充分遵循兼容性、通用性和开放性的原则。

标准体系框架所涉及的主要内容有以下几个方面：

1. 系统层的标准，主要涉及数字资源保护系统标准、系统互操作协议和标准、物理存储标准等，如数字资源保护系统网络服务协议、数字资源保护系统检索服务协议、数字资源保护系统应用服务协议、介质载体的选择标准等。

2. 业务层次的标准，主要涉及资源组织过程中的标准、存储过程中的标准、访问过程中的标准，管理过程中的标准等，如资源访问控制技术标准、数据安全管理标准、网络系统安全标准、绩效评估标准、安全性评估标准等。

3. 数据层次的标准主要涉及资源模型标准、数据格式标准、数据转换标准、数据编码标准、数据标识标准和元数据标准等，如元数据置标标准、描述性元数据、结构元数据、保存元数据和管理元数据标准等。

四、相关职责

图书馆数字资源是具有重要价值的战略资源，实施图书馆数字资源保护必须要有明确的职责做保障。

（一）制定合理的数字资源保护规划

在规划中要明确保护对象的范围、获取渠道、保护机制、目标用户群体、各参与方及其权责分工、总体目标及阶段性目标建立明确的程序、政策和正式声明。

（二）取得正式的法律授权

与出版者、软件提供者及其他生产者之间进行合作和交流，建立必要的法定缴存制度，明确保护版本、确保获得适宜进行保护的数字资源版本。

（三）承担运行责任

与信息生产者（拥有者）达成协议并获取合适的保存内容，确定充分和可控的信息内容，确保目标用户群体理解和可使用，建立并遵循有效的政策和程序，积极开展数字资源保护实践活动。

（四）制定并承担流程管理职责

负责具体技术流程的设计，实施和管理，并完成保护工作流程的评价和可信性验证，保证数字资源保护流程具有可操作性、可描述性、可管理性和可验证性，保证数字资源保护过程及其内部环节不受任何个人、部门或机构的任何变化的严重影响，并及时分析和解决具体流程问题。

五、计算机软件及硬件

数字资源保护平台应具备较强的智慧管理功能，可高效、自动地实现数字资源融合存储、查询、分析和归档的全生命周期管理，因此必须要有有效的符合平台目标和定位的相关计算机软件和硬件作支撑。

在软件方面图书馆数字资源保护平台针对的是图书馆数字资源的整个生命周期，在不同阶段需要不同的软件支持。如数字资源保护评估软件、数字资源保存软件、数字资源管理与服务软件等。

1. 数字资源保护评估软件：对数字资源进行保护需要花费一定的人力和物力，并不是所有的资源都具有保护价值，因此，如何判断和评估资源是否具有保护价值成了保护人员所关心的一个问题。由于所要考虑的问题比较多，而不同的机构用户和读者所关心的方面也有所不同，因此需要一个可供数字资源保护操作人员灵活选择影响因素的评估软件，以辅助相关人员判定是否对数字资源进行保护。

2. 数字资源保存软件：数字资源保存系统的目标是保存资源并保证资源的长期可用。由于图书馆数字资源具有来源多样、结构复杂和应用领域广泛等特点，因此其保存软件将"涉及数据摄入、档案存储、数据管理、数据分发、内容管理、数据库系统、元数据管理、搜索引擎、分布式文件系统、唯一标识系统、存储系统、存储管理系统、媒体检测（监测）系统、认证授权系统、安全机制、统计管理等"诸多功能。

3. 数字资源管理与服务软件：数字资源管理与服务软件主要实现对数字资源的存储、检索、浏览和应用等功能，同时根据资源的版权设定资源的公开程度和使用权限等。当资源量很大时，还可为用户提供筛选、分析等服务，帮助用户从已有的海量资源中发现有效资源。

在硬件方面，应提供数据存储设备和相关服务的服务器，并能够满足相关速度和安全性等方面的要求。首先，系统应支持对多种设备接口、通信协议和数据类型的结构化与非结构化数据，统一存储、归档与分析，避免"数据孤岛"现象发生。其次，管理系统应结构简单和易于控制，可对系统硬件设备进行统一的管理。管理系统可通过对所采集的系统运营状态反馈数据进行性能统计和智能分析，实现系统的自动化精简配置和存储空间的动态分配。最后，在数字资源保护平台的联合建设模式下，图书馆数字资源保护系统通常采取分布式存储节点结构，存在存储介质异构、数据分片和存储资源分配难度大的问题。因此，应增强数字资源存储的智能管理、虚拟化管理。

第四节 图书馆数字资源保护平台体系

一、平台模型分析

图书馆数字资源保护平台不但拥有资源采集、资源存储、系统管理、长期保存等各方面的功能，还包括资源组织和资源服务功能，以及对外提供各种综合性信息服务的功能。该系统应当是综合性的、多层次的集成系统，主要体现在信息的高度集成、对资源的统一调度和管理、信息资源共享以及对信息资源的永久保存和再利用等几个方面。

整个系统从逻辑上可以划分为物理存储层，管理调度层和应用服务层。物理存储层主要负责对不同类型不同版本的对象数据、各类元数据及其关联关系的存储和管理；管理调度层主要负责对象数据与元数据的组织与管理，同时根据用户需求完成对底层资源的组织、整合等工作；应用服务层主要负责提供各种访问工具或与各种应用软件的接口，通过这些工具和接口完成对外发布的工作，以满足各类用户的需求。

图书馆数字资源保护平台的建设涉及对对象数字资源、元数据资源的存储和管理以及与之相关的各类保存和利用服务。该系统应当不但能够支持多种数据类型，即包括文本、图像、音频、视频等资源类型，其中每一种类型的资源又可能含有多种不同格式和版本，并同时能容纳未来新出现的数据类型；可以将混合的、分布的数据整合成复合对象，并根据需要完成同一对象内容的多重分发和再利用。

该平台的核心服务层主要包括仓储服务、索引服务、资源整合服务，能够将相关资源和服务动态地组合，以实现对不同媒体类型数据的访问。仓储服务提供存储、发布可信数字对象的机制；索引服务提供查向数字对象的机制；资源整合服务提供将不同数字对象和服务有机组合以满足外部系统使用需求的机制。系统通过制定和执行数字资源迁移等长期保存策略，完成对系统内存储资源的长期保存管理，以保证资源的完整性、真实性和可用性。

二、功能模块分析

图书馆数字资源保护平台的目标是在数据的生命周期内，对数据进行评估、管理、维护和完善增值，实现数字资源的保存和共享，以便于资源在当前和未来的易得性、可用性和可靠性。基于上述目标，图书馆数字资源保护平台应当具有如下几种功能。

（一）数字资源采集

图书馆数字资源保护平台的主要研究内容为图书馆馆藏数字资源和馆际合作共享资源，因此，数字资源的采集是系统平台应该实现的首要功能，只有在有了丰富的数字资源后，才能有后续的资源保存、利用等服务等内容。数字资源的采集具体包括如下几个方面。

1. 资源内容提交：接收外部系统和相关资源提交人员提交的资源提交清单，按资源的不同分类并根据提交规则，由资源管理人员通过登录数字资源保护平台（如通过 Web 或专用提交接口）按照平台的格式要求完成元数据录入、对象数据传递，并且依据存取权限实现对数字资源的提交。其中资源格式和元数据标准遵循已有的国际标准、国家标准和行业标准，以统一对数字进行描述，方便共享和复用。

2. 资源相关信息提交：孤立存在的数字资源不利于资源的共享和保存，为保证数字资源在原有语义环境下的可用性和资源的可理解性，在提交数字资源时，资源相关信息也要一起提交，这样才能更好地方便用户使用，如资源产生的条件、资源的描述信息、数据的起源信息等。

3. 质检审核管理：在资源采集过程中，管理人员应根据规则完成对提交数据的审核工作，主要涉及规范性文件的检查，也包括数据的完整性、是否重复、是否符合规则、病毒检查、资源格式审查等方面的审查工作。

4. 相关元数据生成管理：该功能将完成与对象数据相关的描述元数据、结构元数据的抽取和入库工作以及管理元数据和保存元数据的抽取、入库、更新等工作。

5. 存储更新管理：完成对合格对象数据和相关元数据的数据存储传输

工作。

（二）数字资源存储

资源存储管理将包括资源归档存储管理和资源管理两部分的内容。

1. 资源归档

资源接收：该功能主要完成对提交审核合格后的元数据和对象数据的接收工作。

2. 资源审核

该功能除根据规则完成对对象数据、元数据的审核外，还应对对象数据和各类元数据表单以及该数据所涉及的所有描述性数据和指针——检验核对。审核成功后方可对其进行归档保存。对于属于长期保存的资源、应当确保其最高的安全级别。

3. 分级存储

该功能根据预先设定的存储使用策略完成对保存数据的在线、近线和离线的层次化存储，并完成与保存数据关联的元数据的更新和存储，生成归档报告。此外，该功能还需配合系统管理提供对对象数据的迁移功能，以保证数据根据资源类型、使用频率、存储策略等方面的规则，在底层的存储系统中完成在线、近线和离线的迁移。

4. 资源提取

该功能通过数据抽取、链接等技术完成对数字资源的提取工作，并对外提供所需的服务。

5. 资源库管理

该功能负责维护资源库的完整性，对处理完的数字资源，进行库区入库管理。利用数字仓储的原理来管理各种数字资源。使在数字仓库里的所有数字资源能够对资源名称、数量、加工时间、加工责任人、检验时间、检查时间、入库时间、出库时间、批准人、审核人等进行检查登记。在数字仓储以外的离线或者按照部门管理的数字资源也能做到有序化管理。

6. 查询管理

该功能可根据相应的应用需求完成对资源的查询功能，可根据外部应用系统提交的访问需求对文件进行检索定位，找到相应的文件。

三、平台特征分析

图书馆数字资源保护平台的目标是实现用户从虚拟资源池中随时随地存取可靠、可用和真实性的数字资源。因此，数字资源保护平台应当具有支持大规模数字资源的安全存储，保证资源的稳定性和可靠性；支持用户频繁地上传与下载数字资源等资源密集型任务；通过设定合理的工作流和弹性的远程服务机制，支持机构用户间的协同工作与数据共享等方面的能力。因此该平台应当具有如下特征：

资源复杂：图书馆数字资源的形态包括文本、数字、图像、视频、音频、软件等；

联网访问：数字资源保护平台通过网络为用户提供跨学科、跨机构和跨领域的据检索与挖掘服务；

数据安全：通过对数字资源的智能化接收、选择、清洗、转换和存储等系列操作来保障数字资源的真实性、可用性、可靠性和完整性；

动态扩展性：支持资源的快速动态地分配或释放，提高资源的利用效率；

虚拟化：具有虚拟化、高弹性和动态组织的资源集；

自动化：具有智能化的处理流程、质量控制和自我评估机制以及数据迁移等功能；、知识服务：从保护的数字资源中挖掘知识，当资源被再利用时产生附加值；

个性化服务：根据用户提供的信息需求，或通过对用户个性习惯的分析，主动向用户提供相应的资源；

服务推送：构建可信的数字资源仓储平台，面向用户提供个性化数据服务并满足用户的潜在需求；

等级服务：根据数字资源的保存策略，合理地划分保护等级；根据资源的价值、用途、期望保存年限、产权归属等问题，设定合理的访问权限；

持续服务：数字资源保护平台应当是可信赖的并且是权威的，可以有效地保障资源的完整性、可用性和安全性并可持续地提供服务。

第五节　图书馆数字资源保护平台建设

图书馆数字资源保护要求平台建设具有较强的科学性、实时可用性、生命周期活动可控性和数据管理动态可维护性。因此，图书馆在数字资源保护系统的设计中，应坚持资源管理的科学性、有效性和数据可用性相结合，依据图书馆数字资源的生命周期发展规律，重点做好数字资源的处理流程管理、数字资源的质量保证、数字资源存储平台可靠性几个方面的建设工作。

一、数字资源的处理流程管理

首先，数字资源保护系统利用数字资源采集系统对本馆或合作单位的数字资源进行资源的发现、采集和数据类型转换等操作。其次，根据数字资源集的性质、结构、内容、文档的数量和复杂度等情况，为不同的资源集中分配相应的数据处理标准，并对资源集进行创建元数据、数据处理、文档处理和发布数据等操作，确保数字资源的完整、标准化、可检索、能共享和易管理，并将最终处理后的资源传输至存储平台保存。

二、数字资源的质量保证

图书馆数字资源保护的核心是加强对资源质量的控制，保证数据质量可满足图书资源保存和用户服务的需求。首先，应依据保护系统设定的服务目标、质量保证的标准，参考图书馆服务的建设与管理、用户阅读需求与内容、读者服务模式等，制定相应的原始数字资源内容采集、资源内容保留与转让、资源质量跟踪、资源补充与完善等数字资源保护质量保证体系，确保数字资源保护的管理过程全面、规范、科学和合理。其次、应对数字资源的数据总量、元数据、数字资源可用性、元数据完整性、保密性、数据格式转换有效性进行监控和检查。同时，在采用定性和定量质量控制方法相结合的前提下，依据数字资源的内容、结构特征、使用途径和质量保证标准，实现资源质量的分级管理。再次，应制定可靠和易执行的数字资源备份、保存和迁移机制，确保存储系统与备份系统相互兼容，补充、完善错误检测和服务转换，保证用户对数据的长期、不间断访问。最后，应通过采用对数字资源的加密、访问权限控制、数字水印等方式，确保数字资源在采集、管理、保存、利用与共享过程中，不被非法用户截获、窃取和篡改。

三、数字资源存储平台的可靠性

首先，为了确保数字资源存储过程安全、高效、易控，图书馆可靠的数字资源存储平台应具有良好的可用性、可靠性、可扩展性、灵活性以及开放性。可以考虑采用多中心的模式建设，并将主中心存储的数字资源在同城和异地两个备份中心进行冗余备份存储。当主中心遭受不可预测的攻击导致服务暂停或者数据丢失时，数字资源保护系统则自动将数据存储、查询等待服务切换至备份中心，确保数据存储、访问等服务安全、高效、可控和不间断。其次，存储平台系统应具备数字资源的快速索引和高效分析能力，有较强的硬件兼容性和后续横向扩展特性，可根据未来数字资源的增量和用户服务对资源存储的性能需求、动态调整存储平台的系统性能，存储能力和数据监护能力。第三，存储平台应根据数字资源的安全级别、数据类型、应用模式和访问频率，把存储系统隔离为若干个相互独立的物理空间，保证数据存储过程安全、高效、可控和易于访问。

四、数字资源保护系统的实现

数字资源保护系统应注重资源保存和服务。从体现数字资源保护自身功能的角度来看，资源的生产和获取仍然是它的出发点。数字资源保护系统依然需要创建与获取资源，而这一点不再是它建设的首要出发点，它更多的是在帮助用户寻找资源，为用户提供更多个性化、集成化的服务，向用户传播资源采集、描述、组织、管理的方法、规则与技巧。这一过程将进一步向用户开放，以提高用户对信息资源的满意度。

在满足用户的各种需求的过程中更加注重人性化设计。总的来说，数字资源保护系统应是集中资源组织、资源保存、资源发现和资源访问控制为一体，其系统结构设计应考虑实现以下设计目标。

1. 资源共享化

采用共享机制可大大降低资源开发成本，更好地促进系统处理海量的分布式信息资源，将资源孤岛盘活。

2. 资源自治化

在资源共享协作中，资源的拥有者对资源享有最高的话语权，为方便对拥有的资源进行自主管理，系统应给资源提供者相应的权限进行管理。

3. 协议透明化

系统应建立交互性、开放性和多态性的平台通过各种标准的、开放的、通用的协议和接目来整理资源、调度任务和提供服务，来适应数字资源保护的资源分布广和异构性强的特点。

4. 系统智能化

引人智能分析系统，强调更加贴心的人性化的服务，云服务的超强计算能力和丰富的知识库资源贯穿这一复杂的服务过程，必将提供强有力的支持。

5. 管理动态化

在日常管理中，即使再完备的体制和先进的技术也无法摆脱出现故障而导致服务暂停的情况。在规划服务系统之初，应及早建立相关保障应急预案，在遇到突发情况下，确保系统运行平稳和提供正常的用户服务。

6. 服务个性化

在公共服务环境下，服务的个性化需求日益受到用户推崇。个性化服务以其主动性、针对性、快捷性等特点，根据用户需要开展专项定制、职能分析决策和主动推送活动，动态关注用户需求的变化，对用户需求进行深入的分析与探究。

第六节 典型数字资源维护平台分析

近年来，随着网络建设的迅猛发展，互联网使用的广泛与深入，教育也随之进入网络的新时代，信息化教学成为教育发展的新趋势，适应时代的要求。而数字化教学资源共享平台是实施信息化教学的基础，因此各城乡学校目前纷纷重视数字化教学资源共享平台的建设，期望利用信息技术促进教学质量与效率的提升。然而现有数字化教学资源共享平台在构建体系、组建技术、资源建设、参与人员素质等方面存在瑕疵，导致整个系统在运行过程中在安全、质量等方面实际效果不够理想，如何更好地管理和维护整个系统，使之更加稳定、高效，更好地支持数字化教学和学习，成为我们不可忽视的工作。

一、约翰·霍普金斯大学 Data Conservancy

约翰·霍普金斯大学 Data Conservancy（以下简称 DC）主要监护天文、地球、生物和人文社会科学等学科数据，提供跨机构和跨学科的数据监护工具及服务，收集、处理、存储、保存与共享数据以满足学术团体的数据监护需求，约翰·霍普金斯大学的持续工作包括开发跨学科领域数据监护工具、搭建科学数据监护基础设施、规划数据监护职业教育、构建可持续数据监护模型等。

（一）智能查询

DC 的智能查询功能超越了机构库或学科库的数据查询功能，其特征提取框架利用关键与综合特征将多个项目数据聚合在一起，实现了基于时间、空间、类别的跨学科数据检索与分类浏览，并提供附加服务（如地图服务、子数据集提取等）、个性化定制服务（如用户可自行定制页面），以满足特殊需求，促进数据发现和集成。

（二）跨系统数据互通

DC 模块化架构和技术组件与外部服务组件的互操作实现了无缝数据迁移。用户提交输入与输出数据请求后，通过 API（应用程序编程接口）摄取、检索与访问数据，API 外部服务组件或系统与 DC 的交互实现了跨学科数据服务与增值服务。如 DC 与 arXivorg（电子预印本文库）的数据与出版物双向链接。作者向 arXiv.org 提交发表的论文与数据，论文存于 arXiv 系统，而数据存入约翰·霍普金斯大学 DC 中，arXiv 系统的论文与 DC 的数据之间建立了双向链接，用户可以检索和访问论文与相关数据。

（三）配套的教育与培训

DC 提供的数据保护教育与培训形式包括培训材料、网络研讨会、课程、专题研讨会和实习、数据管理规划等，DC 平台承担服务、协调、咨询、培训和宣传等功能，数据保护人员在丰富多样的教育和培训中可以掌握数据保护的知识与技能。

二、哈佛大学 Dataverse Network

由于传统数据存储与共享方法缺乏保存策略、永久认可条款和访问机制等，再加上所有权与控制权问题；科研人员不重视数据保存问题，部分研究者通过网站共享数据，部分研究者根本未共享数据；而科研人员、图书馆、期刊和科研机构统一数据监护平台来管理和共享数据，因此，Dataverse 正是基于此背景而产生的。

哈佛大学 Dataverse Network（以下简称 DVN）是软件、协议、自动化存储等共同体，存储世界所有学科数据，包括世界上最大社会科学研究数据集。其任务是收集、共享、引用、分析、保存与再利用数据，其目的是实现数据共享与跨系统数据互联互通，其目标是满足科研人员的数据监护需求，改变学术环境，激励科研人员与出版商共享数据，加速科研进程。其目标是满足科研人员的数据保护需求，改变学术环境，激励科研人员与出版商共享数据，加速科研进程。

1. 虚拟档案馆

DVN 是基于标准的集中存储、分布式控制、成果认可的数据共享平台。DVN 利用已有机构库的基础设施与技术提供专业归案服务，包括数据备份、恢复，转换、保存。一个机构创建多个虚拟档案馆（命名"Dataverses"），如学者、团队、期刊的"Dataverses"，虚拟网络档案馆为作者提供分布式数据控制，每个通过人性化界面为用户提供数据引用、发现、更新、访问及再利用等服务。数据的发布框架支持数据控制、永久引用、发现与保存等，数据作者无须维护与备份，便可获得学术成果的认可。

2. 数据共享

鼓励数据共享方式包括成果认可、工作可见及数据控制。鼓励作者共享数据需要增强学术认可度与可见性，传统上学术成果引用不足，学术成果不可见。每个 Dataverse 可自动生成永久数据引用，数据引用有利于原始研究成果的再利用，提升数据收集者或数据作者的认可度；数据作者的"Dataverse"相当于个人网站，集中式的 Dataverse 后台进行数据保存、分析与转换等，作者即刻可见工作成果，无须关心保存与存档问题，除了认可与可见性，还有数据控制问题。数据存储在一个集中机构库里，数据作者可随时控制、更新、描述与设限访问数据集等。

3. 数据永久引用

数据更新时，引文版本自动更新，版本控制是为了引用数据的最新版本。DVN 构建了数据引用原则和标准，生成数据引用内容包括：作者、发布日期、标题、统一标识符、网站、通用数字指纹、出版商、数据子集、版本等字段，由此可见，在传统引用的基础上，DVN 数据引用增加了永久标识符和通用数字指纹，永久标识符代表引用的数字对象独立且永久，即使数字对象从一个站点移到另一个站点，数据引用将链接到最新网站；通用数字指纹生成是基于数据集的内容而不是基于数据格式，即使数据格式发生了变化，通用数字指纹不会改变。永久标识符对应于一项研究项目，通用数字指纹对应于一个数据集。DVN 分配给每项研究项目一个永久标识符，每项研究项目包括一个或多个数据集，每个永久标识符对应于一项研究而不是单个数据集，每个通用数字指纹生成是基于每项研究中的一个数据集。数据引用的主要目的是提高数据作者以及数据出版商的声望，加强发布成果和数据连接。在创建一项研究时，自动生成数据引用，数据作者提供出版物上文章的永久数据引用，然后释放或者发布数据，期刊的文章研究结果与基础数据自动建立了双向接，所引用数据链接到已发表文章、出版物、数据集及相关文章。

4. 访问控制

DVN 通过使用条款、限制条件与技术来保护数据的利益相关者权利。访问控制分三个级别：对于公共研究，查看研究中描述信息，只有用户同意数据使用条款后，才可访问数据文件；对于研究中受限文件，公开描述信息，具有授权密码的用户可查看和下载部分受限数据文件；对于受限研究项目，当整个研究项目受限访问时，可检索元数据与部分描述信息，不能访问全部数据文件。

DVN 为作者提供分布式控制权，数据作者控制数据访问、更新、保存和使用等。当用户请求访问受限文件或完整项目研究时，DVN 中数据作者或出版商授权用户访问数据集，授权访问条件是基于大学或其他机构相关联 IP 地址。

5. 易于使用与维护

DVN 界面具有友好性、人性化且低维护等特征，数据作者通过网络界面实施所有设置和管理研究。科研人员创建个人网站的虚拟档案馆，不需要安装任何软件或特殊要求，DVN 采用云服务而不是应用程序服务，这种服务便于用户操作与维护。

6. 局限与不足

（1）子集提取支持

子集提取与智能查询又丰富了数据作者的成果。数据子集提取与分析不是数据共享框架关键，但有利于数据使用，每个"Dataverse"通过处理数据集、标准化格式与提取变量信息等方式丰富数据作者研究成果，DVN 软件附加数据服务是提取与分析数据集的子集，目前 DVN 支持表格数据集和社交网络数据集的子集提取与分析，未来需开发工具或方案解决更多类型数据的子集提取、分析与可视化等。

（2）数据安全保护

访问控制未能保护私有或机密数据安全。DVN 利用数据使用条款来保护机密数据安全，数据使用条款是基于整个 DVN 或机构、作者与出版商的要求，个人或组织共同识别数据风险，数据机构根据内部评级法（IRB）收集数据，研究者识别数据中未含有机密数据，数据用户访问数据集时，不能链接多个数据集或其他信息。另外，对于非常敏感研究中 DVN 元数据与完整引文（包括 UFN）需要离线安全存储。

科学研究中敏感或机密数据的存储和共享是未来数据安全的重要挑战，未来需开发存储工具来收集数据，机密数据需存储于单独机构库、提供安全控制、并利用限制方法进行数据发布和在线分析。

三、数字化教学资源共享平台构建体系

数字化教学资源共享平台是指在教育领域全面深入地运用现代信息技术来促进教育改革和教育发展，实现教育资源共建、共享，促使教学资源的统一管理，最终实现信息化教学的一个综合信息管理系统。它具有数字化、网络化、智能化和多媒体化的特点。现有大部分平台开发遵循教学性、科学性、开放性、应用性、层次性和经济性原则。

四、数字化教学资源共享平台的运行现状及存在问题

数字化教学资源共享平台的建设为全面开展数字化教学应用打下了坚实的基础，为各个城乡学校教学与开放性学习做出了巨大作用。但现有平台的

建设大都以各城乡学校原有局域网结构框架为基础，补充了大量的多媒体硬件设备与软件，采用多种信息技术对大量繁杂的教学资源进行采集、加工、存储、发布和共享，从表面上看整个平台的建设非常的完善，功能也非常的强大。

五、数字化教学资源共享平台的安全隐患

（一）数字化教学资源共享平台的安全问题

数字化教学资源共享平台的发展越来越迅速，也越来越庞大、复杂，伴随着平台的安全隐患也越来越多

一方面是人为因素引起的，包括用户由于知识水平结构的不同而产生的对系统无意识的破坏和黑客的恶意攻击等；另一方面系统本身的安全漏洞，比如操作系统、网络软件安全性不够，认证安全漏洞，病毒危害等。

（二）数字化教学资源共享平台的标准兼容问题

数字化教学资源共享平台的资源来源于众多单位部门，具有复杂性和多样性，因此在资源开发行为的规范、制作内容的要求、管理平台的功能等方面容易造成标准的不统一，致使资源库缺乏对资源元数据标准的支持，最终导致系统平台整体效率低和资源质量不够优化。另外整个平台覆盖面广、终端用户多，在建设过程中容易产生网络结构、协议的不统一，造成资源以交流与共享。

（三）数字化教学资源共享平台的资源建设

数字化教学资源共享平台的价值体现就是为用户提供内容丰富、种类齐全、标准统一的有效、合法资源。然而现在平台往往忽视对资源的知识产权的保护，资源的重复性建设严重，更突出的问题是资源匮乏，造成一种"有路有车无货"的现象，致使整个平台功能、效益不够理想，甚至成为摆设。

六、数字化教学资源共享平台的管理与维护

数字化教学资源共享平台的建设是信息化教学的基础，为我们全面开展数字化教学提供一个可行性的平台。但在建设过程中由于种种原因使得系统平台在运行过程中存在诸多问题，为了让系统更加稳定、高效运行，更好地支持数字化教学和学习，必须不断加强对数字化教学资源共享平台的管理与维护。

（一）依托先进的信息技术实现系统平台技术层面的高效管理

为了加强数字化教学资源共享平台的安全、稳定，首先，必须对平台应对网络攻击制定相应有效的防范措施，构建一套统一高效的网络安全策略的过滤机制，充分使用各种不同的网络技术，如构建虚拟局域网络（vlan），通过系统各子网间的路由器、路由交换、网关等设备来控制相互通信的安全级别；采用网络分段、用户认证等方式将非法用户与系统资源相互隔离，从而达到限制用户非法访问；利用服务代理、防火墙等途径来制定由 Internet 网络进入内部网的安全访问权限，抵御黑客的侵袭；利用数据备份、构建服务器群来保证系统数据安全。其次，尽量采用各系统自成体系、相对独立的管理模式，如在多媒体素材库系统采用以中文分词技术为基础的词索引技术，实现多媒体数据的存储与检索；教育视频资源库主要采用3cx的内核技术，以及面向对象的系统开发技术，结合后台数据库对视频资料信息进行处理；自主学习型网络课程库以教育部推荐的4a网络教学平台为管理平台，实现对多门自主学习型网络课程的管理等。此种模式具有系统轻便、易于维护、管理负荷分散、减轻工作量、风险分散等特点，且单个子系统故障并不影响其他子系统的正常工作。最后做好网络协议、操作系统、数据库系统和网络应用软件等软件的改进与升级，提高系统平台的安全，如更改操作系统和软件的默认设置，停止或禁用无关的协议和后台，在网络层提供虚拟私用网络安全服务，在传输层提供安全套接的安全服务，安装并及时升级防病毒软件等。

（二）广泛发动、积极参与系统平台资源库的管理

数字化教学资源共享平台必须有丰富、规范源，才能够在教学和科研活动中为师生提供强有力的资源支持，因此应重视对系统平台的核心数据库进行更新、补充与完善。利用国际上典型且公认的参照标准"元数据规范""dublincore 元数据规范"或中国教育部教育信息化技术标准委员会发布的《教育资源建设技术规范》对各类数字化教学资源进行规范管理，使数字化教学资源在质量、效益、可持续发展等方面有更强的保证，避免资源的重复建设。制定措施、强化落实，广泛调动教师进行资源建设的积极性，不断充实、完善教学资源库，逐步解决"有路有车无货"现象。资源管理人员还必须关注数字化教学资源的发展动态，及时对资源库进行更新，同时采取有效措施协调和保护数字化教学资源的知识产权。

（三）人力资源科学分配，职责明确，各项工作运转高效

数字化教学资源共享平台的建设、实施与管理是一项巨大的系统工程，

适宜采用"一个中心，多个工作小组"的模式来管理整个系统。中心领导负责平台运行管理的相关制度、程序等制定与监督，协调各小组的工作；小组成员主要包括视频资源建设小组、多媒体素材资源建设小组、自主学习型网络课程建设小组、讲授型网络课程建设小组，教师个人教学网站群建设与维护小组，学校精品课程开发与维护小组等，分别对相关库进行开发与管理。通过这种管理模式，可充分利用现有的人力资源，分工明确，责任到人，运转顺畅，工作高效。

（四）数字化教学资源共享平台的应用管理

数字化教学资源共享平台的建设为信息化教学提供一个应用平台，但其价值最终是通过应用来体现的，因此应重视对平台应用的管理。开展必要的教师培训，主要目的是要求教师转变观念，掌握基本的数字化教学理论，具备基本的信息技术知识，具备数字化教学资源的使用和开发能力，具备数字化备课和课程整合的能力等。构建全新的数字化教学模式，同理，开展必要的教师培训，主要目的是要求教师转变观念，掌握基本的数字化教学理论，具备基本的信息技术知识，具备数字化教学资源的使用和开发能力，具备数字化备课和课程整合的能力等。构建全新的数字化教学模式，利用基于多媒体计算机的个别化学习模式、基于网络通信的协商式学习模式、基于网络资源利用的研究性教学。

七、方法

现代化教学资源共享平台实质是为教师、学生创造了一个进行数字化教学与学习的资源中心，随着信息化教学的迅速发展，它在整个教育领域的应用领域越来越广，作用也越来越突出。笔者认为只有对现有平台在安全体系结构、数字资源库和管理体制等方面进行科学管理。

其实在云计算概念出现之前，已经有不少与云计算相关的网络技术或服务应用到了图书馆，包括：书目数据库或全文数据库商很多年前就以网络数据库取代了光盘版，早期的镜像版也越来越多地被网络版所取代，实际上是将图书馆接人了数据库云。

软件提供商不断尝试改变软件提供模式，通过提供 IT 服务取代简单地销售软件产品。比如图书馆自动化管理系统（ILS）托管平台，在厂商的服务器上安装管理软件、由厂商负责维护，图书馆通过网络浏览器实现业务的自动化管理。以向中小型图书馆，或者只限于图书馆若以上述分类的角度看云计算在图书馆的应用，可以看到目前主要还是平台层面与软件层面的应用。实际上，给图书馆带来最大挑战的云计算问题来自基础设施层面。今天，我们正处在另一个新纪元巨变中，一个世纪前发生在发电上的一切正发生在信息处理上。由个别公司建造与运行的私有计算机系统，正经由公共网格即互联网、被中心化的数据处理厂所提供的服务排挤掉。计算变成了公用事业……如同电力公用事业，也就是说，图书馆应当既可以自由选择 IT 供应商，零成本地随时从一家供应商转移到另一家，也可以从不同的供应商选择不同的服务。只有这种状况下的云计算，图书馆才是可以接受的。

如果不具备可替代性，不能自由地从一家服务供应商转移到另一家，或者转移的成本非常高，那么图书馆对云的依赖将变得非常强，相当于被供应商绑定。如此后果不堪设想。从这一点来说，OCLC 推出的"Web 级协作型图书馆管理服务"之所以引起图书馆界的强烈关注，其中一个很重要的因素是它基于 World Cat 中大量的书目与馆藏数据，具有一定的产品或服务的质量、价格、信誉等问题，但更要考虑可替代问题。没有可替代性，好的质量可能变差，低的价格可能上涨。即使是由国有大企业作为云计算企业，没有相应的保障。而一旦供应商所提供的云有了可替代性，就认可了用户的自由供应商的权利，也就具备了形成市场化的保障机制。

第五章 图书馆数字资源维护的安全保障

第一节 数字资源维护影响因素分析

数字资源保存的目的是要保证未来用户可以检索、获取、浏览、理解各种数据和记录，它是一项长期的、需要大量投资的工程。目前我国仅有少数几个文献机构开始了相关研究和试验工作，而在欧美、澳大利亚等国家，数字资源长期保存方面的战略研究和应用已经取得了长足进展，并开展了一系列的项目，积累了大量的知识和经验。

在数字资源保存中，需要保存数字信息本身及相关技术、方法和工具，包括保存数字比特流、保存数字格式与处理信息、保存数字信息处理环境、保存数字信息的验证和管理机制、保存数字信息的组织和利用环境等。这样一项需要巨大投资的工作其成本如何分析计算，效益又如何衡量，必然涉及成本效益分析问题。所谓成本分析，是指主要利用成本核算及其他有关资料，全面分析成本水平与构成的变动情况，系统地研究成本变动的因素和原因，挖掘降低成本的潜力。通过分析，可以正确认识和掌握成本变动的规律，有利于实现降低成本的目标，并为编制成本计划和制定新的经营决策提供依据。对数字保存成本进行分析可以明晰各种费用支出，合理调配各种资源，为寻求降低成本的方法提供一些思路。国外的 Testbed 项目对数字资源长期保存所涉及的成本问题进行了分析，提出了成本指标，设计了一个成本计算模型，并对不同保存策略的成本进行了比较。本文对影响数字资源保存成本的各种因素进行了分析，以期寻求降低保存成本的途径，达到用最小的投入获得最大的产出，提高数字保存的成本效益，从而为用户提供更好的数字资源服务。

一、数字资源保存成本影响因素分析

（一）保存活动实施中的成本影响因素

1. 保存活动的准备工作

准备工作包括确定、选择需要保存的数字文档，构造与文档管理系统的交互界面，接收数字文档，提供元数据，修复文档等。数字资源选择成本包括获取费用和对其进行处理要做的准备费用，如，将相关的元数据转换为一个可用的格式，并将数字对象存储在某种存储系统中等。

2. 选择不同的保存方法

目前常用的两种保存方法是迁移和仿真。迁移是把数字信息定期从一代计算机上迁移到新一代计算机上，仿真是对原始软硬件、操作系统的模仿，这两种策略从长期上讲都是很昂贵的。使用迁移法对数字资源进行格式转换的代价较高，仿真法需要的是更多的初始投资。迁移法的实施对象不是一个数字资源的整体，而是单个对象，需对集合中的每一个数字对象单独进行转换，因此迁移法的费用与需要转换的数字资源集合的规模有直接关系，规模越大，所需费用越多，而仿真工具是应用在一个数字资源集合的整体，其使用费用不受数字资源集合规模的影响。保存策略将对数字资源生命周期的管理及所需的相关费用产生非常重要的影响，反过来，保存费用的预算也将决定或限制保存策略的选择，对一个具体的机构而言，是采用迁移法还是仿真法，要视机构的保存时间、保存目标、资金等具体情况作出选择。

3. 文档转换和转换结果评估

选择了保存策略之后，就要对数字文档进行转换，并对实施结果进行评估，以确保文档的真实性和可获取性，若转换结果达不到要求，则需重新进行转换或重新选择保存策略。实施数字保存的成本取决于要保存的文档组的大小，Testbed 成本模型说明了大批文档组的保存成本效益比较高。

（二）数字文档存储的成本影响因素

1. 物理场所方面

物理场所主要包括安放服务器和相关设备的空间、足够的办公室空间、安全防护设施（如防静电地板、防盗装置、空调系统）等。数字保存活动需要在一定的空间场所实施，对环境条件要求较高，这部分开支是必须的。服务器用于数字文档的储存和长期保存的管理，把开发、测试和生产等各种设备分开安装，可以减少风险、提高效率，但相应地会增加成本。

2. 数字文档存储硬件方面

主要包括以下成本：存储数字文档的服务器，磁带、磁盘或其他存储介质，备份设备，网络通信费用等。文档的保存需要硬件设施，如果对需要存储的文档规模有大致的了解，就可以对购买存储介质的成本进行评估，以便有足够的预算来配置相应的存储设备。保存系统接收来自不同地方的大量数字文档，需要高速的线路或灵活的、能够容纳不同负荷的线路，所以网络设施也是很重要的。

3. 数字文档存储软件方面

主要包括操作系统、安全管理软件、文档管理软件、新/旧应用软件、显示程序、通信软件、数据库使用许可等费用。这一部分涉及购买操作系统的问题，同时需要系统保护软件（防止病毒以及未授权的获取等），也需要具体的软件来获取和存储数字记录。另外，每一个进行数字保存的机构，不管其规模大小，都需要文件管理系统或文档管理应用软件。存储系统要提供对存储文档的获取功能，这就要求除了普通的存储软件外，还需要具体的应用软件或显示软件，以使用户能显示或使用存储的记录。在准备这些预算时，常被忽视的两个问题是通信软件和网络数据库使用许可费用。

4. 实现长期保存功能需要的成本

长期保存需要配置与文档存储系统同样类型和规模的计算机系统，包括服务器、工作站、储存媒介、备份设施、阅读设备等，用来接收各种各样大小超过几千兆的文档组。系统需要对这些记录进行安全的存储，以便于实施长期保存操作、评估保存活动的结果等。同时还需要更多的服务器和存储设备来开发和测试保存方法、评价保存操作结果的软件以及其他的工具。另外，保存系统可能需要一系列不同类型的阅读设备来阅读不同格式的磁带和磁盘。

支持文档长期保存需要广泛的软件，包括操作系统、程序环境、应用软件、安全软件、保存工具、测试和评估软件等。长期保存系统可能需要不止一个操作系统，因为需要把文档从原始操作系统转移到功能完善的操作系统上。如果机构想开发自己内部的软件工具或修改第三方的工具，就需要不止一个程序环境。自动化操作是控制大规模数字保存成本的重要因素，手工操作是数字保存的一个最大的成本开支项目之一。因此，自动化的保存操作和自动化的评估、测试是控制数字保存成本的重要因素。

（三）人员成本影响因素

人员是一个很大的成本影响因素，对不同的知识库进行成本分析的结果一致表明，人员成本占总体成本的69%~82%。数字保存的整个过程都离不开人员的参与，不同的工作需要不同的工作人员负责不同的任务。数字保存不仅需要专家，也需要管理人员、信息技术人员、提供服务的人员等。1

1. 数字文档系统人员

数字文档系统人员主要负责设计并构造数字文档系统，制作数字文档，管理数字仓库，进行质量控制等。一旦数字文档被制作出来，下一步将是开发程序并着手对数字文档的管理。内部管理包括安全和获取程序，广泛的质量系统是用于确保储存在数字仓库中的文档的真实性。管理也可以包括外部的活动，如文档的鉴定、文档的排列、获取和编目等。

2. 保存系统人员

负责保存系统的工作人员首先需要设计并构造系统，然后需要建立质量控制系统、标准化操作程序等。最后，他们需要开发保存方法和对其进行评估测试。在这里，开发和构建系统阶段的成本是容易被低估的。

3. 公共服务人员

公共服务人员主要负责对储存的数字资源进行存取服务以及对用户进行培训和教育等。

（四）文档保存方法设计和保存软件的开发成本

在许多情况下，构成文档的完整性和真实性的特征有实质性特征和次要特征之分，这两部分可以相分离，数字保存活动可以只关注这些重要的特征。这部分的成本首先是确定一批文档组的真实性所需要的条件。理想的情况下是由文档管理者详细说明这些要求，然而，在一些情况下，确定真实性的条件需要由包括各种学科的小组人员确定，小组成员由文档管理者和信息技术专家组成，每一个成员都在某一专有领域中有一定的经验。开发和设计合适的保存方法和保存软件，是一个冗长的过程，需要很多技巧，有时还需要修改保存方法。保存方法确定之后就需要对方法进行测试、证明。这个过程不仅需要耗费大量的人力资源，而且需要各种技术成本，因此是影响数字保存总体成本的一个重要因素。

（五）对总体成本有影响的其他因素

除了上面所述的成本因素外，还有一些间接因素在总体成本中占一大部分比例。

1. 公共服务

对用户提供的服务程度对成本有很大影响，提供服务需要有人员、一系列培训、维修以及支持工具等。数字保存的目的是确保对资源的获取，对资源的获取也需要各种计算机设备，设备需要维护和更新，这些都需要成本的投入。

2. 保存活动实施的时间间隔

数字保存活动实施的时间间隔是一个很重要的成本影响因素，保存活动越频繁，成本就越高。另外，过于频繁的保存活动也会增加影响文档真实性和完整性的危险。保存活动的实施有较长的时间间隔可以减少成本，但过于冗长的间隔也会增加数字保存的危险和保存成本。这就需要寻求最佳的时间间隔，使成本支出更加合理，取得较高的效益。

3. 技术性监护

技术性监护用来监测文档目前使用的硬件、软件和系统运行情况。当数字文档所依赖的部分技术支持出现过时的危险信号时，就需要采取必要的措施进行评估和改进。

4. 附加的存储要求

由于对所保存文档的原始文件也要进行存储（这里建议对文本记录以PDF 和 XML 两种格式存储），必然会增加每个文档的存储空间，从而导致额外的成本。

5. 文档的大小

存储成本随文档的大小呈线性增加。另外，当需要存储文档的多种格式时，所要求的存储空间会迅速增加。当文档很大时（如超过 5000 千兆），就需要更加昂贵的服务器和存储系统，尤其是当需要快速存取文档时，这种费用会更高。与文档的大小相比，数字保存成本更多地受到文档多样性的影响。当文档需要利用应用软件的各种功能时，就会要求有不同的保存策略，至少是要求测试保存策略。基于这个原因，一些应用同样的软件并有同样的真实性条件要求的文档比一大批存储空间较小但格式多样的文档所占据的存储空间要小。

6. 文档保真性要求

对特定类型文档保存的真实性要求构成一个很大的成本因素。例如，保存一个文本文档，当仅需要保存文档内容时是一个相对简单的任务，当需要保存文本的加亮区时，成本就会稍增加一些。然而，若要保存页面上每个特征的精确位置和精确颜色时，成本就会增加很多，同时这也会使保存方法的测试变得复杂。因此，不同的文档，对其保存的真实性要求不同，所需要的成本也就不同。另外，数字文档管理系统链接的建立和维护也需要额外的成本，文档系统本身以及保存系统本身的保存也需要一定的成本。如，日志文件的保存，以前的保存操作历史的日志也需要保存，又如，仿真器也需要保存以确保对文档的持续获取和再利用等。

　　成本分析的根本任务是挖掘降低成本的潜力，促使单位以最少的劳动和资金消耗取得最大的使用价值和效益。数字资源保存的成本与机构的其他开支是分不开的，数字资源保存主要是保存其长期的获取，因此，数字生命周期所有部分的成本都是相关的，甚至数字资料制作的成本也是成本因素的组成部分。对数字资源而言，资料的制作和保存之间的联系尤其重要，因为数字对象制作的方式影响着如何实施保存计划，同样，保存阶段所做的决定影响着资料将来如何被存取，因此说保存的"成本"在资源被制作时就开始了。但至今还没有一种正式的机制可以确保数字资源长期或永久地得以保藏和使用，也没有一个国际性的数字资源的法定存储处。如何在长期存储和降低成本之间寻求一个平衡点是一个亟待人们探索的问题。国外的 LOCKSS 项目在开发、运行过程中非常注意成本投入与产出的合理性，试图在系统工作过程中以最小的成本，获取数字资源持久保存的最佳效果。LOCKSS 采取的措施有三：首先，进行系统开发的成本分担。LOCKSS 系统是由多方基金支持的合作项目，并通过合作机制确保开发费用的均摊，尽可能降低开发成本。其次，系统采用低投入硬件降低成本。LOCKSS 运行在低档硬件即个人电脑上，所以硬件成本很低。由于系统的安全性和易用性，系统管理的投入很少，所以管理的费用也很低。最后，LOCKSS 系统开发组考虑在系统研发成熟后，建立联盟机制，通过图书馆、出版社的广泛参与，做到成本、风险、利益均摊，从而兼顾成本和效益。

　　数字保存是一个需要持续投资的昂贵项目，缺乏国家层面上数字保存政策的支持，会导致保存质量难以得到保障，各个保存项目之间难以实现数据交换和资源共享，使得经费本来就异常困难的图书馆雪上加霜，背上沉重的经济负担。因此，在数字资源的长期保存活动中，制定国家层面上的保存策略，实行各保存机构的有效协作，是降低保存成本的途径之一。

　　总之，影响数字资源保存的成本因素很多，其计算也是相当复杂的，其成本的投入是巨大的，本文只是对影响数字资源保存总体的成本因素进行了简单的定性分析，以后还有待加强定量研究，从而进一步寻求降低保存成本的有效途径。

第二节　数字资源维护的风险分析

　　我国数据库产业的发展起步于 20 世纪 70 年代，几十年来的发展，数据库产量已占世界数据库总量的 10%，蓬勃的数据库产业带来海量的数字信息。伴随着用户需求的多样化，这些数字资源的市场竞争日趋白热化，商业化运作的数据库厂商不得不面临着数字资源投入成本与效益、重复性与特色化、平台开发的技术含量与知识产权等诸方面的风险因素。OCLC 一项调查显示，63% 的网站在第三年不能确定，75% 在第四年已不能获取。可以说，这些网页的消失以及它所承载的信息无法获取，引起了人们的关注。欧美一些国家已开始酝酿实施数字保护计划及风险管理工作。图书馆加工并保存着大量数字资源，随着现代 IT 的渗透，图书馆在数字资源建设项目上正日益凸显着诸多风险，系统选择上的模仿、经费紧张与设备扩容的瓶颈、大投入与低效率的本末倒置、过度开发与软件的束之高阁等等，这些都在警醒着人们加强风险管理已经成为当务之急。

一、数字资源保护风险

主要有三大范畴，其一是与数字资源管理相关的风险。这类风险包括缺乏机构支持、资金、系统软硬件以及数字文档管理人员等。这些都是数字资源管理的重要组成部分，与数字资源保护息息相关。与数字资源相关的法律政策也会增加数字资源保护的风险值。其二是与数据文件格式相关的风险。这些包括在保护过程中容易被修改的文件内部结构要素。其三是与格式转换相关的风险。格式转换软件的转换结果可能理想，也可能不理想，转换错误或有或无、或大或小。

如果将上述三大范畴进行细化，数字资源保护风险的具体内容如下。

1. 内容稳定性风险（指二进制数据流的结构）

包括软件 Bug、对存储介质操作的失误和设备机器故障等因素导致二进制数据流的破坏，新的压缩方式所产生的文件格式对二进制数据流配置的改变，文件头的错误，数字图像的质量（如分辨率、颜色）受到二进制数据流配置改变的影响，新的文件格式改变了字节顺序等。

2. 安全性风险

主要指水印和数字戳等加密技术对数字资源文件进行加密的信息变更或丢失。

3. 内容连贯性和完整性风险（与其他相关文件的关系，或与数字环境中诸如软硬件依赖性之间的关系）

包括：由于对不同软硬件的依赖性；与其他文件的链接（如元数据文件等）变更；由于文件格式组织或新的压缩方法导致新格式文件体积变小，使存储更加密集，并产生潜在的目录问题；由于新的存储介质或操作系统的文件组织协议导致文件存储更加密集，影响文件结等。

4. 参考性信息风险（在数字图像集合中检索特定数字图像的能力）

包括由于文件格式的变更和受 URL 的影响，文件扩展名被改变：操作过程未记录，导致来源信息不完整或不精确。

5. 知识产权风险

产权管理限制数字资源的应用。如一些数字资源的产权许可仅仅限定在一定分辨率范围内的图像发布、而保存过程中产生的新格式图像超出了这个分辨率的限定范围。

二、数字资源项目的风险特征分析

近年来国内数字图书馆的建设成就是令人瞩目的，但与传统模式相较，其风险也更为复杂多样。涉及系统软硬件故障、管理上的漏洞、自然或人为的因素破坏等，这些风险值的增加日趋制约着我们在数字资源建设上的步伐。因此，提倡科学的风险管理有助于降低各类潜在的风险，以最大安全保障数字图书馆的实现。

通过调查研究，目前数字资源项目上存在如下风险特征：

1. 资源的来源风险

目前，各馆图书经费很大部分用于采购数字资源，对于动辄数万或数十万的经费开支，该项目的价值程度与该馆的预算财力，将直接影响到数字资源的购买，一旦决策失误，不仅损失巨大，而且关系到数字图书馆的正常运行。

2. 系统的技术风险

不同图书馆由于自身条件不同，采取了不同的技术方案，势必潜伏了软硬件不配套所带来的风险，而设备上的日新月异则不同程度地带来项目的技术风险。如 90 年代许多馆纷纷添置的光盘塔，还未充分使用，该项技术就已落后，以光盘为载体的数据库相继推出市场，取而代之是磁盘阵列，并不断扩容。因此，在系统软件采购升级上，我们还需规范售后与维护上的风险。

3. 信息的存储与迁移的风险

由于数字资源的载体，各种存储介质的不同，也会导致使用上的风险。如光盘的不可续性，存放的物理空间意外破坏等；而一些以网络形式访问，存放在对方服务器上的资源更存在不确定性。保存在本地的数字资源也会因为迁移而导致文件转换、扩展名被改变，元数据抓取不充分等而诱发内容稳定性与完整性上的风险。

4. 网络的安全风险

目前，网络安全问题已日益|起重视。各类病毒的层出不穷，也为数字资

源项目安全带来风险。因此，即便有防火墙与杀毒软件，如果不定期升级病毒库，听之任之，势必也为管理带来隐患。

三、风险管理

在数字化资源建设中，项目过程中任何潜在的风险，任何环节出现纰漏都有可能导致其延迟，这是超预算和失败的一个重要原因。因此，树立风险意识，关注项目风险中的流程，建立一套完善的风险管理机制尤为重要。风险管理概念可以这样界定：通过有系统地识别、分析及发展策略，以应对风险、监控风险的过程，减少损失，并促进组织内部之沟通。因此说，风险管理是一个有系统的过程。

（一）风险识别

这是实施风险管理的前提，常用的风险识别方法有专家调查法、幕景分析法、检查表、流程图和故障树分析法等。风险管理者首先要列出计划中的不确定因素、行程清单，通过风险判断，找出最有可能的风险事项。

（二）风险分析

在风险分析过程中，可以采取定性与定量分析相结合的方去，比较各种选择方案，从而客观地衡量风险的影响。通过对风险过程中变数的评估，情景描述、事件发生等，定义并检测出可能存在数字资源中的风险特征形式。

（三）风险控制

风险控制实质上是管理者在实施过程中，按照既定的风险控制计划，对项目的实施进行风险监控，当风险发生时需要采取应急措施对风险进行有效的控制，特别是权变措施的应用，以控制各类突发事件。当然，控制过程也是一个良性循环体，需要相应业务流程的支持，包括资金、机构、人员的密切配合，从而统筹兼顾，提高风险控制的成功概率。

（四）结果评估

风险管理过程实质上是一个动态循环发展的过程，通过对项目进行一系列项目风险识别、分析、控制，实现防患于未然的干预目的，但对它的结果还需实施监督，对实施效果进行测评，纠正分析的误差，对未达到流程目的的还需转入下一轮风险管理阶段，只有这样才能实现管理的绩效。

四、数字资源项目风险管理的策略分析

（一）规避风险

即改变原有计划，取消某一项目高风险性活动，从而规避风险。例如：某一中型图书馆，原计划采购热门的 SDOL 外文数据库，后因合同谈判阶段，对方把该馆定位为大型馆，临时要求追加数十万美元的购买费，该馆经过慎重考虑，结合自身采购能力，最后放弃了对该数字项目的投入，一定程度上规避了高费用的风险。

（二）减少风险

在实施项目过程中，力图把风险值最小化。例如，在某一数字资源项目运行开始，各部门应保证机房内的基础建设是否能承受传递和储存资源，IT与网络设备能否支持技术上的更新等，而减少风险发生的可能性，也就完善了项目实施与正常运程。

（三）迁移风险

通过某些合同或约定，将某一部分潜在的风险转移至第三方处理，从而降低项目自身的风险。例如，现在数字资源的保存问题常常困扰着许多馆，为了免除长期保存数字资源引发的成本及人员的开支，一些馆往往通过与数据库厂家的合约，由他方服务器来妥善保管这部分的数字内容。

（四）保存风险

任何决策计划都得正确面对可能存在的风险，需要规划避免及面对意外风险事件。譬如，在实施数字项目过程中，人员的技术问题或工作流程中的失误而导致的风险，往往是不可避免的。一旦出现就需要及时调整计划，培养后备的人力资源以应对发生的风险。

风险管理在数字资源建设中意义重大，它的目标不是单纯消除风险，而是如何管理风险。它是一个动态发展并不断循环的过程，在实际操作时，风险管理应该和数字信息生命周期过程紧密相联。将风险管理引入图书馆数字资源项目建设中，是一项新的课题，期待着更多同仁的参与及探讨。

第三节 数字资源的不变性控制

数字资源保护的功能之一是完成对数字资源的保存，而数字资源长期保存所面临的一个很重要的挑战就是逾越随时间的变迁而产生的技术障碍，满足对数字资源的保存和呈现需求。由于长期保存的数字资源在其保存生命周期内所严重依赖的外部环境如存储介质、操作系统、软件平台等都发生着快速变化，如何保证不稳定数字资源的可靠性、可用性以及数字资源的完整性，确保各种数字资源能随时提取利用，以便为今后数字信息服务提供保障，是当前待解决的问题。笔者认为，成功地保存信息对象的关键是保护系统能够对保存的数字对象以及与其相关联的必要信息的有效存储、管理、组织和维护，以保证其在整个保存生命周期内可识别、可理解。

互联网的快速发展，使网络环境下的数字资源发布非常便捷，发布成本降低，加速了数字内容的传播。但同时带来网络中传播的数字内容未经授权使用和非法复制问题，对数字资源的版权管理构成严重的威胁。如何对数字信息的使用进行有效的控制，成为访问控制领域中急需解决的问题。

当前数字资源的使用控制重点是对证书的管理，而证书的防复制机制不够严密，造成数字资源权限的重复性使用，使权限失去了可控制性。在数字资源的使用控制中也常常忽略权限转让问题，或者在权限转让时过于依赖服务端的中间管理作用，从而增加了权利转让过程的开销，给用户使用数字资源带来不便。

本节提出的数字资源使用控制方法，增强了许可证书防复制约束，并允许用户对数字资源使用权限进行转让，用户不需要通过第三方，可以自由完成对所控数字资源使用权限的转让，具有很好的灵活性和易管理性。

一、数字资源使用控制方法

数字资源使用控制主流技术是数字版权管理（Digital Rights Management，简称 DRM），是指数字化信息产品在网络中交易、传输和使用时对各方权利进行定义、描述、保护和监控的整体机制，是数字化信息的使用环境可靠运行和不断发展的基本保障之一。从本质上来说，DRM 的解决思路就是许可证管理。

DRM 的工作原理是：建立数字资源许可证书授权服务器；将编码压缩后的数字资源加密保存，在数字资源文件中存放许可证书的标识与许可证书授权服务器地址；用户安装下载的数字资源时，根据数字资源文件中的地址，连接许可证书授权服务器，验证授权后接收许可证服务器送出的许可证书及数字资源的解密密码，使用数字资源。

典型 DRM 的解决方案，如 Windows Media DRM 系统、Helix 系统等，其整个系统框架和处理流程大致相同。由资源提供商、许可证发放服务器、数字资源发布服务器、用户资源使用设备等部分组成，功能分别是资源分发、证书购买和资源使用。

其中，数字资源发布服务器存放下发给用户的数字资源，许可证书发放服务器存储资源使用许可证书，数字资源和许可证分开存储和发放。

DRM 系统基本数据流程：

（1）资源分发：资源提供商加密数字资源，解密密码存入加密的许可证书中。数字资源文件中附加证书的相关信息，例如证书的标识、证书服务器地址等。数字资源被放入资源发布服务器中供用户下载；

（2）建立许可证书：在许可证服务器中存储与发放的数字资源相对应的资源使用许可证书；

（3）内容下载：数字资源使用用户设备可以通过某种途径获取数字资源文件；

（4）许可证书申请和购买：用户设备使用数字资源时，必须在许可证书中获得资源的解密密码，当用户第一次使用保护的内容时，资源使用软件会根据资源文件中包含的证书服务器地址与许可证发放服务器取得联系。用户设备向许可证发放服务器发送请求，并支付相应的费用来获得证书。证书中包含数字资源的使用规则和权限，例如资源使用的持续时间、使用次数、使用设备的标识，证书和用户设备绑定；

（5）使用数字资源：资源提供商发给用户特定的资源使用软件，软件会根据证书中的规则或权利来使用资源。每次使用数字资源后，证书中的权限被更新。多数 DRM 方案中的资源使用软件是通用的，与具体的资源无关，这样，资源使用证书的解密密码必须和资源使用软件绑定，若用户将证书服务器发放的证书保存之后重复使用，上述方案无法进行资源的使用控制；同时对资源使用权限的转让相对困难。

二、新的数字资源使用控制方法

为保证已经授权的数字资源在客户端安全使用，同时能够方便地进行资源使用权限的转让，必须满足以下两个条件：一是许可证书不可复制性。如果许可证书缺少防复制控制，数字资源将会脱离权限的控制而被重复性地使用。二是客户端资源使用权利转让的安全性。使用权利转让后，必须对原许可证书进行安全有效的更新，对转让后的资源使用权限进行使用控制。

（一）基本模型由服务端与客户端系统组成

服务端系统的结构与功能与前面介绍的典型 DRM 系统相同；客户端部分可细分为资源使用与转让程序、数字资源、许可证书、记录文件、随机数产生器 5 个部分。它们之间相互协调工作，保证数字资源在合法权限内的使用。

资源使用与转让程序：用户客户端运行的程序。完成数字资源使用与使用控制；数字资源使用权的转让；初始化许可证书和记录文件。程序内嵌控制数字资源使用的参数，主要控制参数有：许可证书与记录文件的解密密码，操作系统与记录文件存放路径对照表等。不同的解密密码使得资源使用与转让程序不是通用的。

数字资源：数字资源在系统中加密保存，数字资源的不同副本用不同的密码加密，解密密码通过许可证服务器传送到许可证书中。数据资源文件中含有数字资源的唯一标识。

记录文件：其基本内容包括许可证书存放目录、许可证书文件名，一次性随机数。记录文件通过一次性随机数记录用户许可证书最新使用状态。记录文件以加密的形式保存，解密密码内嵌在资源使用程序中，文件的存放位置对用户隐藏，可防止许可证书的复制而重复使用。

许可证书：基本内容有：证书标志（许可证书名，一次性随机数，CPU-ID，操作系统标识），多个数字资源信息（资源名称，数字资源解密密码，使用次数或剩余的使用时间）。许可证书以加密的形式与数字资源存放在同一个目录下，存放位置对用户是可见的。

随机数产生器：用户每次使用数字资源时，随机数产生器同步对许可证书和记录文件中的一次性随机数进行一致性更新。

（二）数字资源的发放和许可授权

数字资源提供商提供数字资源使用程序的下载服务。用户从资源服务器下载资源使用程序时，数字资源发布服务器随机生成资源使用许可证书与记录文件的加、解密密码，新的操作系统与记录文件存放路径对照表，生成专用的资源使用程序下载到用户端。资源使用程序做初始化安装时，完成的操作包括：

1. 如果在安装目录下已经存在同名的许可证文件且不是转让的许可证文件，将不生成新的许可证文件。否则获取运行设备的 CPU 标识与操作系统标识，在资源使用系统的安装目录下生成初始化的许可证书文件，初始许可证书只有证书标志，数字资源的记录信息为空，设置初始随机数值。

2. 如果在指定的目录中已经存在同名的记录文件，则不生成新的记录文件。否则根据设备的操作系统标识，在指定系统目录中生成初始化的记录文件，记录许可证书存放目录、许可证书文件名，随机数设置与许可证书随机数相同。用户可以在资源服务器中下载需要使用的数字资源。用户使用数字资源之前必须通过许可服务器的使用授权，用户向许可服务器发送资源使用申请或付费（数字资源标识，使用权限），许可服务器端核对用户使用权限，如果申请被批准，许可证服务器将与数字资源标识对应的表示授权的信息元组（资源标识，数字资源解密密码，使用次数或使用时间初值，时间监测粒度）插入到许可证书中，完成数字资源的使用许可授权。

（三）数字资源的使用

数字资源被使用之前，资源使用程序对许可证书和记录文件进行检测。必须同时满足以下条件，才可以使用数字资源：

1. 许可证书中的设备信息与用户设备相一致；

2. 在许可证书中必须含有此数字资源对应的信息项，且信息记录中的数字资源使用次数或剩余的使用时间符合使用要求

3. 许可证书中的随机数，与记录文件中的随机数一致。资源使用程序在资源的使用过程中，使用许可证书中数字资源的解密密码，使用数字资源。按照资源使用权限的监测粒度定时对资源使用权限做监测，每次监测后，对许可证书中的资源使用权限进行修改（修改剩余的使用时间或次数），对许可证书和记录文件中的随机数进行一致性更新，如果超出权限，则停止资源的使用。

（四）数字资源使用权限的转让

权限转让是使用控制模型应该考虑的问题。现有数字资源使用权限的转让通常经过服务器端完成，转让不够灵活。如果允许用户自由的实施数字资源使用权限转让，就必须保证在转让实施后，资源的使用许可机制仍然能够对原用户与转让用户的资源使用权限进行控制。

在资源使用程序中增加一个权利转让模块，用户进行数字资源使用权力转让时，提交一组转让信息（资源名称，转让出的资源使用次数或使用时间），资源使用程序生成新的转让的数据包，内容包括：资源使用程序，数字资源，

转让的资源使用许可文件。用户在新的设备中安装上述的打包系统时，识别如果许可证文件具有转让标识，将许可证文件中的 CPU-ID 与操作系统标识进行更新，进行记录文件的初始化（与新系统的安装方法相同），就可以使用转让的资源。

用户转让出资源的部分使用权限后，在原系统的资源使用许可证书中要扣除转让出的资源使用权限，同步更新许可证书和记录文件中的随机数，防止用户重复使用转让前的资源使用许可。

三、保护的核心

保存的核心是保持数字对象的长久不变性，需要解决的关键问题之一就是保证所保存的数字对象在其保存生命周期内均可在存储介质上定位并利用。这里所指的数字对象应包括保护系统中数字对象的位流信息和对象间的关联逻辑信息。在现有的体系模型中并未包含底层服务所提供的完整的保护机制，如底层存储体系、存储介质、存储机制等，和通用的存储标准，而这些是保持数字对象不变性的基本要求。为解决此问题，需一个既能避免保护系统对底层存储强依赖的弊端、又能从存储体系的角度有效地保障数字对象不变性的技术手段。

SIRF（Self—contained Information Retention Format）是一个用于数字资源长期保存的逻辑存储模型。该模型由全球网络存储工业协会（Storage Network Industry Association，SINA）在 SIRF 文档中提出，目前已于 2015 年发布了其最新的 Working Draft Version 1.0 版本。根据该模型的定义，SIRF 容器内应包含一个或多个数字对象，同时应保存数字对象的相关元数据、SIRF容器的相关元数据以及 SIRF 容器内保存数字对象个体间的关联关系。SIRF模型提供了存储层面的逻辑封装标准，由于它不依赖于具体的存储介质，且支持云存储、线性磁带文件系统等多种用于长期保存的存储技术，因此比较易于实现存储介质间的迁移。SIRF 通过这种灵活且易于扩展的组织形式，可以有效地保障保存资源的完整性、一致性、有效性，减少保存成本，既满足了逻辑保存的需求，又可以克服长期保存系统对底层存储介质依赖性较强的弊端。因此，笔者认为，在数字资源保护平台底层存储体系建设中，使用引RF 数字资源存储模型架构完成对保存数字对象的存储和管理，可以从数字资源保护平台的底层存储层，有效地保障数字信息对象的不变性要求。

（一）SIRF 存储模型分析

数字资源的保护涉及对静态和动态内容的保存、保存资源内容与系统外部资源内容间的链接关系、不同层次内容的真实性以及保存内容间上下文关系的一致性等诸多内容。同时，我们无法预测未来存储系统、存储格式、应用系统的发展，因此，保存的数字对象需要具有自包含、自描述、可扩展的特性，以确保保存对象的完整、可解析，并可满足未来的应用需求。鉴于此，数字资源保护平台底层存储系统及其采用的存储格式也同样应当具备自包含、自描述、可扩展的特性，且不依赖于任何存储设备和存储技术，具有一定的容错机制。

1. SIRF 模型介绍

为了达到上述目标，SMA 组织开发了具有自包含特性的通用存储模型 SIRE，该模型从底层存储系统的角度解决了前述长期保存数字资源的各种问题，弥补了现有保护体系中底层服务所提供的保存机制缺失问题。

该模型由以下三个重要部分构成：

Magic Object：用于标示 SIRF 容器及其版本。

Preservation Object：包含不同版本的数字对象，也支持多副本数字对象。

SIRF Catalog：一个可更新的元数据信息且不依赖外部文件系统目录便可便捷地获取数字对象。

与对象存储的概念类似，SIRF 把被保护的数字资源看作一个整体，存储模型将记录与保护资源相关的链接内容，并维护保护记录的一致性。SIRF 包括一组保护的实体对象和一组与保护实体内容相关联的元数据以及容器内单个对象和对象间的关联关系。该模型具有如下特性：

一种适用于长期保存数据的格式。

一种可挂接的逻辑存储格式，可支持文件系统、块设备、流式设备、对象存储、磁带等多种存储设备。

包括一组可解析的保存对象，这组对象具有自描述，即可以被不同系统解析；自包含，即所有保存资源不包含指定版本格式之外的内嵌对象，不包含外部对象的链接的特性。

有利于长期保存过程中的透明迁移。

（二）SIRE 应用模型分析——以图书馆资源为例

在数字资源保护过程中，需要将数字对象的完整信息进行合理存储，为保证信息的完整性，同一保护对象的相关信息需要存放在一个存储容器中，并对保存容器的位置进行管理，当需要使用时，可以通过查询系统迅速定位并提取所需要的数据信息。为保证资源对象的完整性和可信性，数字资源对象应可通过结构元数据、资源命名规则控制文件、对象数据结构控制等手段，有效地体现数字对象的结构信息；基于资源分类和权限信息、许可协议的不同可以建立不同的控制域，定义不同的应用场景；通过数字对象相互之间的关联关系可以有效地体现各种资源对象关系，并实现资源的有效组合和复用。图书馆数字资源复杂多样，既有外购数据库、电子刊物等带有系统平台的资源，也有自建的图书、地方志、古籍、学位论文等图像资源，还有音视频等视听资源，也不乏新兴的网页资源等从资源结构分，既有完全结构化资源也有完全无结构资源，同时还有网页资源等半结构化资源。此外，图书馆的数字保护对象是一种复合型的数字对象，即包括文本、图像、音频、视频等类型数字对象的复合体，是一种组合形成的逻辑整体，具有多个信息单元的集合。这些均无形中增加了图书馆数字资源保护系统建设的难度。图书馆的数字资源保护系统应面向图书馆所有类型的待保护资源，完成资源的长期保存和长效利用任务。因此，在考虑利用 SIRF 存储模型构建面向图书馆资源存储的应用模型时，不但要满足资源对象完整性和可信性的要求，而且应当涵盖并支持所有的资源类型。

在 SIRF 应用模型中，每一个保护对象都应当是图书馆数字馆藏的一部分，保护对象的集合有机构成了图书馆数字馆藏。每一个保护对象构成了一个独立的信息体，它具有相应的元数据、对象数据（包括原始信息和版本变化后信息）、相关技术文件、说明文件、权限信息、许可协议、服务对象、表现形式等信息。它应当具有自包含、自描述、独立性等特性，就像一个容器，可以承载该数字对象的所有信息，同时可以包含或关联其他保护对象。它不应当仅仅是一系列的比特数据，更应当是一种数据结构；有一个数字对象的标识符，除了数据流外，还包括关于所包含的数据流的附加元数据信息，也就是说，标识符、数据流，元数据是其三要素。SIRF 应用模型中的保护对象应当是一组具有相关特性的数字对象，如以资源类型、保存批次、版权人、许可协议、关联关系等相关特征为标示的同一类资源，利用 SIRF 存储模型将同类资源存储在同一逻辑存储单元中，有效地避免了资源的分散存储，加强了对保护资源的管理和利用。

与其他 DRM 方案相比，新方案在以下方面加强了资源使用控制的安全能力：

（1）可变的许可证书加密密码

许可证书由资源使用程序建立并使用，许可证服务器并不直接访问许可证书，当用户下载资源使用程序时，系统可动态生成许可证书加、解密密码，嵌入资源使用程序，这样在用户端，表现为不同的资源使用程序与许可证；

（2）防止数字资源的重复使用

资源使用许可证书与用户设备的绑定，记录文件和随机数更新机制的引入提高了安全性，很好防止了许可证书的复制而造成的资源重复使用与异机使用；

（3）使用权限转让的可控制性

资源使用权限转让直接在客户端之间进行，无需经过服务端的中间调节与管理作用。权限转让许可证书产生时，对原许可证书的使用更新和随机数更新，很好地保证了转让后许可证书的一致性。方案中防止数字资源重复性使用的关键性技术之一是记录文件的隐藏，在转让资源使用权限时，转让的资源使用程序必须能在目标设备中运行，目标设备的操作系统版本必须出现在资源使用程序的操作系统与记录文件存放路径对照表中，这在一定程度上限制了资源使用权限转让的范围。

第四节　数字资源的可信性控制

在网络环境下建设的数字资源采集、加工、描述、管理、服务和保存的管理控制系统，其最终目的是要实现数字资源的广泛存取与最大化共享。数字资源管理控制系统的建设是一项复杂的系统工程，涉及硬件基础、应用软件系统、数字资源采集等方面，其建设已成为世界各国普遍重视和优先发展的内容。随着信息技术的进一步发展和数字资源在图书馆、信息机构的广泛运用，数字资源管理控制系统将得到更进一步的完善和发展。因此，我们要从建设原则、管理控制、先进技术等各方面采取综合措施，切实保证数字资源管理控制系统建设的开放性与可持续发展，实现"全面一体化、配置立体化、互联互通与数据共享、数字资源信息安全化"，这些都是建设数字资源管理控制系统的共有内容。

一、确立正确的建设原则

（一）优先启动管理控制，始终保持超前发展

数字资源管理控制是图书馆自动化系统的重要环节，数字资源管理控制系统不到位，数字资源和图书馆服务自动化系统的数字资源采购建设将难以开展，因此，图书馆数字资源管理控制系统建设只能超前，不能滞后。在数字化图书馆建设准备阶段，必须优先启动数字资源管理控制系统的建设，最好保证适当的提前量；必须重点保障管理控制系统建设的资金和技术力量，

从而始终保持管理控制系统的超前发展。

（二）需求牵引，重点发展

数字化图书馆建设对数字资源的管理控制系统提出了全新要求，必须以此需求为依据，科学设计数字资源管理控制系统的体系结构，避免想当然的不科学决策，避免非需求因素干扰设计。同时，要区分需求的层次性和阶段性，明确不同建设阶段的关键性需求，集中有限资金、力量和时间，优先解决最迫切、关键的问题。

（三）立足现实，继承发展

虽然我国图书馆现有的数字资源管理控制系统远不能适应数字化发展的要求，但仍然要走立足现实，继承发展的道路。第一，资源采集：建立了对数字资源进行采购、加工和链接的馆藏发展体系。第二，资源整理：建立了对资源进行描述、揭示、组织的数据加工体系，并开始应用数据规范，如元数据命名规范、资源名称规范等。第三，资源保存：重点解决三个问题：存档：即数字资源的永久使用权；保存：即数字资源的长期保存；存储：即数字资源的存储系统。第四，资源整合：将分散的资源和服务按一定的知识管理规则和服务目的有机地组织在一起，包括书目级整合（如资源导航）、内容级整合（如采用相同的元数据规范体系、跨异构系统平台的统一检索等）、资源与服务的整合（例如从检索结果到文献传递的衔接）等，其目标是使数字资源信息顺畅、无碍地流动到用户，不重复，成本低，效率高。第五，资源评估：逐步建立指标体系，对数字资源的数量和质量进行评估。

（四）自力更生，创新发展

数字资源管理控制系统的特殊性，决定了其系统建设只能立足于自己的改造和研制。我们可以通过各种途径获取外国的技术，也可以借鉴国外图书馆的经验，购买部分国外数据库，如：American Chemical Society（简称 ACS 数据库）、American Mathematical Society（简称 AMS 数据库）、PQDD 数据库（UMI 博硕士论文数据库）等，用于试验或过渡阶段，但是，最终还是要用自己的产品来武装我们的图书馆。在消化国外图书馆经验和技术的同时，必须发挥自己的创造性思维，扬长避短，争取在更短的时间内，使用更少的经费，研发更好的数字资源产品。

二、选择科学的建设方案

（一）分阶段发展，走滚动发展道路

数字资源管理控制系统具有全新的体系结构，一步建设到位是不可能的，因此，分阶段建设管理控制系统，在不同的阶段重点解决不同的问题，从而满足图书馆日渐增长的数字资源服务需求，实现数字资源管理控制系统的滚动发展是我们必然的选择。

（二）利用商业技术，走开放性建设道路

开放性是实现网络互联互通、保持网络生命力的根本出路，而采用商业信息技术是实现图书馆网络开放性的基本途径。目前，信息技术在商业领域呈现出比图书情报领域更快的发展速度，许多国家越来越倾向于采用商业信息技术建设图书情报信息网络，美国、英国为数字化所开发的通信体系结构很大程度是建立在商业技术的基础上，如利用国际互联网技术组建数字图书馆，利用商用 MTV 技术改造地域网，利用商用直播卫星分发态势信息等。我国商业信息技术发展迅速，也应该大胆采用商用技术建设数字化信息网络，这将是一条捷径，不仅可以节省时间和投资、大幅度提高网络性能，而且可以保持网络体系的开放性、技术先进性和发展的连贯性。

（三）把握契机，走跳跃式发展道路

我国与欧美发达国家相比差距较大，照搬照套，只能永远落后。信息时代，数字化技术的发展往往存在着捷径，有可能用更短时间达到同样水平。我国图书情报领域完全可以充分利用信息技术的无疆性、市场日益开放和国际经济、技术的交流与渗透，突破传统、单一的递进发展模式，实行递进式和跳跃式发展相结合，积极创造条件，在一些关键建设项目上，跨越某些阶段，实现跳跃式发展。只要我们认真分析欧美数字化建设历程，在我国数字资源建设服务方面，就可以找出实现跳跃式发展的项目和阶段。在我国数字资源管理控制系统的建设过程中，必须注重寻找实现跳跃发展的契机，争取以更快的加速度，用更短时间完成我国数字化领域的建设。

（四）注重试验，走高效建设道路

数字资源管理控制系统建设投资大、周期长、技术复杂，任何主观臆断都可能造成浪费和延缓建设过程。欧美国家都建立了数字化综合试验室、信息传输系统试验床等专用试验基地和设施，对数字化领域各类系统进行试验，以此来评估传统系统的可用性、新设备适应性和新网络的风险。我国也应该

充分利用现有国家级和部门级试验室设备和资源，重点组建若干个实验室，建设一个近似实用图书情报服务环境下的综合实验场，结合数字化试验图书馆，构成完善的网络试验与评估体系，对所有候选技术、新设备、新网络进行试验室技术测试、远程服务综合测试和试验数字图书馆现场测试，确保数字资源管理控制系统科学、高效地建设。

三、注重管理控制系统的生存与对抗

针对数字化领域管理控制系统生存对抗的特点，为确保数字资源服务系统的有效生存和卓有成效地长期保存数字资源，我们必须采取相应的有力措施。

（一）建立完善的备份保存体系

针对在未来数字资源服务过程中管理控制系统可能遭遇到的攻击与威胁，整个控制系统应建立自动备份与恢复工具、安全防范工具、最优化查询工具、重组工具、并发控制和更新管理工具，以帮助我们管理整个数据库系统。其中备份与恢复功能要提供这样一种管理模式：定期将数据库中保存的数字资源进行备份；（在信息被损坏的情况下，重新保存（Restore）或恢复（Recovery）数据库及其中被破坏的数字资源。这在当今以信息为基础的竞争环境下，就显得更加重要，有时候，被破坏的数字资源能否恢复会直接决定一个国家或企业的生死存亡。以"911"事件为例，在世界大厦倒塌后的那一片废墟中，曾深埋金融界巨头摩根·斯坦利（Morgan Stanley）公司的重要数据。无数人都认为 Morgan Stanley 将成为这一恐怖事件的殉葬品之一。然而，该公司竟然奇迹般地宣布，全球营业部第二天可以照常工作。这是因为此前建立的数据备份和远程容灾系统，在这时挽救了 Morgan Stanley，同时，在某种程度上也挽救了全球的金融行业。

（二）重视系统运行管理

数字资源服务，一方面，高技术生存对抗对数字资源依赖性很强，在管理控制系统中获取、处理、传输等任何一个分系统出现故障都可能给其带来灾难性影响，因此，我们要重视系统运行管理。系统运行管理包括对构成系统的各种因素，如设备、软件、配置和数据的管理，也包括系统的日常操作管理。数字资源系统运行管理控制的目标就是对该系统各部分的运行控制进行再控制，包括制定其管理规则，记录其运行状态，进行必要的修改与扩充等，使数字资源系统真正符合图书馆服务需求。

（三）注重系统问题管理系统

平稳运转是相对的，系统出问题才是绝对的。整个系统运行维护阶段，其实就是一个"没出问题，加强防御；出了问题，解决问题"的过程。数字资源系统可能出现的问题可归纳为以下两种。1.来自外来的恶意攻击。比如，黑客通过网络进入信息系统，修改其设置、窃取其数据；系统遭到电脑病毒的侵害等。2.不可预测的天灾、人祸对信息系统造成的破坏。比如，战争或地震等导致的系统资源被毁坏，系统因此无法运行。

（四）应对蓄意破坏

网络的各个要素，从宏观的拓扑结构到微观的各类网络硬件设备，甚至信息赖以实现的网络协议，都存在安全隐患。黑客往往利用这些安全隐患钻空子，实现对系统攻击。比如，修改银行系统数据，将大量资金转到自己账户上，或者是攻击政府网站，制造混乱等。想要预防黑客或病毒的攻击，就必须在系统中设置一些防御措施，防患于未然。但"道高一尺，魔高一丈"，信息系统的防御工作做得再细致，也难免有百密一疏。为此，系统中应该设有能够探测到不明用户访问的程序，一旦攻击发生，该程序就会自动报警，使管理人员能够迅速阻止黑客的攻击。

（五）应对不可抗拒事故

发生是不可预测的。要在事故未发生之前，对相关人员定期进行应对灾难培训，以实现在意外或灾难发生时，工作会按照规划好的程序展开；要在没有灾难发生的"和平"时期，按照连续性规划认真执行数据、设备以及处理程序的备份工作。尽可能实现：在灾难或突发事件出现后，系统功能完全恢复之前，数字资源系统可以坚持运行不中断。

四、数字资源长期保存的可信性控制

数字信息在保存过程中要求保持信息的一致性和完整性，保证数字信息在其保存周期中的信息呈现形式不变，内部结构信息不变，元数据信息不变。也就是说，保存应通过一系列的监控技术手段，实现数字文献的内容、结构、背景等方面的信息与原始状况一致并无缺失，同时应保证保存信息资源的可识别、底层存储系统的可靠、载体完好并具有良好的兼容性。当数字信息从一个应用环境迁移到另一个新的应用环境，或者从一种迁移到另一种格式时，要保证其内容没有改变，也就是保证数字信息的完整性和可识别性。影响长期保存数字资源真实性的技术因素可分为宏观层面和微观层面。宏观因素主要集中在系统间、子系统间或各应用系统间交换数据；微观层面主要集中在信息拆分、重新组合等方面。信息迁移将涉及宏观和微观两个层面。保存控制是长期保存资源可信性的关键技术因素，它应贯穿于信息采集、信息存储、信息利用等多个环节，对保存的条件、相关约束信息等进行控制。长期保存控制，在信息资源的保存生命周期内，应当是有效的。因此，在执行保存控制时，不但要在宏观层面做好数字信息的认证工作，而且要在微观层面做好数字信息的审记等方面的工作。

五、数字资源可信性管理

数字资源须遵循 OAIS 参考模型，在统一的概念、属性和框架下，进行规划和设计。在此基础上，按照数字资源长期保存信息生命周期的过程（即信息摄取、保存管理、信息管理、信息输出），为长期保存可信数字资源设计了主要的保存处理流程。

（一）信息摄取

信息摄取的主要工作是根据保存管理设定的资源保存策略，从信息资源提供者处接收并传输资源，按照资源的原有组织形式生成提交信息包。该部分涉及资源获取和合格信息包提交两部分的内容。此时，我们为了保证资源获取的可信性，需要根据保存管理的长期保存策略、方法等各类信息，对数字对象的获取权限、数字对象的来源、正确性、完整性以及充分性等方面进行控制。同时，应当充分记录数字对象获取过程的所有操作记录。

（二）保存管理

保存管理担负着长期保存数字资源的任务，因此，长期保存策略、方法和计划是数字资源能否得到有效、可靠保存的基础保障。在此，我们需要从保存方法是否可行、保存策略是否已经过严格测试、保存计划是否有严格的控制机制，并根据保存过程中的反馈信息及时进行调整等方面进行考察。

（三）信息管理

信息管理按照保存管理的要求，负责数据更新，并通过数据迁移、技术仿真等技术手段完成资源的存储、保存和维护。同时，负责完成对保存资源的提取，并传输给信息输出模块供外部使用。在此，我们不但需要完成对对象数据的管理，同时需要对与对象数据相关的元数据，如描述元数据、与保存政策相关的元数据等进行保存；对保存技术、程序、系统环境信息等进行保存和考察。

（四）信息输出

信息输出负责为用户或其他系统提供检索和索取保存资源的平台，它可以提供检索机制，同时承担身份认证和授权管理的功能。在此，我们需要对访问、输出等过程的策略是否合适、这些策略的使用情况，以及数字对象在传递过程中的一致性等方面进行考察。

第五节　数字资源的备份

一、任何计算系统都有无法预料的事件

任何计算系统都有无法预料的事件，比如硬件故障。拥有关键配置信息的可靠备份是任何负责任的管理计划的组成部分。在 Linux 中可以通过各种各样的方法来执行备份。所涉及的技术从非常简单的脚本驱动的方法，到精心设计的商业化软件。备份可以保存到远程网络设备、磁带驱动器和其他可移动媒体上。备份可以是基于文件的或基于驱动器映像的。可用的选项很多，您可以混合搭配这些技术，为您的环境设计理想的备份计划。

确定策略可以采用许多不同的方法来备份系统。欲了解关于这方面的一些信息，您可以阅读本文结尾处参考资料中列出的"Introduction to Backing Up and Restoring Data"一文。

所备份的内容很大程度上取决于您备份它们的理由。您是否试图从严重的故障（比如硬盘驱动器问题）中恢复？您是否想归档以便能在需要时恢复旧的文件？您计划从一个冷系统和还原着手，还是从一个预加载的备用系统着手返回页首确定要备份的内容。

在备份和还原系统时，Linux 基于文件的性质成了一个极大的优点。在Windows 系统中，注册表与系统是非常相关的。配置和软件安装不仅仅是将文件放到系统上。因此，还原系统就需要有能够处理 Windows 这种特性的软件。在 Linux 中，情况就不一样了。配置文件是基于文本的，并且除了直接处理硬件时以外，它们在很大程度上是与系统无关的。硬件驱动程序的现代方法是，使它们以动态加载的模块的形式可用，这样内核就变得更加与系统无关。如前面提到过的，Linux 备份在很大程度上就是打包和解包文件。这允许使用现有的系统实用工具和脚本来执行备份，而不必购买商业化的软件包。在许多情况下，这类备份将是足够的，并且为管理员提供了极大的控制能力。

二、dump 的一个有趣特性是其内置的增量备份功能

在上面的例子中，0 表示 0 级或基本级备份。这是完全系统备份，您要定期执行以保存整个系统。对于后续的备份，您可以使用其他数字（1—9）来代替 0，以改变备份级别。1 级备份会保存自从执行，0 级备份以来更改过的所有文件。2 级备份会保存自从执行。1 级备份以来更改过的所有文件，以此类推。使用 tar 和脚本可以执行相同的功能，但要求脚本创建人员提供一种机制来确定上次备份是何时执行的。dump 具有它自己的机制，即它在执行备份时会输出一个更新文件（/etc/dump updates）。这个更新文件将在每次执行 0 级备份时被重设。后续级别的备份会保留它们的标记，直至执行另一次 0 级备份。如果您在执行基于磁带的备份。

为实现虚拟机操作系统、应用操作系统和应用数据的快速备份和快速恢复，计划将虚拟机操作系统（如 ESX 服务器）、应用操作系统（如 Windows 或者 Linux）和应用数据（如 Oracle 数据库和文件）全部部署于存储系统。由于在虚拟化环境中，存储内置数据保护功能在速度上远优于传统备份软件，因此利用存储系统内置的数据保护功能，包括冗余硬件保护、快速备份和恢复功能，并结合服务器虚拟化技术，实现对物理故障和逻辑故障的有效防范。

同时，将服务器备份系统相结合，提供站点故障保护功能。项目实施完成之后，将达到以下目的：系统架构无任何单点故障，有效应对各类硬件故障、数据逻辑错误和站点故障提供所有数据的有效保护，包括 ESX 操作系统，应用操作系统和应用数据，实现快速备份和恢复功能（要求秒级恢复数据，分钟级恢复应用）实现服务器之间的负载均衡，支持虚拟机的在线迁移应用数据方面，由于 Oracle 数据库部分性能要求较高，计划采用高性能 SAS 磁盘。由于数据库为结构化数据，适合采用 FCSAN 存储，而文件属于非结构数据，适合采用 NAS 存储，因此存储应同时包含 FCSAN 和 NAS 功能。

三、为保证应用系统可用性，存储系统、存储网络不能含有任何单点设计

包括控制器、系统背板、电源模块、风扇、线路和其他部件。磁盘采用冗余和热备技术保护。存储系统提供 19 个时间点备份（备份策略：每天 4 次备份，保留 2 天，日备保留最近 7 个，周备保留最近 4 份，共 4x2+7+4=19 个），实现秒级的数据备份，提供相关的图形化备份软件，并支持秒级的数据恢复功能。

当多个应用的数据整合到存储系统上，不可避免地会出现不同级别应用

之间资源冲突的情况，为了保证核心应用的响应速度，存储系统必须具备优先控制功能，针对不同应用的要求，提供不同的资源优先权。

记住，在设计 dump 时考虑得更多的是文件系统，而不是单独的文件。因此，存在两种不同的文件还原风格。要重建一个文件系统，可使用 tar 命令行开关。设计重建的目的是能在空文件系统上操作，并将它还原为已保存的状态。在执行重建之前，您应该已经创建、格式化和装载了该文件系统。不应该对包含文件的文件系统执行重建。

四、标准问题

要能够实现不同服务供应商之间的可替代，除通过相应的协议与供应商形成合同关系外，从技术上说，还需要 IT 服务提供商所提供的云计算能够遵循共同的标准。没有共同的标准，就可能实现从一家供应商到另一家供应商之间的零成本转移。由于云计算发展迅速，大企业纷纷"抢滩"，因而标准问题更加突出。中国首届云计算大会期间，微软用全球资深副总裁张亚勤在接受专访时表示，现在国内很多企业已经有意识地开始做云计算了，包括百度、阿里巴巴等知名的互联网厂商，但这些企业的云拳计算都是"私有"的云计算，缺乏兼容性。他认为应当建立专门的云计算委员会，是不现实的。当前云计算领域的标准，要么是像微软产品由于市场占有率奇高而自然形成的标准，要么是行业组织或多家企业联合制定的标准。例如，2009 年 1 月，云计算标准制定组织"开放云联盟"（OCC）成立，思科、雅虎成为其首批成员。2009 年 4 月，包括 AMD、思科、惠普、IBM、英特尔、微软等众多知名企业支持成立于 2009 年的标准化组织"分布式管理任务组"（DMW）组建"开放云计算标准孵化器"，可见云计算企业对于建立云计算标准的关注。上述机构建立的标准是必要的。它们至少能够保证不同的云之间具有互操作性。

五、数据安全和保密问题

数据安全对图书馆至关重要。无论是书目数据、读者数据还是流通数据，一旦丢失，后果都是不堪设想的。而馆藏文献数字化的数据，一旦丢失更令图书馆人心痛不已。可以说，图书馆人对于数据脱离自己的控制有一种本能的恐惧。但实际上，大型计算中心的硬件条件和管理能力比普通图书馆的 IT 管理能力要高出许多，因而单就技术而言，图书馆将数据置于云上不会比置于本地硬盘更不安全。

所以数据安全和保密问题，更多的是政策层面上的。云计算企业的管理政策、企业信誉，甚至国家政策，都可能对云计算数据的安全造成极大的影响。据安全与保密的前提下，要图书馆人将图书馆的数据交给一家企业的云计算管理，对图书馆核心价值是一种多么大的冲击。

第六节 容灾备份

容灾备份建设是一项周密的系统工程，也是一个全新的危机管理领域。灾难备份建设不仅需要进行灾难备份中心建设和 IT 系统购置，更需要有灾难备份技术、危机管理、风险管理、业务连续计划制订、灾难演练和灾难恢复等灾难备份专业领域知识。此外，灾难备份也不同于一般的 IT 项目，它是单位机构业务流程的延续，它需要建立完善的灾难备份中心运营管理体系，需要不断保持业务连续性计划的有效性，以保障灾难备份中心能持续发挥灾难备份功能。

常见容灾系统按业务系统不同、所要求的 RTO 和 RPO 不同，可分为介质容灾、远程备份容灾、数据容灾和应用容灾等四种类型。

一、容灾备份的定义

容灾备份是指利用技术、管理手段以及相关资源确保已有的关键数据、关键数据处理系统和关键业务在灾难发生后在确定的时间内可以恢复和继续运营的过程。容灾备份防范的灾难包括地震、水灾等自然灾难以及火灾、战争、恐怖袭击、网络攻击、设备系统故障、人为破坏等无法预料的突发事件。一个完整的灾难备份系统主要由数据备份系统、备份数据处理系统、备份通信网络系统和完善的灾难恢复计划所组成。

容灾备份可以分为数据备份和应用备份。数据备份需要保证用户数据的完整性、可靠性和一致性。对于提供实时服务的信息系统，用户的服务请求在灾难中可能会中断，应用备份能提供不间断的应用服务，让客户的服务请求能够继续运行，保证信息系统提供的服务完整、可靠、一致。

数据备份是容灾系统的基础，也是容灾系统能够正常工作的保障；应用备份则是容灾系统的建设目标，它必须建立在可靠的数据备份的基础之上，通过应用系统、网络系统等各种资源之间的良好协调来实现。一个完整的容灾备份系统包括本地数据备份、远程数据复制和异地备份中心。

二、容灾备份的系统分析

（一）业务系统的风险分析

建立容灾备份工程的最终目的是保证在灾难造成对业务数据破坏后，业务数据的可恢复性。因此，首先要分析本地区影响业务数据安全性的灾难有哪些种类。

灾难可以分为自然灾难、社会灾难和人为灾难。

自然灾难包括火灾、水灾、地震等突发自然灾害造成的业务系统灾难。不同地区自然灾害的发生有一定统计概率，而且自然灾害的影响范围是有一定区域的，对自然灾害的风险分析相对比较容易。在实施容灾工程时，要注意容灾备份中心应建立在自然灾害较少的地方。

社会灾难包括区域性电力系统故障、恐怖分子制造的爆炸、战争引起定点破坏等灾难。国内外社会不安定因素的存在，必须引起企业足够的忧患意识。美国"9.11"事件就是一个很好的例子，一些没有采取任何容灾措施的企业由于核心业务数据的破坏而最终破产，而一些采用了容灾措施的企业业务能够很快恢复。

人为灾难包括 IT 系统管理人员的误操作、来自网络的恶意攻击、计算机病毒发作造成的数据灾难。近年，人为灾难更为突出，特别是计算机病毒造成的数据损失令人触目惊心。采用后发制人策略的防计算机病毒系统难以保证数据的安全，企业有必要建立数据的备份机制。

（二）容灾系统对业务系统的影响分析

数据复制操作的发起来自业务系统，不论来自系统的计算层、网络层，还是存储层，肯定会影响到业务系统的性能，对于那些要求高性能的业务系统或者已经是高负荷运行的业务系统，必须分析建立容灾系统对业务系统性能的影响。不同容灾技术对业务系统的影响不同，比如，一个采用同步数据复制技术的容灾解决方案，如果容灾备份中心与业务中心距离超过 100km 以上，需要考虑数据传输时延对业务系统 IO 性能造成的影响，距离越远，业务系统 IO 性能下降速度越快。

容灾备份系统运行平稳后，需要对备份数据（数据库）的可用性进行检查。一些容灾解决方案采用的是主备工作方式，正常情况下，备份中心的数据是不能够打开使用的，只有在业务系统工作中断，或者切断容灾进程的情况下，才能够对备份数据（数据库）的可用性进行检查，这样做，势必对业务系统正常运行产生影响。容灾备份系统还包括传输数据的网络，由于网络传输拥堵或者中断等原因，数据复制同样会造成业务系统性能的下降甚至业务运行中断，当等待传输的数据溢出数据复制发起端的缓冲区时，有可能造成数据的丢失，或者数据传输次序的混乱，破坏备份数据库的一致性，使得数据库不可恢复。

（三）容灾备份系统的投入和产出分析 (CBA)

总体投入成本 (TCO) 和投资回报率 (ROI) 是衡量容灾系统投入和回报的主要指标，CBA 强调的是投资产出的分析，从业务系统发展的角度考虑容灾系统投资的合理性。

首先，要考虑准备建设的容灾系统与正在运行的业务系统的延续性，保护前期投资，应该尽量避免为了建立新容灾系统而对原有业务系统进行大规模改造的情况。其次，要考虑业务系统扩展对容灾系统的影响，特别是存储容量增加的影响和通信线路负荷的影响，由于单业务容灾系统使用概率很低，CBA 的结果倾向于选择专业的数据容灾中心服务方式。

三、介质容灾

业务系统已将数据备份到可移动介质（如磁带、光盘、胶片等）上，为了保证这些数据在灾难发生时能够被妥善的保存，并在系统重新安装或恢复后，将介质上的数据恢复回去，最简单的容灾方法就是将这些介质定期地以人工的方式集到容灾中心，在容灾中心进行最为妥善的介质保存措施。

对恢复时间要求较高，没有在本地实施备份系统的部门，可通过远程网络直接将数据备份到容灾中心的存储池中，保证数据的安全性。采用这种容灾方式，一般要求恢复的数据时间点在灾难发生前的几十分钟到几个小时；而从灾难发生后，需要完成从恢复系统、恢复数据、直到实现对外提供应用服务这么一整套的恢复工作，所需要时间大约为几小时到一天。

四、数据容灾

数据容灾的保护对象是生产系统产生的业务数据。为了更好地实现数据的容灾，数据容灾方案必须能够实现对数据库数据、基于文件系统的数据，甚至对系统的数据卷，进行实时有效保护。数据容灾的根本目的，是能够重新利用复制的数据。

五、磁盘阵列级数据容灾

（一）数据文件容灾

数据文件容灾主要实现用户端文件级数据到容灾中心的复制。通过容灾中心复制软件的和用户端复制代理软件的配合，容灾中心可以监控用户端文件的修改，定时或实时（根据数据设定的策略）将用户端文件同步到容灾中心。系统能够实现基于数据文件或数据字节层次的数据复制、时间调度复制等，并可以采用一对多和多对一的数据复制方式。

（二）数据库容灾

通过使用基于数据库软件复制技术保证远程数据库的复制。用户端主机安装数据库同步软件的客户端和数据库 agent，通过搭建的网络环境和容灾中心数据库同步软件的服务器端通讯，按照定义的规则实现整库级、用户级、表级的数据数据库同步软件的客户端和数据库 agent，可以和容灾中心的数据库同步软件服务器端实现 N 对一模式的远程数据复制。

（三）数据卷容灾

数据卷容灾采用卷管理器的磁盘镜像功能来实现。通过在容灾中心主机和用户端主机上安装卷管理器软件，可以将容灾中心的镜像磁盘和用户端的主磁盘上的分区或卷虚拟为服务器能够看到的同一分区或卷，这样在用户端主机发生操作时，系统会自动将数据分别写入本地的主磁盘阵列和容灾中心的镜像磁盘阵列中，从而实现数据的镜像。这种写操作是对主机而言的，是逻辑上的。当客户端数据发生灾难时，容灾中心数据可以被接管应用。当客户端中心系统重建后，数据可以随时从容灾中心得到恢复。

数据卷容灾的实现，需要在用户端主机上安装专用的数据复制软件。这种方式需要对客户端的改动较大，而且卷复制操作系统平台不同和数据传输性能的影响，很难实现大规模"一对多"容灾模式。因此，建议容灾中心先不做本方案的实施，如果有具体用户需求，再设计具体的方案，具体实现。

（四）网络层数据容灾

存储网络级数据容灾，一般通过专门的设备为远程复制容灾，提供路径和复制路径，实现基于 SAN 层次的数据容灾。通过在用户端和容灾中心的系统中配置专用服务器传输链路可以选择 IP 网络和 FC 网络，如果 IP 城域网或广域网的带宽较低，可以采用异步的复制形式。

六、磁盘阵列级数据容灾

利用高性能磁盘阵列（硬件层次）的高级数据复制功能，通过存储子系统之间的通讯，并结合一些主机端的管理工具，来实现用户端数据和容灾中心对数据的传输复制。复制通过用户端和容灾中心磁盘阵列上的微处理器实时完成。将灾难发生时，可以将关键数据的损失降至最低，而且不需要主机干涉或占用主机资源，可以做到灾难发生的同时实现应用处理过程的恢复。

七、应用容灾

对于恢复时间要求非常高，而且具备在本地和容灾中心可以实现短时间范围内的数据复制能力的部门，一方面可以通过远程网络直接将数据复制到容灾中心的磁盘阵列中，另一方面可以通过远程集群管理软件，实现容灾中心的待机状态的应用服务器和本地应用服务器保持一定的同步，从而在灾难时可以直接快速启动容灾中的服务器。

八、基于磁盘阵列的数据同步

服务器的分布是所有主机通过校园网与中心存储（磁盘阵列）相连，在物理上，作为中心存储的磁盘阵列又以光纤通道直联。对其运行容灾软件，其目的就是为了实现其两地数据的实时同步，确保数据的一致性。

我们可以利用校园服务器的这一分布特点，构建出以图书馆、网络中心等两个甚至多个数据中心，通过设备互为备份，这样就能实现所有数据的异地备份。我们知道，数据中心的结构大致相同：中心存储即为磁盘阵列，所有主机通过校园网与磁盘阵列相连，数据中心之间的磁盘阵列物理上通过光纤通道直联。对作为中心存储的磁盘阵列运行容灾软件，以保证两地数据的一致性和实时同步。

数据中心之间的磁盘阵列的数据同步方案，可以实现对主机应用的完全透明，利用磁盘远程镜像功能，由磁盘阵列硬件层，实现对所有数据的复制工作，确保两个数据中心关键业务数据的一致性，不需修改应用，易于管理和实现，又能对数据保留大量的复制性能。此外，还能够充分利用现有服务器设备，对重要数据和应用系统实现灾难恢复功能。但该技术最大的缺陷是，必须在本地端和灾备端，分别配置两套相同的存储系统，受制于单一的设备厂商，容易造成采购成本过高。

九、基于镜像软件的数据同步

服务器的操作系统各有不同，因此，为了实现异地的相同操作系统之间的远程数据镜像，应选择相应的镜像软件进行安装。对于数据的处理，服务器会同时在本地的磁盘设备和远程的磁盘设备上进行记录，在远程上同样实现对业务数据的复制性能。

镜像软件的数据同步方案利用了操作系统级的镜像软件进行安装。对于数据的处理，服务器会同时在本地的磁盘设备和远程的磁盘设备上进行记录，在远程上同样实现对业务数据的复制性能。

镜像软件的数据同步方案利用了操作系统级的镜像软件，实现了本地逻辑卷和远端备份逻辑卷之间实时同步的数据复制。其优势是本地数据一旦面临突发性灾难时，用户也能够通过激活在备份服务器上保存的相应的卷组和逻辑卷，进而启动备份服务器上的应用系统，实现业务数据与业务系统的灾难恢复目标。

十、定期数据备份

除了上述提到过的数据库中的核心数据需要同步备份外，在实际的运行环境中，我们还需定期地对一些数据实施备份，以确保容灾需求。为此，可以在远地加装存储设备，如磁带库或磁盘阵列等，确保数据的异地备份，分不同时期保存不同的几个版本。

备份系统通过备份服务器和备份软件，在远地的存储设备中实现对数据的定期备份，即使业务端的数据或设备不幸受到破坏，那么，远地存储设备中的备份数据也能即时受到调用来恢复系统，虽然这其中恢复系统所需的时间较长，但也能将损失降到最低点。

十一、化容灾平台

顾名思义，这是一种通过软件模拟物理环境，将一台计算机虚拟为多台，使操作系统等运行的软件能够运行于一个虚构的软件环境。虚构的每个逻辑计算机均可相互独立的运行不同的操作系统。这样的虚拟化群集之上运行的虚拟机以及运行在虚拟机中的应用程序，都具有高可用性。通过给资源池足够的运算和存储资源，利用 DRS、v motion 实现资源动态管理，为容灾系统创建足够的资源池，并且能够根据系统负荷实现对资源的动态调度，一旦出现服务器故障时就能启动系统动态迁移。

十二、搭建双活数据中心

双活数据中心可以同时发挥两个机房的优势，从而降低了数据丢失的风险。在双活容灾技术的支持下，一方面，充分利用了主备两个数据中心，通过资源整合，进行实行备份，实现服务能力的加倍。虽然，用户业务的 60%~70% 都由主数据中心负载，但也可以大大避免备用数据中心因为常年的闲置而造成的资源浪费。另一方面，缩短了数据的恢复时间，降低了用户感知度。

第六章 高校图书馆数字资源建设

第一节 高校图书馆数字资源建设现状及发展策略

网络时代，数字资源以其信息贮存密度大、检索便捷、易于网络传递和共享等特点，成为高校图书馆竞相发展的文献品种。我国高校图书馆数字资源建设工作虽然总体有了较快发展，并形成了一定的馆藏规模，但其中存在的问题也是比较突出和不容忽视的，需要进一步调整和完善数字资源发展策略，切实提高资源建设质量、效益和可持续发展能力。

一、高校图书馆数字资源建设的现状

随着国家数字化工程的建设实施，高校图书馆的数字化也取得快速发展，数字化资源建设日新月异。在此背景上，大多数高校图书馆的自动化、网络化、数字化工作均摸索出了一些适合自身现实情况的数字化资源建设经验。这主要体现在以下四方面。

1. 高校图书馆数字化的定位

全国各高校图书馆在考虑本馆数字化资源建设定位和发展时，不能脱离本馆所处的客观环境、学校性质以及读者对象等客观情况。首先，立足于自己的小环境，即学校的实际背景。其次，考虑我国目前网络建设和数字资源建设的大环境，既要适应高校信息用户群的需要和特点，保留传统印本资料为主的馆藏，又要在力所能及的范围内相应地扩大数字化、网络化资源建设及用户服务领域，使之能够顺利地融入国家数字图书馆建设工程，实现资源共享，特别是一些重点大学的数字化建设已成为我国数字化建设的领头羊。

2. 馆藏文献数字化

文献资源数字化是数字化图书馆的基础工作。许多图书馆最初纷纷引进不同版本的图书馆自动化管理集成系统，按 CNMARC 格式进行回溯建库，目前基本完成全部馆藏的回溯建库工作。随着时代的发展，许多图书馆的管

理系统升级为具有广域网网络功能的汇文系统，该系统支持 Z39.50 协议，可与 CALIS 兼容并建立了联机检索系统，使广大读者通过网络便可查到馆藏。这是图书馆自动化的基础，也是图书馆数字化的起点。同时，各馆纷纷制作了有自己特色的新主页，汇集图书馆所有相关信息，许多图书馆主页的日平均访问量可达到二、三千余人次，成为校园网上的热门站点。条件好的图书馆还把一些随书光盘和读者欢迎的音像资料及有价值的教学软件镜像到图书馆服务器上，实现了校园网范围内的视频点播。

3. 镜像和光盘数据库

光盘数据库等数字化信息产品，是知识时代为读者提供方便快捷的信息检索的最有效的资源。据报道，全国有 80% 以上的高校图书馆建立了多媒体阅览室及中国期刊网（CNKI）镜像站点，购进其中符合本校专业的期刊全文数据资源，之后，又相继购买了中国博士、硕士学位论文数据库、中国重要报纸数据库等多种镜像和光盘数据库，开始了全面建设数字图书馆的历程。进入新世纪，超星数字图书馆陆续被全国多家图书馆所接纳，数字图书真正开始广为利用。一些高校图书馆采入电子图书已达到二、三十万种之多，形成了一定的数字图书馆规模。这种购置和利用，扩大了数字化资源的馆藏量，也极大地方便了读者查阅。

4. 网络信息资源建设

各高校图书馆的网络信息资源覆盖范围都非常广泛，涉及科技、经济、商业、文化等诸多领域，这是图书馆数字化信息资源的重要来源之一，可作为馆藏信息资源的补充和延伸。许多重点大学馆的网络信息资源建设十分全面，除了收费的网络资源外，各馆还派专人根据本校教学科研的需要，搜集 internet 上的免费信息资源，自主开发了教学参考书、教育简报、学科导航、考研信息、就业信息等虚拟资源导航站，通过本馆网页提供给读者，指引读者快速获取自己所需的网络信息。

二、高校图书馆数字资源建设存在的问题

（一）缺乏长远规划，存在重复建设

我国电子出版业处于一个初步发展时期，电子出版发行市场还不太完善和规范，电子出版物的品种和数量相对有限，内容有较多重复。一些高校图书馆在数字资源建设方面，缺乏长远规划和统筹考虑，缺少对市场状况和用户需求的深入调研，相互攀比，盲目跟风，求大求全，造成资源的重复建设和浪费。对于办馆经费并不充裕的一般院校图书馆，同时购置两种收录内容相差不多的数据库显然是不经济的，也是没必要的。

（二）建设资金压力大，持续发展能力难以保证

数字资源建设需要持续不断地投入资金，用于数据库的引进、更新和配套硬件的购置、扩充。大型数据库，特别是国外数据库的价格动辄几万、几十万，且每年都有一定的自然涨幅。服务器、贮存器等设备也非常的昂贵，配置 1TB 的贮存空间一般需要投入 4～5 万元，其使用寿命也只有 5 年左右。随着高校扩招步伐的放缓，相当一部分高校图书馆的办馆经费趋于紧张，难以维持数字资源的正常更新和持续发展。有些图书馆因为经费短缺，被迫停止或推迟部分数据库的续订工作，硬件设备老化或报废后也不能及时更换和补充，影响了数据库的完整性、连续性和对读者的开放服务。

（三）共建共享程度不高，自建数据库工作薄弱

目前我国高校图书馆数字资源建设仍以独立引进数据库为主，只有少部分数据库采取集团采购和联合共建的方式来获得，为此各馆不得不同时投入巨大的资金、设备和人员。在特色数据库建设方面，除了为数不多的数据库，如 CALLS 的中文现刊目次数据库、重点学科专题数据库、学位论文数据库、中美百万册书数字图书馆，及各地高校图书馆同盟规划的少量特色数据库等采用协作方式建库外，绝大部分仍是各自为阵，独立建库，很难形成规模效应和特色效应，也不利于图书馆间的资源共享。

（四）技术力量缺乏，数字化水平低

最近几年高校间因扩招而引发的高层次人才争夺，使得作为安置人才家属重点场所的图书馆受到较大冲击，数字资源建设需要的技术人才难以得到保证。一些图书馆因为技术力量缺乏，在数字资源建设方面只能简单地引进一些商业数据库，没有能力对数字资源进行深度的挖掘和整合，建立完善、方便的导航和检索服务，也没有能力根据本校教学科研需要，规划、建设具有一定水平的特色数据库，数字化进程缓慢，建设和管理水平低。除了上述问题外，我国高校图书馆数字资源建设还存在着技术标准不统一、版权问题较为突出、用户培训工作力度不够、资源利用率不高等问题，同样需要引起高度重视和认真加以解决。

三、高校图书馆数字资源发展策略

（一）长远规划，统筹发展，提高数字资源可持续发展能力

高校图书馆的数字资源建设，应在教育主管部门和高校图工委的指导下，认真学习和借鉴国内外数字资源建设的经验和教训，立足本地区、本校和本

馆实际，制定科学的长远发展规划；应从实际出发，量力而行，避免盲目构建、低水平重复、人财物浪费等问题，实现数字资源持续、稳定、健康的发展。

1. 统筹数字资源和纸质资源发展

数字资源适应了图书馆网络化、数字化发展要求，需重点建设，加快发展，但数字资源作为一种新型的文献类型，又具有明显的缺陷和不足，不能替代纸质资源。对于数字资源和纸质资源，应该坚持兼收并蓄、各取所长、各有侧重、协调发展的方针，合理分配建设资金，明确各自收藏范围和重点，形成互相支持、互为补充的馆藏体系。一般说来，纸质资源建设重点应放在那些需要长期保存的专业图书、重点图书等基本馆藏，以及流通量大、价格相对便宜的教学参考用书方面；数字资源建设重点则应放在检索频次高和参考引用量大的研究用文献，如期刊论文、学位论文、专利、标准等，以及价格昂贵、纸质版本不易获得的外文文献、古籍善本、地方文献等方面。

2. 统筹引进资源和自建资源发展

图书馆数字资源建设包括社会数字资源馆藏化和馆藏资源数字化两个方面的工作。一方面，根据教学科研需要，积极引进各类商业数据库，形成基本的数字资源馆藏；另一方面，高度重视自建数据库发展，将本馆的特色馆藏、珍贵文献、受赠资料、学校的内部资料、科技报告、学术成果、学位论文、教师的教案、讲义、课件、教职工出国、培训、进修、参会带回的文献资料等加以数字化，挖掘网上免费信息资源，建立学科、专业导航系统和专题网络信息库。高校图书馆只有建立自己的特色数据库，才能真正形成具有自主版权和自我特色的数字馆藏，满足教学科研个性化、特色化需求，提升图书馆的形象和地位。

3. 统筹数字资源和基础设施发展

数字资源需要借助良好的硬件和网络环境才能妥善保存和为用户所使用，基础设施的状况在很大程度上制约着数字资源的发展以及使用效果。由于基础设施建设同样需要巨大的资金投入，图书馆应将其纳入数字资源建设的整体计划，通盘考虑，努力使数字资源的发展规模、速度与基础设施条件的改善保持同步。

4. 统筹数字资源和人才队伍发展

数字资源建设是一项专业性强、技术含量高的工作，无论是数字资源的引进、自建、整合和导航，还是配套软硬件的建设、管理和维护，都需要大量既精通图书馆业务，又掌握计算机技术，同时具有综合分析能力、创新经营管理知识与信息市场意识的专业人才。高校图书馆应从长远利益出发，加强人才引进、人才更新、人才开发和人才教育等人才队伍建设工作，努力向学校争取，每年引进一定数量的专业人才；积极组织馆员培训，开展数字化建设研究，通过培训和科研，提高队伍的整体素质；聘请校内外专家参与图书馆数字资源建设，补充人才和技术力量的不足。通过多种途径，为数字资源建设提供智力支持和人才保障。

（二）调整采集策略和发展模式，提高数字资源建设质量

1.坚持特色化、精品化的建设原则

数字资源远较纸质资源昂贵，应坚决摒弃以往纸质馆藏建设中存在的贪大求全、急功近利的做法，坚持特色化、精品化的建设原则，保证质量，突出本校的学科专业特色和本馆的馆藏特色。当前数字资源重复率较高，各有特点和优势，图书馆需认真加以分析和鉴别，按照本馆实际需要来选购，避免内容交叉重复。同时，许多数据商为了自身利益，不支持图书馆按题名、小类细选数字资源，图书馆应积极与数据商协调，改变现有的资源选购模式，提高所选数字资源的含金量。

2.采取多种发展模式

随着计算机技术和网络技术的发展，图书馆的馆藏发展模式也在发生着变化。传统纸质资源馆藏发展模式以资源"购进"和"入藏"为主，强调资源的永久拥有权，而数字资源馆藏发展模式强调"取得"所需资源，强调资源的使用权，强调建立便捷的存取和检索服务。根据数字资源的特点、利用方式、使用频率、本馆硬件设施条件和经费状况等，采用购买、租用、自建、共建、共享等多种发展模式，合理、经济地构建本馆的数字资源馆藏。对于常用数字资源，可采取购进方式，建立本地镜像；对于使用率较低、年代久远或不提供镜像服务的数字资源，可采用包库和购买使用权的方式，实行远程访问；对于各馆都需配置的数字资源，应尽量实施联合采购，共建共用。

3.深入做好采集调研工作

数字资源规模庞大，利用条件高，质量和使用效果一时较难判断，需要投入更多的时间和精力，做好前期采集调研工作。调研的内容包括数字资源的主题内容、学术价值、技术质量、利用条件、市场状况等，调研的方式包括读者问卷调查、资源免费试用、参加数据商举办的演示报告会、考察兄弟图书馆使用情况等。通过深入细致的调研和综合评估后形成最终的采购意见和方案，确保数字资源建设的质量。

（三）进一步推进共建共享工作，提高数字资源建设效益

1.扩大共建共享的范围

联合更多的图书馆（包括高校系统之外的公共、科研院所、专业图书馆

等），将更多的数字资源纳入共建共享的范围。努力把数字资源的集团采购发展提升为数字资源的联合建设、联网服务。由各馆分担建设和管理的资金，争取主管部门的配套资金投入，建立集中式的数据贮存和管理服务中心，避免各馆数字资源的重复建设、分散发展，节省资金、设备和人力的投入。

2. 联合建设特色数据库

加强各馆在特色数据库的规划、选题、标准采用等方面的合作和协调，鼓励多个图书馆联合共建特色数据库，由主管部门和学校给予一定的经费资助。积极争取企业赞助，馆企合作开发数据库。租用数据商的技术设备，借鉴其建库经验，加快特色数据库的发展，使其尽快形成规模。

3. 积极开展数字资源共享服务

图书馆共享可分为资源的共享与服务的共享，服务的共享最终目标是实现资源共享。各高校馆应本着互惠互利、互通有无的原则，积极开展联合咨询服务，通过网络、FAX 等方式，向对方传送文献信息，实现数字资源的共享，提高各馆的信息服务能力。

（四）加强数字资源整合和用户培训工作，提高数字资源的利用率

1. 加强馆藏数字资源的整合

数字资源整合的主要任务是将各种分布、异构和多样化的数字资源进行有序组织，提供统一检索途径，实现"一步到位"的检索、浏览和使用，从而节省用户的时间和精力，提高数字资源的获取效率。目前，数字资源的整合方式有：基于导航系统的数字资源整合，建立数字资源导航库，提供按资源名、关键词、资源标识等获取数字资源的途径；基于 OPAC 系统的数字资源整合，在 OPAC 系统中提示和链接数字资源信息；基于链接系统的数字资源整合，利用网络超文本链接特性，将文献的有关知识点链接起来，达到将数字资源链接在一起，形成一个具有内在联系的有机整体；基于跨库检索系统的数字资源整合，将多个数据库整合在同一检索平台和界面下，实现多数据库同时检索。数字资源整合技术在我国处于起步阶段，高校图书馆应加强这方面的学习、研究和实践。

2. 开展多种形式的用户培训

数字资源形式的多样性和信息检索界面的复杂性，对用户的信息获取能力提出了更高的要求，以往那种零星式的培训方式已达不到应有的效果。高校图书馆应把用户培训作为日常性和经常性的工作，制订出详细的培训计划，分期分批对用户进行系统培训。应将数字资源的检索和利用列入文献检索课教学内容，提高文献检索课的覆盖面。应将培训内容制作成 PPT 或 VCD，通

过图书馆 Web 页面，供用户随时随地学习和参考，这是最为经济的用户培训方式。

第二节 数字资源建设对高校图书馆的影响

传统意义上的图书馆是一个存储信息，如书籍，报纸，视频和音乐的保存供人阅读，使用或借用。图书馆源于保存记事的习惯。图书馆是为读者在馆内使用文献而提供的专门场所。在数字化、信息化的现在社会，图书馆事业已经经历了翻天覆地的变化，从以前的纯手工工作，到现在的数字化信息流程，数字化信息已经充斥着整个图书馆。所以数字化信息资源建设也就有着不容忽视的作用和意义。

一、数字资源建设对图书馆基本秩序的影响

读者除了对于传统的规则要遵守，例如：严禁在图书馆内吸烟，追逐打闹。保持室内整洁。保持室内安静。尊重管理人员，做个文明读者。爱护书刊资料及一切公共财物，请勿涂抹、撕毁、私藏书刊等等。还有读者必须遵守《中华人民共和国保守国家秘密法》和《计算机信息系统国际互联网保密管理规定》，不得在网上泄露任何有关国家机密的信息；不得访问国家明令禁止的非法网站，不得访问国内外的反动、淫秽网站；不得下载非法信息；不得在网上散发反动、淫秽、有损于国家声誉和形象的各种信息。读者不得从事危害网络安全和信息安全的行为，包括制作或者故意传播计算机病毒以及其他破坏性程序、非法侵入计算机信息系统或者破坏计算机信息系统功能、数据和应用程序以及法律、行政法规禁止的其他行为。读者可以通过网络进行各种各样活动。这使得规范读者的行为更加难以操作，要有一套完善的硬软件设备以及相关的管理人员才能在一定程度上制止各种各样的违规行为。

二、数字资源建设对高校图书馆的职能的影响

（一）对保存教学科研资料职能的影响

高校图书馆的功能之一，就是要收集、加工、整理、科学管理关于教学科研的文献资源，以便广大的读者借阅使用。高校图书馆是以文献为物质基础而开展业务活动的。但近年来由于计算机网络化的发展以及存储技术的突飞猛进，数字资源的建设日新月异，将传统的以纸为载体的书籍资料完全转化为以计算机为依托的数字资源只是时间、资金、版权等等非技术性问题。

这将有可能使得图书馆的形象发生变化，图书馆不再是书山卷海和恢宏的建筑，而是虚化在人们身边的一台台服务器。减少对不可再生资源的浪费（例如制作纸张对森林的滥采滥伐）。而且图书馆工作人员无需担心书籍的存储和损耗。

（二）对开发教学科研资源职能的影响

传统高校图书馆的文献资源开发包括下面几项内容：第一，对到馆的文献进行验收、登记、分类、编目、加工，最后调配到各借阅室，以便科学排架，合理的流通，为本校的读者服务。高校图书馆收藏着大量的文献信息资源，积极地开发，广泛地利用这些文献资源是图书馆的重要职能之一，它也是图书馆承担各种职能的基础。由于当今社会文献的生产数量大、增长快；社会文献的类型复杂、形式多样；文献的时效性强；文献的传播速度加快；文献的内容交叉重复；文献所用语种在扩大，质量下降等特点，使人们普通感到利用传统的资料十分不容易。但是，图书馆通过对文献信息资源进行数字化建设，加工整理、科学分析综合、指引，形成有秩序、有规律、源源不断的信息流，进行更加广泛的交流与传递，通过互联网读者可以获得远在千里之外的资料，使读者更快捷，更准确，有效地利用它们。

还有，对于传统的文献资料可以加工成不同的载体形式，提供给特殊的读者，比如，把文字资料加工成音频资料提供给盲人，现在已经开发出很好的软件（例如：科大讯飞推出的语音识别技术是基于统计语言模型及自然语言理解技术，从用户的"自由随意"的语音内容中理解用户的"语义"，用户随心所欲表达自己的需求，系统都能够立刻识别并提供所需服务。）充分利用声光电等多媒体，满足不同特别是特殊读者的需要。

（三）对参与学生和教职员工教育的职能的影响

思想教育的职能。高校图书馆是文献信息资源的集散地、是传播文献信息资源的枢纽。在馆藏建设上，不同的院校、不同的读者都有一定的原则和倾向。在当前的网络化社会环境下，网络的运用虽然为思想政治教育工作带来了前所未有的机遇，但我们不能因此而高兴，应当清醒地认识到：多姿多彩的信息网络世界犹如一柄"双刃剑"，它在使大学生受益的同时，也给高校的思想政治教育工作提出了严峻的挑战。

1. 容易导致世界观、人生观和价值观念偏移

近年来，我国网络有了很大发展，上网人数增长快，大学生占很大比例。而大学生的世界观、人生观和价值观尚未成熟，没有足够牢固的精神屏障和辨别是非的能力，容易受到相异思想的冲击。高校教师又是社会中思想比较

活跃的人群。也容易受到国外思想的影响。特别是大学生正处于发育的生理成熟期，对性知识想了解又羞于启齿，于是自制力较弱的大学生往往会出于好奇或冲动，在网上轻而易举从色情网站中看到那些低级庸俗的东西，进而可能引发诸如性犯罪等社会问题。

2. 容易导致道德行为失范

由于还没有形成系统的关于网络环境的法律规范，因此，网上行为主要取决于使用者的自觉和道德责任感。再加 E 由于网络传播具有匿名性和隐蔽性，为一些人传播不负责任的信息，对他人进行人身攻击甚至网络犯罪等提供了便利条件。在这种情况下，人的行为和他的真实身份之间不再存在明显的对应关系。

3. 淡化了人际关系，影响学习

通过上网，学生可以扩大交际面，可以与各类朋友畅所欲言。然而，网络中人们的交往主要是"人—机—人"的交流模式，一些学生终日与电脑终端打交道，缺乏有感情的人际交往，便产生孤立、自私、冷漠和非社会化情绪，对现实生活中他人的幸福和社会发展漠不关心。

因此，只有转变教育观念，树立正确的网络意识，在思想教育的方式、载体和手段上有所创新，才能对大学生思想教育有所突破；只有高校思想教育工作者加强自身的网络知识技能，树立意识，充分借助网络技术的支持，采用声、文、图并茂的综合表现力来表达教育，增加教育信息容量，增强教育的感染力和吸引力，才能提高大学生思想教育的实效性。让大学生在网络世界中找到真正的自我，真正成为网络时代的主导群体。

中国是无产阶级专政的社会主义国家，高校图书馆的思想政治教育作用，目的是要引导和帮助广大学生和教工读者树立正确的世界观、人生观、价值观，打下科学理论的基础，确立为建设有中国特色社会主义而奋斗的政治方向。从事图书馆的管理人员，时刻不要忘记图书馆的思想政治教育宣传阵地的职能和自己服务育人的神圣职责。

文化素质的教育职能。高校图书馆进行文化素质教育，主要表现在可以为学生、教职工提供最完备的学习条件，数字资源建设使得图书馆不再受传统的资源，场地，设备等等因素的限制。受教育者可以长期的、自由地利用图书馆进行自学。多个读者可以同时访问同一数字资源，数字资源可以提供 24 小时不间断服务，读者可以在不同的地方通过互联网获得资料。

丰富学生、教职工文化生活教育的职能。高校丰富学生、教职工的文化生活也是教育职能的组成部分。健康的文化娱乐是高校学习，教学生活中不可缺少的组成部分。图书馆是社会文化生活中心之一，在传播文化，活跃群众业余文化生活方面具有很重要的地位和作用。将来，数字资源建设必将使读者可以通过网络浏览图书、报纸、画报，欣赏一下美术作品，享受读书之乐。还可以欣赏丰富多彩的影音娱乐资源。

高校图书馆的性质。1974年国际标准化组织颁布了ISO2784—1974（E）"国际图书馆统计标准"中"图书馆的分类"一章将图书馆划分为：国家图书馆、高等院校图书馆、其他主要的非专门图书馆、学校图书馆、专门图书馆和公共图书馆六大类。随着数字资源的不断发展，旧有的图书馆的分类必将淡化，甚至消失，在互联网环境下的资源共享必将实现。

综上所述，数字资源建设对高校图书馆的影响是深远的，存在于图书馆工作的方方面面。我们必须认清形势，加快数字资源建设。只有转变固有的图书馆观念，树立正确的发展意识，在图书馆建设的方式、载体和手段上有所创新，才能使图书馆更好地服务于广大学生和教职员工，更好地服务于社会。

第三节 高校图书馆数字信息资源建设的原则探讨

所谓高校教学信息资源建设，是图书情报部门根据特定的目的和任务，通过规划协调，将高校教学文献信息予以选择收集、组织管理，形成具有特定保障能力的教学信息资源体系，以主要满足高校读者和教育系统用户的信息需求的全部活动和过程。高校图书馆在开发、建设高校教学信息资源的过程中，微观层面上要尽可能选择科学有效的策略，宏观层面上则应该坚持相应的原则。

一、目的性原则

所谓目的性原则，是"指从用户的实际使用需要出发，对文献资源进行规划、选择，从而保证采集到的文献资源最大限度地满足用户对文献资源的需要"。基于这种认识，高校图书馆教学信息资源建设的目的性，是说高校图书馆教学信息资源建设的出发点或者说终极目标就是要满足高校读者的教学信息资源需求，要充分发挥高校教学信息资源的效益与功能，为读者提供最优化服务，以实现高校教学信息资源效益的最大化。笔者认为，这种"目的性"应该从图书馆学和高校教学两个层面来阐释。

1. 从图书馆学层面上看，高校图书馆教学信息资源建设的目的之一就是为了开发、贮存和整合高校教学信息资源

我们知道，高校在日常教学工作中都在持续不断地生产出一系列的高质量的灰色教学文献资源，包括教学文件、教案、课件、试题等，应有序合理

地购置与教学相关的期刊、图书等教学文献，并利用网络优势搜索和存储有益的电子教学信息资源。这些教学信息资源在某种程度上反映了高校教学的实际情况，阐释了高校教学工作的秩序，凸现了高校教学的质量与水平，反映了高校教学工作所取得的成就，所以高校图书馆做好教学信息资源建设工作就是要发挥自己在教学信息资源开发和利用的过程中所处的优势作用，采取科学有效的策略与手段，对与高校教学相关的灰色文献和白色文献、实体文献和虚拟文献等教学信息资源进行合理的收集、分析、选择和整合，建构起高校图书馆完备的教学信息资源库，丰富、完善、健全高校图书馆的馆藏建设，以实现教学信息资源共享，并最大限度地发挥高校图书馆的社会效益与情报信息价值。这也是高校图书馆应肩负起的责任和功能。

2. 从高校教学层面上看，高校图书馆教学信息资源建设的目的之一就是为高校教学服务

这实际上也是坚持了图书馆的办馆宗旨，那就是要做到"读者第一，用户至上，一切为读者服务"。高校图书馆教学信息资源的建设在某种程度上梳理了高校教学的历史，廓清了高校教学的现状，并可以从中预测高校教学的未来。正因为如此，在教学信息资源的建设过程中，便可以了解高校教学工作的实际状况，看到高校教学中所取得的成绩与存在的问题，并对高校教学工作有更多的认知，从而把感性的认识提升为理性的观念。所以说，高校图书馆教学信息资源建设，就是要为高校领导层的教育教学决策、教学管理部门相关要求的提出、各院系（部）教学工作的实施、教师的课程教学与教学研究、学生的课程学习与教学实践等提供教学信息资源方面最强有力的支持，使教学信息资源直接服务于高校教学工作。

二、合理性原则

合理性原则是指高校图书馆教学信息资源建设，必须使其馆藏结构、管理结构和检索结构等都符合高校教学实际，合乎高校图书馆文献信息资源建设的一般规律和要求。

1. 馆藏结构

就馆藏结构而言，它应该包括内容结构、载体结构、空间结构、等级结构、时效结构、类型结构等多个不同的向度，只有做到这几个向度建设的合理性，才能满足高校图书馆教学信息资源功能转化的基本条件要求。限于篇幅，这里择其三个向度分析如下。

（1）内容结构的合理性

这个向度要注意两个问题：一个是教学信息资源在图书馆整个馆藏信息

资源中的权重；另一个是教学信息资源自身不同元素之间的结构比例。

前者是向外看，要考虑的是高校教学信息资源在高校图书馆馆藏信息资源中，究竟应该占多少份额才是合理的科学的，才能够既不浪费资金、空间等有限的硬件资源，又能够最大限度地满足高校教学工作对教学信息资源的基本需求量。因为各个高校的办学定位、办学理念、培养目标等各有不同，所以各高校图书馆在教学信息资源的建设过程中，应该根据自身的教学与教研实际、教学信息需求程度来决定教学信息资源建设的量度。

后者是向内看，要考虑的是高校教学信息资源自身的结构比例。高校教学信息资源范畴很广，可以从不同的侧面加以描述。就学科教学信息资源而言，包括重点学科、基础学科和一般学科的教学信息资源。根据学科地位或者说重要程度，在高校图书馆教学信息资源建设过程中就应该处理好重点馆藏与一般馆藏的关系，确保基本需要层，兼顾相关需要层。要确保重点学科教学信息资源建设强度，加大基础学科教学信息资源建设力度，兼顾一般学科教学信息资源建设比例，以使不同学科层次的教学信息资源的比例结构趋于合理，从而达到满足不同层次的读者对不同学科层次教学信息资源不同需求的目的。而不能是强调了重点，忽略了一般，使重点学科教学信息资源重复浪费，而一般学科教学信息资源欠收枯竭，造成比例严重失调，以致影响读者对一般学科教学信息资源的最基本需求。

（2）载体结构的合理性

载体结构是指用以承载教学信息资源的物质形态的分布状况。在信息时代，高校图书馆教学信息资源赖以附存的载体有实体和虚拟两种，由此就形成了实体资源和虚拟资源两种教学信息资源存在形式。要保证这两种不同载体的教学信息资源的常态分布，要合理科学地设置二者之间的比例结构，使二者相辅相成，互为补充，以满足不同阅读习惯不同层次的读者对不同载体的教学信息资源的要求。与此同时，还要注重不同载体内部各种载体的结构。比如纸质载体，还应该注重图书和期刊之间的比例结构。根据汪雪兴提供的数据，欧洲大学普遍重视期刊的收藏。比如 Blaise Pascal 大学图书馆藏书 100万册，其中印刷型（纸质型）期刊 1600 种，电子期刊 3000 种，由此可以推知这所大学对期刊载体、纸质载体的重视程度。推及教学信息资源建设上，也应该慎重考虑不同载体在承载教学信息资源时的作用程度，以便作出最适宜的比例安排。

（3）空间结构的合理性

空间结构是指教学信息资源赖以存放的物理位置和区域所分布的状况。按照图书馆的办馆宗旨，教学信息资源存放的空间分布结构应以创建以高校图书馆教学信息资源库为核心，以二级院系（部）资料室为多翼的集散型空间结构模式最为适宜。这样不仅有利于教学信息资源的建设，更有利于不同专业、不同学科、不同课程的不同层次的读者对教学信息资源的获取。

2. 管理结构

就管理结构而言，由于高校图书馆和二级院系（部）资料室的藏书结构的制约，以及在高校教学工作中作用程度的区别，笔者以为高校图书馆教学信息资源建设的管理结构应该坚持以高校图书馆为主导，以二级院系（部）资料室为辅佐的管理模式。教学信息资源建设不是某个读者的事，也不是某个院系（部）的事，而是整个学校的事，学校应该从整体利益出发，全校一盘棋，统一思想，统一筹划运作，制定统一的建设规划，采取适宜的建设策略与措施，以便于协作共建。在学校层面，高校图书馆应该积极主动地参与到各院系（部）的资料室建设中去；要以学校图书馆为轴心，指定图书馆的业务馆长兼职负责，专门管理人员具体从事教学信息资源建设和协调工作；要努力打通获取教学信息资源的各种渠道，建立吸纳教学信息资源的有序网络系统，使教学信息资源的收集与开发工作畅通无阻。在院系（部）层面，各二级院系（部）资料员应该把教学信息资源建设作为本院系（部）资料室建设的重要任务之一，担负起相应的责任和义务。做到责任明确，任务落实，建立起一支高效率的教学信息资源管理队伍，以实现教学信息资源管理结构的合理化。

3. 检索结构

就检索结构而言，可以根据专业方向、学科门类、课程设置、教学管理等线索编制不同的检索目录，可以利用网络优势编制网上检索途径等。这些检索途径的编制与开发应该遵循合理性原则，要开辟科学合理的教学信息资源检索途径，向读者提供最便捷最高效的检索手段和检索方式，以减少读者寻找教学信息资源的麻烦与不便，从而提高对教学信息资源的使用效率。

三、系统性原则

所谓系统性原则，就是在教学信息资源建设过程中，要把高校教学信息资源当作一个由不同历时层面的多种不同的信息要素按照一定的结构规则所构成的层次分明的有机整体来看待。这个原则既突出了高校图书馆教学信息资源建设行为，又重视了高校教学信息资源自身。这里主要从教学信息资源建设思路和教学信息资源自身的系统性两个方面加以论述。

1. 教学信息资源建设思路的系统性

高校图书馆教学信息资源建设必然是在一定的思路、观念的支配之下进行的，这是建构科学完善的教学信息资源系统的必要条件。它解决的是如何建设的问题，按照什么线索建设的问题，并由此最终形成一个什么样的教学信息资源体系的问题。由于教学信息资源建设者的主观意念和追求的目标不完全相同，所以不同的教学信息资源建设者就会有不同的建设思路，由此也就会建构出不尽相同甚至是完全不同的高校教学信息资源系统。因此，就一所高校而言应结合学校的教学实际，在宏观层面上应该统一认识，按照统一的建设思路进行教学信息资源建设。比如，在历时角度可以以教学信息资源生产出的时间为线索；在共时角度可以以专业方向——学科门类——课程设置为线索。前者比较简单，不再赘述。就后者来说，在时间轴的某个时间点上生产出或获取的教学信息资源应该是有秩序地关联在一起的，而且这些不同观测点上的不同教学信息资源自身还应该是自成系统，从而形成一个庞大有序的教学信息资源网络系统。

2. 教学信息资源自身的系统性

高校教学信息资源主要涵盖了教学管理文件，诸如教学管理部门的文件、规章制度、教学评价体系等教学管理信息资源；教学中介与凭证，诸如教学计划、教学大纲、教学参考书、讲义、教案、课件、教学进度表、教学手段与方法等教学用信息资源；教学结果，诸如课程成绩、教学反馈信息、教学心得、教学研究论著等教学活动后信息资源。在教学信息资源建设中，可依据不同的逻辑顺序来合理布局教学信息资源，以保持教学信息资源的完整性，从而使教学信息资源自身呈现出系统性和层次感。

其实，上述第二个方面的系统性是蕴涵于第一个方面的系统性之中的。也就是说，文字表述上我们把它们分开来说，但在实际操作中应该找到二者之间的结合点，把二者融为一体。在第一个方面建设思想的指导之下，把第二个方面所论及的教学信息资源通过一定的手段分门别类地联系在一起，这样建立起来的教学信息资源系统才是接近于科学的，才更有助于读者对高校教学信息资源的充分利用。

四、持续性原则

所谓持续性原则，是说高校图书馆教学信息资源建设应该用发展的眼光建立一种长效机制，在核心教学信息资源保持稳定性和连续性的前提下剔旧换新，不断丰富和完善高校教学信息资源。这种原则的提出，主要基于高校教学的实际状况以及教学信息资源自身的再生性、连续性和不断变化性，同时这也是高校图书馆馆藏情报信息资源建设的一般要求和规律。

"持续性"有两层内涵，一层是指高校图书馆教学信息资源建设的连续不断性，另一层是指高校教学信息资源产出与获取的连续不断性。

1. 高校图书馆教学信息资源建设的连续不断性

就第一层内涵来说，坚持持续性原则是说高校图书馆教学信息资源建设不是一蹴而就的事情，而是一项系统性工程。这就应该制定长远规划和短期计划，作出综合考虑，进行整体实施，并要重点参与、分步分类、共同建设，同时还要制定高校图书馆教学信息资源建设的具体方案，设计出教学信息资源的管理平台，探索教学信息资源建设的途径、方法和运营机制，并制订完备的业务工作标准和评价标准对教学信息资源建设的行为进行监督、控制和规范，以实现高校图书馆教学信息资源建设的长期性与有效性。

2. 高校教学信息资源产出与获取的连续不断性

就第二层内涵来说，就是要与时俱进顺应社会的要求和高校教学实际的变化与发展，注重高校不断产出和获取的教学信息资源，坚持动态观念不断更新和充实教学信息资源，使教学信息资源在发展中又有稳定，在稳定中又有发展，既保持核心教学信息资源的连续不断性，又能使一般教学信息资源得到有效的利用，从而达到在建设中不断健全教学信息资源的馆藏结构，在发展中不断提高教学信息资源馆藏质量的目的，以实现教学信息资源共享的最大化。

五、社会性原则

图书馆是通过人们对馆藏资源的利用来发挥和实现其主要功能的，接受图书馆服务的人员数量和广泛程度是图书馆职能发挥好坏的必要条件，读者越多、社会化范围越广，图书馆的各项职能发挥的条件就越充分。人们的依赖和社会的认可是图书馆不断发展壮大的动力来源。对这一简单的道理在理论上虽无异议，但在实践中却认为这只是公共图书馆的工作，与学术性、专业性、研究性较强的高校图书馆关系不大，这种依据服务对象的文化水平、社会地位和服务内容的深浅程度来局限高校图书馆的社会性，是简单片面的认识。在现代信息环境下，网络用户不受地域和身份的限制，网络延伸到哪里，本馆的潜在用户就发展到那里，从根本上解决了信息交流的通道问题。时代的发展使高校图书馆为社会公众和地方经济服务成为一个非常现实的问题，而不再是一个理论探讨的问题，社会信息中心应该是高校图书馆未来发展的一个方向。因此，对高校图书馆职能的认识不能再停留于只为教学科研服务的传统观念上，在数字资源建设的过程中，不但要考虑本校教学科研的需求，还必须要考虑到校外"非学术读者"的信息需求，考虑到当地经济发展的信息需求。学术性、理论性、研究性较强的信息资源是高校图书馆资源建设的重要组成部分，但不是全部。高校图书馆一方面要有意识地向社会展示现有的数字资源，让公众更多地了解自己；另一方面还要建立社会用户信息需求研究的专门机构，深入到地方政府机关、科研机构、企业农村等，了解掌握社会信息需求的动向，做到以用户为先导，既要考虑社会用户的现实需求，又要兼顾社会用户的潜在需求，有针对性地开发建设数字信息资源，充分体现高校图书馆为社会服务的办馆理念，使之尽快融入社会信息服务系统中去，在人们不断从中获得收益的过程中得到发展壮大。

六、标准化与规范化原则

数字信息资源的传播与利用是以网络为依托的，是实现全社会信息资源共建共享的前提条件，标准化与规范化直接关系到图书馆数字化建设的成败，必须作为一条主线贯穿于数字信息资源建设的全过程。在数字化系统建设过程中，各高校图书馆应设计建造统一的技术平台和网络信息服务系统构造，选择通用的技术标准、协议与规范以及可兼容的应用软件和硬件，如采用标准规范的数据著录格式、标准的通信协议，选用符合国际标准化工业标准的网络设备等，建立起支持多种协议、多种接口，具有良好兼容性与扩展性的开放式数字信息资源管理与服务系统，以便实现最大范围的共建共享。

七、安全性与可靠性原则

高校图书馆对数字信息资源进行加工、存储、传递与管理，并利用网络为众多的终端用户提供各种信息服务，因此，系统的安全就显得非常重要。数字信息资源开发建设的安全主要涉及数据安全、网络安全、信息安全等多个方面。为保证数字信息资源的安全可靠，应尽量选用技术成熟、性能稳定的信息存储与网络设备，利用管理系统的监测、诊断、过滤、故障隔离、在线修复等功能保证网络系统的安全性和数据的可靠性；要树立产权意识和保密意识，在资源开发的过程中，不损害所有者的知识产权，不泄露国家或单位的有关机密。

第四节　高校图书馆数字化资源的定位与体系

随着图书馆信息载体的多样化和网络环境的形成，传统的图书馆藏书发展的指导思想与目标发生了巨大的变化。那种收集读者潜在需求的全部资料，并保存在本馆内的传统指导思想；尽可能地满足读者的文献需求，并将全部文献保存在本馆内的传统藏书建设目标，已不能适应信息时代数字图书馆的发展趋势。充分利用各类信息资源，将传统图书馆的藏书建设向信息时代的藏书发展转型，用新的思维调整本馆的馆藏结构，变革图书馆的藏书体系，满足读者的信息需求，是网络环境下藏书发展的研究课题。数字图书馆的建设给馆藏带来了更丰富的内涵，文献资源的数字化使馆藏的外延在INTERNET上无限拓展，今天的图书馆越来越感到难以承受购置数字化资料的费用和添置设备的压力，合理的定位与规划本馆数字化资源建设是各馆面临的新课题。本文就高校图书馆的数字化资源的定位与体系提出一些想法。

一、高校图书馆数字化资源的定位

在高校图书馆中教师与学生是图书馆服务的主体，尽可能满足学校教学与科研对文献信息的需求是图书馆的服务宗旨。学生与教师两大读者群体对文献的需求有很大的差别。学生利用图书馆的主要目的是拓宽知识面，增进对专业知识的理解。他们的文献需求往往是与专业及课程有关或知识性的文献。获取知识的最常用方式是浏览，最常用的文献类型是图书，其次是期刊与报纸。目前在图书馆中，学生的文献需求较容易得到满足，需求的矛盾主要在量上，而不是在品种上，也就是复本少，无法满足众多学生的阅读需求。教师的文献信息需求可分教学工作与科研过程中的文献需求。教学工作的文献需求一般是以图书为主，对文献的时效性科技的前沿性要求不高。因而对学生的文献需求进而对整个学校教学的文献需求而言，图书馆的文献保障应能达到较高的水平。也就是对学校开展正常教学所必需的文献应尽量采用入藏方式，以纸型文献为主满足读者的需求。

学校的科研课题内容专深，所需的文献种类繁多，对文献信息的时效性要求高。学科的交叉性和科研的前沿性对文献的需求更是点多、面广，用人藏的方式达到较高的文献保障水平十分困难。从文献利用率角度来考察，科研课题越专深，越是前沿性的课题，相应的文献利用率越低，完全采用购进文献的方式提高文献的保障率并不经济合理，而这类课题往往代表着学校的水平，是图书馆重点保障的对象。随着电子出版物的日益增多和网络环境的形成，网上信息资源的利用变得十分便利。数字化资源采购有购进文献与购买服务这两种方式、利用购进文献与购买服务两种方式，利用丰富的网上免费资源构成本馆的虚拟馆藏，能为学校的科研工作提供完善的文献保障。因而高校图书馆把数字化资源建设的目标主要定位在保障学校科研对文献信息的需求上，是既经济又有效的文献保障手段。

根据高校图书馆的读者文献需求，在目前的技术状态下，从文献类型上分析，二次文献应优先达到数字化，一次文献中图书仍以纸型为主方便读者阅读，学术性期刊应逐步达到数字化；非常用期刊应以购买服务为主，专利、标准等其他类型文献也应以数字化文献为主。

二、定位的必要性及意义

定位是一种限制，是一种特色的体现。不同类型的图书馆由于履行的职能不同，数字化资源建设的方向也是不同的。高校图书馆同属教育系统，各馆工作任务和性质同属学术性服务机构相近。数字化资源建设的定位大致相同即体现专业设置特色，突出重点学科注重文化积存的同时，把握科学技术发展的最新潮流，体现科技时尚学术性与教学性并重，适度兼顾科技性。但由于各高校在办学的规模、层次、目标、任务等方面的差异，数字化资源建设的具体定位是各不相同的。因此各馆要认真研究和分析读者的需求，了解学校的发展方向和发展重点，系统而全面地调查现有馆藏资源，依据自身现状搞好数字化资源建设的定位，避免盲目地数字化、低水平的重复建设，造成人财物的浪费。科学、合理的资源建设定位具有以下作用：

1. 有利于保证资源质量

数字信息资源的内容选择如同传统图书馆的馆藏建设，其好坏将直接影响到数字图书馆的质量。合理的资源定位可使图书馆集中精力和技术力量，将在某些方面具有优势的文献信息数字化，确保资源建设的完整性、专业性、系统性及规范性，从而提高了数字化资源的质量。

2. 有利于体现本馆的特色

数字图书馆的建设是一个跨部门、跨地区的高科技大文化工程，需要各单位的分工协作。高校图书馆的资源数字化工作在走向整体化建设道路、实现资源共享的环境下，通过科学的资源定位，可以充分体现各馆的馆藏特色、专业特色及地方特色等。

3. 有利于提高数字化效益

经费紧张是高校图书馆面临的共同问题，而数字化资源的建设又是一项需要大量投入的工程，如果没有明确的资源建设的定位，各行其是，盲目地建设数字化信息，必然是成本高昂、重复建设、浪费惊人，重蹈传统图书馆馆藏建设的"大而全、小而全"的覆辙。

4. 有利于保护知识产权

世界各国的现行著作权法中对"擅自复制"都作了禁止性规定，以保护作者的合法权益，而目前国际上也都比较一致地趋向于将作品数字化界定为复制行为。虽然法律规定图书馆为保存目的的复制，适用"合理使用"原则。但如果盲目地将馆藏文献数字化，扩大了"合理使用"的范围，图书馆将面临信息产业界和法律界的双重压力。

三、定位原则

数字化资源建设主要包括"馆藏资源数字化""文献采购电子化""外界信息馆藏化"三个方面。无论是传统馆藏的数字化处理、电子文献的采购，还是利用网上资源建立的各种数据库，均需要依据各馆的具体情况量力而行。首先，要全面分析主客观条件，制订切合实际的数字化方案，了解和研究现有的网络化建设水平、经费运用情况、学校的专业发展趋势、进行数字化建设必需的技术水平、设备条件等，在此基础上，确定数字化选题、阶段实施计划以及资金分配方案等。其次，要充分估计客观情况可能发生的变化。如硬件软件的技术升级、数字文献的数据迁移、读者兴趣的转移、市场供求关系发生变化等。这些都会影响到数字化资源计划的可行性。因此，在制订数字化方案时，应对未来的变化有充分的思想准备，以便保持数字化资源建设的稳定性和连续性。大多数高校图书馆受资金、技术条件的限制，不可能跟踪和仿效大型重点馆的建设步伐，倾尽全部财力，不惜一切代价的进行数字化资源的建设。因此，根据自身条件，切合实际地选择数字化方向，是高校图书馆资源建设的明智之举。

（一）读者定位

现代图书馆和读者的关系是"以读者为轴心"，依据读者需求确定资源的建设、项目的设置、服务的模式等。因此，馆藏建设以市场需求和吸引读者为特征，数字化资源的选择无论在数量、质量、可用性、易用性上均应适应读者的需求。

高校图书馆读者以教师、科研人员、专业人员及研究生、大学生为主要群体。但随着学校办学规模迅速扩大、专业面变广、主干学科的研究不断拓深，读者结构和读者需求也在不断地变化。因此，认真了解读者、研究读者的阅读需要、阅读兴趣和接受能力，根据具体地读者对象的实际情况来研究决定所选文献的学科内容、水平层次、级别、载体形态、文献类型、数字化成品的类型等问题。如果不考虑数字化产品的读者定位，盲目地追随市场潮流进行数字化，就可能被市场所误导，导致产品背离读者的需求。

（二）特色定位

保证重点、突出特色永远是图书馆文献资源建设的基本原则。高校图书馆的数字化资源建设也应该像传统图书馆一样走特色馆藏建设的道路，选择其他图书馆没有不同的数字化文献信息，从而建立起具有自身特色的数字化资源体系。首先，选择体现本馆馆藏特色的特藏文献进行数字化。传统图书馆在过去长期的社会分工实践和图书馆馆际分工协调的基础上，已经形成了自己的馆藏特色，有自己的特藏。其次，选择体现馆藏质量和工作成就，反映图书馆的宗旨和风格特色的重点专藏，包括本校的重点学科主题文献与主要载体文献。

特色还体现在个性化，表现为数字化文献的内容、形式、编辑角度和编撰体例等方面的创新和开发新的数字化选题领域，或在原有的数字化选题领域中拾遗补阙。对于高校图书馆来说除图书馆现有馆藏外，还有一些特有的数字化资源，如校内出版物、颇有学术造诣的专业教师的讲义、各种学术会议交流所得的有价值的不公开发行的学术论文集，或某些具有较高的学术价值因种种原因不能出版的专著，均可以建立网上数据库。一个图书馆的数字化资源建设应该有自己的思路、风格、特点，不能一味模仿别人，这样网上发布的文献及信息才能在读者中留下鲜明的印象。只有拥有富有特色数字化文献资源，图书馆才能拥有众多的用户和获得长远的发展。

（三）组合定位

数字图书馆的目标市场是多层次的，根据不同的市场要求，数字化资源建设要采用不同的定位标准。比如馆藏资源数字化时，既可以按特色化的标准，重点选择其他图书馆没有或不同的文献信息也可以按文献的价值标准，选择具有长期使用价值的、存在文化价值和启迪价值的文献资料或具有保存价值的珍贵原始资料；还可以按读者需求的标准选择使用频率高的文献语息直接在读者需要时才数字化。

实行组合定位时，要求保持多种不同定位的数字化资源之间的内在联系，并将他们有机统一到整体定位形象中来。设计了一个综合的、多维的、组合性的数字化方案，使专业化与替及化有了相互融合的平台。

组合定位还要求在设计与制汀数字化方案时有一个总体的构思，合理规划各类文献资料的结构比例，不能随意拼凑、杂乱无章。

（四）效益定位

高校图书馆数字化资源建设的效益性包括社会效益和经济效益两个方面。社会效益主要表现为信息资源的完整性、及时性，给读者或用户带来的方便与满意程度，对社会发展所起的促进作用等经济效益主要是指对社会现实的生产力发展所起的作用。

高校图书馆历来是高校的文献资料保证部门，承担着全校教学、科研的文献资料保障任务。在数字图书馆时代，以传统图书馆为基础构建的数字图书馆仍然具有公益性和服务性的显著特征。因此，数字化资源建设也应以社会效益为核心，将收集、整理、保存和提供历史文化遗产、科学技术文献、社会发展的信息作为资源建设的主要任务。在选择数字化资源时，多安排一些具有重大文化价值、学术价值和长远生命力的选题，即使这类文献在经济与访问量上暂时绩效不明显，也要从社会文化建设的长远需要出发，在财力允许的条件下尽量保证，以充分发挥图书馆的社会功能。

在市场经济条件下，数字化资源建设必然要受到市场的竞争机制、供需规律、价值规律的制约。而且这是客观存在的，不以人们的意志为转移的。目前，图书情报界有些同志简单地把图书馆开展的"有偿信息服务""创收"工作等同于经济效益。实际上，图书馆生产的信息产品进入信息市场，只是图书馆服务的一部分，而非全部。而且这一部分所产生的经济效益也是有限的，非主要的。片面扩大"有偿信息服务"带来的经济效益所起的负面影响，都是对经济效益内涵的错误理解。

在数字化资源建设中，经济效益具体地表现为：

1.所选择的数字化资源是否有价值，包括是否有阅读价值（指通过阅读而获得的效益）、是否有信息服务价值。数字化资源只有在被利用和流通的过程中才会增值。如果资源数字化后没有人来利用，就实现不了它的价值，那么造成的巨额浪费也是可想而知的。反之，如果无偿提供资源，自己的资源被过度利用，失去了对资源的控制，也就失去了馆藏资源的价值。

2.数字化资源的"投入与产生"比例，即投资成本与预计效益之间的关系。数字化资源的选择不仅要考虑资源的价值，还要考虑数字化的成本与数字化资源的效益。目前，大多数高校图书馆还无力进行较大规模馆藏数字化转移项目，可以先做些简单的处理工作，大处理集中让中心大型馆来进行，但必须密切注视和跟踪最新研究动态和进展结合自身条件，有针对性地引进成熟的商品化的技术系统，以便于降低成本，提高效益。

总之，在市场经济大环境中，高校图书馆的数字化资源建设要在以社会效益为核心的基础上加强与经济建设的联系。

（六）标准化定位

数字资源标准化是一项非常重要的工作，它直接影响到资源库的制作质里和查询服务效果。数字化资源的标准包括网络资源的取舍标准、著录标引标准、数据的描述标准、元数据标准、置标语言标准等。

高校图书馆究竟选用什么样的标准，应从以下两个方面考虑：

1. 采用相关标准原则。尽量采用国家的、国际的标准和规范建设整体的数据库。避免国内早期开展自动化时所出现的不依规范和标准而盲目建立"简易格式"库和非标准书目数据库的浪费现象，即使有些不是严格按标准格式进行组织的资源库，也必须考虑对数据项的充分描述，在建库时留有余地，并对以后的数据转换与衔接留有灵活的接口。

2. 方便使用原则，包括工作人员进行信息搜寻、加工表述的方便和读者检索方便。所制定的标准要在操作中既有相对独立性，又有内在联系既能重复选择，又能智能组合既能描述数字资料，又具备逻辑结构，使用户不需要培训就能理解元数据库，使各馆之间的资源无缝链接。

高校图书馆的数字化建设将涉及许多重要的高新技术以及社会经济法律等一系列问题，上述定位标准只是其中的一部分。如果靠各馆自己的力量去解决是不可能有大的突破。因此，各图书馆应学习和借鉴国内外数字图书馆建设中的经验、教训，参照国家数字化资源建设的总体规划，根据本馆的具体情况，立足现实，着眼未来，及时而理性地行动。

四、高校图书馆数字化资源体系

面对良好的网络环境和多样化的信息载体，要保障学校教学科研对文献信息的需求，高校图书馆应该建设由馆藏信息资源、网上信息资源、虚拟馆藏资源、书目信息资源组成的数字化信息资源体系，为读者构建良好的文献信息利用环境。

（一）馆藏信息资源

馆藏信息资源是由图书馆购买的光盘或其他载体形式的电子出版物，存放在图书馆的信息系统中供读者利用。随着近年来电子出版物的迅速增加，馆藏文献中电子出版物的比例将不断提高，目前出版的电子出版物都具有相应的纸型出版物，如何协调好电子出版物与印刷型出版物的适度并存，以现有的购书经费达到最大限度的文献保障，是图书馆藏书发展研究的主要课题。如，目前国内出版的学术期刊基本都有电子出版物，订购了电子期刊并不意味着可全部砍掉纸型期刊，我馆采取的方法是常用期刊订购纸型与电子型双份，非常用期刊采用电子型，这样用原有的期刊采购经费可得到更多的期刊品种，大大提高了经费的使用效率。

（二）网上信息资源

网上信息资源是指 INTERNET 上的免费信息资源。随着网络环境的改善与 INTERNET 的信息日益丰富和有效（如专利文献的全文在 IBM 网站上可免费下载；许多，外文期刊也有免费的全文可供下载），网上信息资源已是图书馆数字化资源的重要组成部，分。为使本馆的读者能充分利用这部分资源，应开发建设专业信息资源库。图书馆的开发利用能力越强，可供读者利用的信息资源就越丰富。开发利用这部分信息资源是对馆藏十分经济有效的补充，因而对网上信息资源应给予充分的重视。

（三）虚拟馆藏资源

虚拟馆藏资源是指图书馆在 INTERNET 上通过付费而获得的文献信息资源的使用权，一般称为购买服务。相对而言，购买服务比购买电子出版物更具有使用效益，但这类资源需建立在良好的网络环境基础上。购买服务有两种方式，一是购买一定用户数的资源网站使用权，EI、INSPEC 都有这种订购形式；另一种是用时付费的资源系统，如 0CLC、DIALOG 都是有这种方式。前者所需费用较高，一般可用于本馆的常用文献或重点学科的核心文献，可服务于多数读者，方便读者使用；而后者主要应用于本校各专业的相关文献，这样可提高经费的使用效益，并可大大提高本馆的文献保障率。在实际应用中要建立下载文献数据库，以提高文献的使用率。随着数字图书馆的发展，相信这类资源在图书，馆的数字化资源越显其重要地位。

（四）书目信息资源

书目信息资源也是图书馆数字资源的重要组成部分，包括馆藏目录和联合目录。书目信息是读者利用图书馆与馆际互借的重要工具，完善的图书馆书目信息系统应有两个组成部分：一是包含有本馆的各类文献资源，如图书、期刊、非书资料、电子文献、音像资料等一切可供读者利用的文献资源，向读者完整的反映馆藏；二是可供本馆使用的联合目录和与本馆有馆际互借关系的图书馆书目，方便读者馆际互借。目前我馆目录大厅的书目检索系统已能检索到十余个与我馆有馆际互借关系的图书馆的书目。

这四个方面的信息资源可构成较完整的数字化信息资源体系，在当前各馆的数字图书馆资源建设中，各类信息资源相互补充，才能形成完善的馆藏资源体系。

第五节 大数据时代下高校图书馆数字资源建设分析

大数据时代，高校图书馆数字资源建设面临前所未有的机遇和挑战。高效的网络信息传播，为读者阅读提供了更加便捷的用户体验。但是，在高校图书馆数字资源建设中，还面临资金投入、设备引进、网络宽带数据建设、网络信息流通管理等一系列问题，只有处理好了这些问题才能真正实现高校图书馆数字资源的共享。

一、大数据概述

（一）大数据的概念

2009 年，麦肯锡公司首次提出了大数据的概念；2011 年，大数据概念从硅谷蔓延到北京，引起了相关机构的关注。大数据是指在某个时刻不能被传统数据库软件工具抽象处理的数据集合。实际上，大数据不仅是许多数据的集合，而且在存储方法和处理技巧上有别于传统数据。传统的数据主要包括数字和单词，数据一般都存储在数据库中，结构明确，数据元素之间具有相关性。例如，用户信息通常包括身份证、姓名、性别、出生日期等，这些结构化的数据彼此具有一定的相关性，数据量小，通常低于 TB 字节级。而大数据包含数字和文本，以及非结构化数据，如图像，音频，视频，链接等。在处理技能方面，大数据需要将数字、文字与视频、图片等非结构化数据一起处理，其处理的数据量能够达到 PB 级甚至更高。可以说，大数据不仅意味着数据量大，而且意味着数据处理的速度快。

（二）大数据的特征

1. 大数据信息非常丰富

互联网信息服务在很大程度上方便了用户，也有利于信息共享。在网络环境下，用户对数据信息的需求在不断加大，这在多方面影响了大数据的存储与利用。视频印象、图片图画及文件等以不同方法的数据呈现在人们的日常工作中，数据在真实、有效地表达需求方面的效果日益显著，方法也日益多样，数字资源的数量也相应增长。

2. 数据结构复杂

互联网时期的数据方法非常烦琐，且计算机信息处理能力在不断地发生改变。网络沟通平台处于快速发展中，人们对数据的需求日益增加，数据信息的种类日益多元，不同信息采用不同的存储方式进行存储，使得数据的处理方法也变得更加复杂。

3. 数据价值密度低

数据价值密度与数据总量之间的关系通常是成反比的。数据总量越低，数据价值密度越高。一段特定时长的视频，可能在几秒钟内才有有价值的数据。在庞大繁杂的数据信息里价值是有限的。当前大数据时代急需解决的大问题是如何使用精密的算法来达到提取核心价值的目的。

二、大数据下高校图书馆数字资源的建设问题

目前高校图书馆文献资源建设的核心问题是数字资源建设，高校教学科研对此需求很大。通过对比我国大部分高校图书馆数字资源建设情况，我们发现，数字资源建设对于图书馆的发展十分重要。但是，目前图书馆数字资源建设方面还存在以下 4 个方面的问题亟待解决。

1. 资源整合力度不够

数字资源优化整合，即根据特定要求，把数字资源进行重组分类。当前，部分高校的图书馆数字化体系还处于相对孤立的状态，其信息化建立仍然停留在信息孤岛阶段，资源整合力度较小。高校图书馆应根据实际状况，优化数字资源配置，优化整合各种资源，实现数字资源利用的最大化。

2. 数字资源的存储核算和备份需求高

在大数据环境下，高校图书馆数字资源存储表现出品种繁杂，结构杂乱，存储空间大的特点。杂乱的数据会使数据处理的难度增加，从而产生更多的信息冗杂。因此，需要对数据进行精简和优化，做必要的备份和存储，减少不必要的数据核算。

3. 数据安全问题

大数据中的很多数据借助云核算，分散储存在各个"云"中。而用户的动态性和云核算的杂乱性等，使得存储的数据存在安全隐患。高校图书馆的数据信息同样面临这种信息安全隐患，特别是用户的个人信息、图书馆的重要数据等。

4. 专业人才比较缺乏

大数据技能通常包括：人工智能、云核算、并行处置、散布式处置、数据挖掘、数据存储备份以及可视化分析等技能。高校数字资源建设的客观实

际，需要高校图书馆员利用大数据技能，收集、整合、分析相关数据，并将数据转换为有价值的信息，深入浅出地反馈给用户。然而，目前这方面的人才缺口还很大。

三、大数据时代高校图书馆数字资源建设的策略

（一）重视图书馆人才队伍建立

精通计算机及图书馆情报知识的全能型人才是高校图书馆急需的。首先，高校应积极引进数字资源建设方面的专门人才；其次，加强图书馆在职员工的信息技能培训；最后，图书馆可以采用"不求我有，但为我用"的思路，与高校内其他部门、院系或其他单位开展人才交流与业务交流，借助社会资源促进自身建设。

（二）实施数字资源的动态化处理

为了缩短数据搜索的时间，提高资源的利用效率，在高校图书馆数据资源建设中充分运用动态化数据处理方式，根据数据使用的实际情况，对数据库进行动态处理。通过分析图书馆日常数据资源可知，目前，不仅要中止清算那些下载率及阅读率很低的数据库，还要加强利用率高的数据库建设。

（三）提升数字资源安全防范意识

建设高校图书馆数字资源，不仅要进一步挖掘大数据的价值，促进数字资源的共建共享，还要增强图书馆员的数字资源建设的责任感和使命感，加强其信息技能培训，提高其数据安全防范意识，特别是对个人隐私、受版权保护等不能共享数据的重点保护。在个人信息保护的具体操作方面，可以让用户自行选择个人登录图书馆等行为数据是否需要保存以及保存的期限。

（四）建立数字资源共享的协作机制

高校图书馆要在协作沟通的基础上，建立数字资源的共享机制，扩大数据资源的共享规模。共享机制的建立可以使用户在网络条件下，更便捷地使用多种数字资源，提高对数字资源的利用效率。

（五）加强特色数据资源库的建设

高校图书馆建立特色数据资源库，要坚持规范性、时效性、完备性等原则，注重信息的共享。建立特色数字资源的重点是要注重资源库中数据的组

织构成。因而，在设计特色数字资源库时，要重点关注"信息导航""字段检验"以及"资源衔接"等项目。要依据实际需要设置相关数据库网站和代码，从源头上为客户提供一站式服务。同时，在元数据设计相关方面，要对不同类型的数据资源进行细致描绘，最大限度地满足用户需求。例如，一方面，对视频文件、互联网数据资源、电子图书及相关资源位置进行标注；另一方面，对文献、参考文献资源及元数据等相关材料进行标引，并将相同数据库的材料进行科学整合，防止错误，进一步提升检索效率。

（六）建立信息推送服务

如今，人们可以通过共享、评估等方法获得更多的信息资源。高校图书馆可以利用大数据，收集读者的年龄、性别、爱好、检索习惯等信息，发掘有价值的数据关系，了解读者不同阶段的个性化特征，捕捉他们感兴趣的内容，并向他们推送所需要的、有价值的信息，使读者可以更加快速地获得想要的信息。

（七）提升高校图书馆员素养

高校图书馆员为大数据时代的核心资源。大学图书馆建设不仅要升级硬件，更要提升软件，而加强图书馆员的综合业务培训是其中的重要内容。只有顺应时代要求，加强数字化建设，提高图书馆员数字资源建设的综合技能，才能真正提升图书馆的信息化服务水平。

四、高校图书馆数字化资源共享的对策

高校图书馆数字资源共享必须结合大数据特点和资源现状，以读者需求为导向，博采众长，突出特色，有计划的实施。

（一）增强共享意识，推动数字化资源共享建设

数字化资源共享建设是一个加工整合后的概念，"建设"和"共享"是同时的，类似于权利和义务的关系。长期以来，各大高校图书馆仍停留在传统思想和保守主义上，图书馆建设一直以满足自身教学、科研及学科建设为主，停留在自我建设的理念上。在这种指导思想下，建设的图书馆往往会造成资源没有充分利用共享、重复建设等问题。因此，应该转变思想，更新观念，增强信息资源共建共享的意识。数字化资源应建立在各高校图书馆共建的基础上，各个高校图书馆无论规模、资源的存储量大小，都可以成为资源的共建及共享馆，既可以输出资源，也可以共享资源，既有共建的义务，也有共享的权利。

（二）改进管理制度，建立共享机制

由于各高校图书馆办馆规模不一，资金投入不均衡，数字资源购买量不一，对资源共享的贡献及需求有着较大差异。要使各高校图书馆携手合作，保障数字资源共享的顺利进行，就必须改进管理制度，建立协调、共享机制。管理制度发挥着十分重要的作用，改变现有的各自为政、独立管理的制度，实行馆内协调、馆际互助的方式，利益共享，建立良性互动关系，进而有效地突出高校图书馆数字资源共享的作用。

（三）加快高校图书馆数字化、网络化建设

大数据时代背景下，数字化信息资源的大量涌现和广泛应用，为高校图书馆数字资源共建共享创造了良好的大环境，提供了基本的条件。要实现全国各大高校之间、区域高校之间图书馆的数字资源共享，就必须建立统一的系统，而且图书馆信息技术的发展要向数字化、网络化发展。利用互联网这个渠道建立资源共享的统一系统，就要求建立海量存储系统，装备高端服务器，不断完善高校图书馆的网络环境，整合各高校的数字资源，形成一个系统的数字化资源体系。这个体系中，各高校根据自己的专业情况各取所需。同时，引进适应图书馆数字化资源建设发展的专业人才，在馆员中积极普及信息处理技术，让更多的馆员具备建立数字图书馆的技术要求。

（四）构建法律保障体系，保障各高校图书馆权益

构建法律体系是高校图书馆数字化资源共享建设的重要保障。数字化资源的共享建设是一个系统工程，需要多个高校合作进行。为了保障各高校图书馆的权益，就要制定相应规定，确保各高校图书馆尽到义务，享受权利。另外，在规定制定之前，尽可能地预测在共享建设中可能产生的问题，制定可行的解决方案，构建成熟的法律体系，使各高校图书馆真正分享到数字化资源共享的益处。

（五）整合各高校特色资源库，实现资源共享

近些年来，全国各大高校图书馆在数字化资源建设中，大都已建成了相当数量的特色数据库，特别是一些综合类和专业特色比较明显的高校都建有自己的特色资源库。可将这些特色资源中的部分内容进行整合，形成高校数字化资源共享建设中的有机组成部分，将会为各高校师生教学、科研、自主学习深造提供系统化的信息服务。建立特色数据库是一项较大的工程，单靠一馆之力很难完成，需要跨地区、跨行业、跨部门的广泛协作，发挥各种优

势，共同建设。性质、功能相似的图书馆在其特色文献资源建设时总会有相互交叉的部分，如果各自去开发，则会造成大量人力物力的浪费，因而联合建库是避免资源重复建设的最佳选择，联合建库方式在地方文献数据库建设中比较常见。

大数据时代的到来，为高校图书馆的发展带来了前所未有的机遇和挑战，数字化资源共享建设也将成为高校图书馆发展的一个新的起点和契机。构建数字化资源共享机制是我国高校图书馆自身发展的要求，也是高等教育发展的要求，数字化资源共享建设可以促进高等教育更好更快地发展。如果说传统图书馆承担了储存文明、传播文明的重要功能，那么大数据背景下的高校图书馆数字化资源共享，必将为图书馆事业的发展注入新的动力。

第六节 基于应用层的高校图书馆数字资源统计系统

近年来，随着信息化、数字化建设步伐的加快，数字资源在图书馆的馆藏建设中所占比例越来越大，尤其在高校图书馆，教学和科研等各项工作都无法离开数字资源的支持。如何客观评价数字资源的使用情况和成本效益、掌握读者的信息行为，进行有效的信息推送已经成为图书馆不可缺少的工作之一。

传统数字资源的统计和分析是每个图书馆的日常工作，统计的数据来源主要有三种方式：本地镜像数据、远程访问数据和校外访问数据。本地镜像数据是指数据库安装在图书馆机房内的数据库；远程访问数据是指数据库不在本地，读者通过 IP 授权进行访问的数据；校外访问数据是指读者通过身份授权进行访问的数据。这三部分的统计数据可以通过两种途径获得：（1）数据商提供，数据库商以 E-Mail 方式或者 QQ 将用户使用电子资源的统计数据发送给图书馆管理人员，如中文发现、万方数据、超星电子图书等；（2）本地查询，数据库后台提供管理功能，各馆的管理员定期通过网络账号登录获取所需要的统计数据。这两种获取途径都是以数据库商作为数据的唯一来源。其缺点显而易见，如统计数据来源单一，数据的可靠性值得商榷。当数据库数量较少时，这种数据来源基本能够满足日常工作的需要，当数据库数量面临数百个、同时一个数据库具有远程访问和本地镜像两种访问方式需要进行统计分析时，统计工作将会变得纷繁复杂。由于每个数据库的统计标准不一样，内容相似的数据库无法进行横向对比。因此选择一个统一的统计平台，避开不同数据库厂商的数据库平台的应用异构和数据库异构问题，对全部数据库进行客观公正的统计显得尤为重要。

一、数字资源统计系统的研究

（一）数字资源统计研究现状

对于数字资源统计，国外从 20 世纪 90 年代以后开始进行理论研究。同时一些国际组织和标准化机构在理论研究的基础上制定了一系列标准，如：ICOLO 指南、NISO 统计标准 Z39.7、COUNTER 项目等。

（二）两种不同架构的数字资源统计系统

1. 网络层架构的数字资源统计系统

笔者通过调研发现，目前国内数字资源统计系统的架构主要有两种方式：基于网络层的统计系统和基于应用层的统计系统。

该架构主要是采用旁路部署方式，也就是在校园网络中，采用核心交换机端口镜像的方式获取网络中对图书馆数字资源访问的数据信息的方法。镜像数据流量采集的方法，不影响网络的原始架构、不影响网络的数据流向、不会造成网络瓶颈以及可以有选择的采集不同类型的数据信息。该方式在不改变用户访问电子资源习惯的基础上，对用户访问电子资源的网络流量进行实时完整捕获和统计分析。系统前端采用高性能的网络流量捕获分析系统，集网络流量采集、流量在线分析、电子资源访问行为统计于一体。

目前这种技术方案在国内已经发展了五六年，在中国高校图书馆内已经有不少实用案例：具体系统产品主要：RGS1800 系统、ERU 系统和 DRAS 系统。例如：西安交通大学图书馆使用的是 RGS1800 系统、复旦大学图书馆使用的是 ERU 系统、北京体育大学图书馆使用的是 DARS 系统。RGS1800 系统的主要优点是数据统计算法严格遵循 COUNTER 统计标准，能够分析统计各电子资源的检索量、下载量、被拒绝请求量等统计数据，并生成 COUNTER 格式的统计报表。后台管理界面清晰简洁。缺点是该系统不具有拦截功能，当有电子资源超量下载时，无法进行阻拦，需要另行购买系统实现拦截功能。ERU 系统的主要优点是通过用户 Web 访问页面进行页面仿真建模分析，可以实现基于"访问内容级"的统计分析和建模，深层次获取图书馆知识发现和学科服务所需的数据集。同时可以实现图书馆电子资源使用统计按照 COUNTER 规范进行统计分析和对恶意下载行为的实时监控。ERU 的最大特点在于可以存储完整的读者访问原始数据，为以后图书馆进行大数据挖掘和分析提供可能。

基于网络层的这种统计方式现阶段存在的主要局限在于：需要在学校网络中心部署旁路镜像服务器和采集卡，为日后的维护带来一定的复杂性；对于 https 加密的数据库暂时无法进行统计；对网络层数据的采集，各个高校网络中心对于数据的安全性有所顾忌；同时，软硬件同时部署的方式，价格高昂，投入后与后期使用后期望的统计结果会有一定差异。正是在这种背景下，基于应用层的数据统计系统产品应运而生。

2. 应用层架构的数字资源统计系统系统

以图书馆基础架构的电子资源利用统计设计，统计数据基于图书馆基础服务架构模式获取，采用透明网关模式实现用户对电子资源访问动作信息（访问日志）的获取、记录并依据一定算法获得利用情况。

在数字图书馆的建设中，图书馆门户（Portal）和统一用户认证机制使得读者用户通过图书馆门户就可以方便地使用各种电子资源。图书馆只要通过统一用户认证的设置和统一的计数方法，利用这些日志统计数据就可以统计电子资源中各个数据库的使用情况、确定用户使用倾向和模式，横向对比数据库的使用率、成本分析等各种数据的统计分析。

该系统应用架构主要由两个部分组成：数据采集系统和统计分析系统。数据采集系统实现收集读者对电子资源的使用数据的采集，也就是读者的行为日志。统计分析系统又包括三个子系统：对日志数据的存储，将日志数据进行分析和整理，对日志数据进行多维度的展示。

二、应用层数字资源统计系统的关键技术

应用层的数字资源统计系统，利用了许多关键技术实现其功能。主要有：透明网管技术、URL 地址重写技术、跨域名 Cookie 重新写技术、流量跟踪检测技术、浏览器隧道技术等成熟的信息技术作为应用系统的核心技术。通过这些核心技术的组合实现了图书馆对电子资源利用的有效监控及使用数据的统计、分析、评估与辅助决策服务。

（一）URL 地址重写技术

URLRewrite 即 URL 重写，就是改写网页里的 URL，重定向到其他 URL 的过程。URLRewrite 最常见的应用是 URL 伪静态化，是将动态页面显示为静态页面方式的一种技术。透明代理服务器就是可以利用 URLRewrite 技术，通过改写受 IP 控制电子资源 URL，使之转换成链接代理服务器新的 URL。比如图书馆内的电子资源 CNKI 的地址是 http：//www.cni.net/，URL 重写代理服务器的地址 http：//urlproxy.my.com/，那么经过 URL 重写后 CNKI 的地址是 http：//urlproxy.my.com/www.cnki.net/。发布公开的地址 http：//urlproxy.my.com/www.cnki.net/ 作为读者访问地址。由于重写后的 URL 地址太长，改

进方案为 www.cnki.net 起个别名，然后重定向到这个 URL 地址。比如 http：//urlproxy.my.com/CNKI/，当读者从浏览器访问这个地址的时候，实际上是访问 www.cnki.net 网站内容。

网站 HTML 页面里所有的 URL 地址，都必须得到重写，否则当用户在这个页面点击没有被重写的 URL 链接，浏览器就会转向链接所指向的原始的网站去了，不会通过重写服务器。系统会对页面里大多数 URL 地址进行自动重写。但因为网页内 Java script 脚本复杂多样，计算机不能全部识别，因此对于部分网页需要通过配置过滤器，告知重写服务器对这些脚本中的 URL 如何重写。这种方式最大的优点是服务器只需要用一个端口即可实现对所有电子资源的访问，如果是端口重写的方式，需要放开的端口将会大大增多，带来一定的安全隐患。

（二）跨域名 Cookie 技术

由于用户的登录信息需要保存在 Cookie 里，但 IE 的安全性不允许 Cookie 跨域名或 IP 地址。因此，当用户在一个服务器登录成功后，另一个服务器很难检测到其是否已登录。通过跨域名 Cookie 技术可以实现单点登录，即用户只需要在第一次身份验证的时候和统一认证服务器进行通讯，认证通过后就可以直接和各电子资源服务器进行页面数据交换了。采用这种方式避免了用户和资源服务器通讯都通过代理服务器方式所容易导致的网络瓶颈问题。

使用基于应用层的数字资源统计系统最大优点不需要硬件数据采集卡，降低了系统成本；不从网络层获取流量数据，打消了学校网络中心对数据安全的顾虑。应用系统服务器直接安装在图书馆机房内，方便维护管理。同时读者不需要客户端的安装，既对通过管辖的全部数据库实现了透明访问，又对读者的访问行为进行全部记录。便于今后的数据分析。

三、系统的主要功能

系统在功能上主要由三部分组成，统计分析功能、管理功能和安全控制功能。

（一）统计分析功能

统计分析功能是系统的主要功能，主要是采集读者行为数据进行分析和处理，得出详细的各类分析报告。可以通过时间、用户及用户组或电子资源及电子资源的分组，实现对访问量、点击量、传输流量、检索量、检索词、细览量、下载量、下载内容、访问终端的统计和排序，可查看详细的用户访问明细。并可对电子资源的使用情况进行利用比较、趋势分析和成本分析。

统计分析功能共有 5 个模块组成：资源统计、读者统计、词类统计、成本分析和分析报告。资源统计涵盖了读者访问的各种资源的统计，主要包括：访问总量、检索总量、浏览总量、下载总量、下载总流量。访问终端统计、访问明细、趋势分析和成本分析。

可以通过数字表格、饼图、柱状图、坐标图等图表形式对各资源的使用情况做出对比和分析，并导出 word 或 pdf 格式。

（二）管理功能

管理功能可分为资源管理功能和读者管理功能。资源管理主要是对需要进行统计的数字资源进行统一资源配置，实现对数字资源的添加、修改和删除等功能；读者管理功能是对读者进行用户组的管理，根据不同角色的读者划分不同的用户组，进行分组统计。

（三）安全控制功能

系统可以实现流量限制、访问预警。包括下载量限制、按时间段、按用户组、电子资源等限制流量；包括流量过量、下载频次、异常预警；包括流量、访问量、点击量、整体利用、访问成本、检索成本、下载全文成本分析等。

实现对读者恶意下载或超限下载的发现、提醒以及阻断的功能，达到提示读者不规范的资源访问行为、保护图书馆所购电子资源不被资源提供商停止服务的目的。对于不同资源来源可定义不同的超限访问行为模式，且同一资源来源可同时定义多种模式，同时生效；不同资源来源的阻断访问方式可不同，可根据具体超限访问模式对应相应的阻断方式；根据读者进一步的访问行为如果继续超限，则可加重阻断方式直至封禁用户 ID 或 IP。

由于系统采用的是应用层的设计方案，基本上不会受到黑客和病毒的攻击与侵犯，保证系统和访问的安全，考虑了数据传输的 SSL 加密传输，完全实现了数据的安全传输。

对于资源访问量大的用户，系统采用负载均衡方式分担访问压力，确保不影响对电子资源的正常访问。

四、应用案例

山东大学图书馆在前期大量调研的基础上，经过对比分析，从数据的安全性、维护的便捷性、今后数据管理的一致性以及系统的购置成本等多方面综合考虑，在 2015 年 12 月最终选择了基于应用层结构的 IFC 易瑞电子资源利用统计系统。该系统经过了前期半年的内部测试工作，系统运行稳定，管理操作便捷。同时，由于该系统和图书馆正在使用的身份认证系统以及校外访问系统是基于一个平台开发的，因此统计系统正式上线后，三个系统的统计数据将会纳入一个统计平台，简化了统计数据的管理。

五、存在的不足

系统在测试期间，在系统的稳定性上，总体运行状态良好，偶尔会出现Tomcat 假死状态，此时需要工程师进行后期处理，单独对采集的数据进行传输；在统计数据的准确性上，通过对比发现：数据库本身统计的下载量与使用统计系统统计的下载量会有个位数的数量差别，原因在于读者使用下载工具下载时会有丢包、拆包等现象的发生；由于只有经过身份认证进行访问的数据才可以采集到，读者因访问习惯进行数据库网址收藏的这部分数据暂时无法纳入统计中，给统计数据的准确性带来一定的偏差；对于一些特殊的、带有阅读器客户端的数据库，如中国基本古籍库，统计系统暂时无法进行资源配置，因此这部分数据无法进行统计，会有数据的遗失。

六、展望

在当今各行各业都在进行大数据分析的背景下，数字资源的统计将是一项长期的系统工作，它将为图书馆行业开展大数据分析奠定基础。基于用户信息行为的动态数据采集可以更加有效地分析、研究一个机构的学科发展过程、特点和趋势，为高校的学科发展确实提供理论依据。基于数据库访问的统计分析，将为图书馆构建合理高效的数字资源馆藏提供科学的依据。基于数字资源的绩效评价，也将是数字图书馆今后科研的一个重要课题。

第七节 高校图书馆数字信息资源共享平台的构建

高校图书馆现代信息技术的发展，为图书馆信息资源数字化奠定了基础，为图书馆给用户提供优质高效的知识信息服务创造了条件。同时，用户在利用图书馆过程中对其提供的信息服务不再是简单的被动式服务，而是越来越要求做到及时、全面、迅速、专业，用户即使不亲自到图书馆也可以获取到自己所需的文献信息，享受图书馆为其提供的高质量个性化专业服务。如何适应技术的发展和用户服务需求的变化，这就促使图书馆必须加快数字信息资源服务与共享平台建设，通过构建高校图书馆数字信息资源服务与共享平台，作为图书馆与用户进行交流、提供服务的窗口，也是高校图书馆服务创新、更好地为高校教学、科研提供信息服务的桥梁和纽带，从而不断提高图书馆信息服务保障能力，更好地为用户服务。

一、图书馆现状

（一）图书馆信息资源类型更加丰富

目前，各高校图书馆除收藏一定规模的各种类型的纸质非数字化文献信息资源外，还收藏着大量的数字化信息资源。这些非数字化信息资源在利用过程中由于各自特点给用户利用都带来一定的不便，如：纸本信息资源由于种类繁多，再加上传统的"重藏轻用"观念，以及其复本、空间限制和流通损耗，使得其不能得到充分利用，而数字化信息资源由于信息资源的收藏范围有限，很多用户需求无法得到满足。

（二）用户阅读习惯更重视数字化信息资源

当前图书馆传统借阅服务正在受到巨大挑战，用户越来越喜欢通过数字化信息资源来查找自己所需信息，而且数字化信息资源由于具有检索速度快、无限复制性、直接可以下载全文等优点，用户到图书馆查阅纸本信息资源的次数不断呈下降趋势，反而数字化信息资源越来越得到用户的重视。

（三）信息资源共享成为图书馆发展的趋势

在信息时代信息资源飞跃增长的背景下，高校图书馆不得不放弃"大而全"的服务理念，转到"重用轻藏"的观念上来，各高校图书馆正逐步实现信息资源共建共享，相互补充。如：CALIS 共享服务、国家图书馆馆际互借服务、NSTL 文献传递服务的开展标志着信息资源共享真正成为高校图书馆服务的未来趋势。

（四）数字化信息资源缺乏统一服务与共享平台

随着高等教育的飞速发展及高校办学规模越来越大，很多高校图书馆不得不在每个校区成立分馆，并且学校周围大型工厂企业、科研院所、社区学校云集，这些校外区域用户需求很大，这就给图书馆数字化信息资源的开发利用创造很好的条件，再加上图书馆缺少统一服务与共享平台，在图书馆信息资源种类、渠道越来越多的情况下，用户检索时需登录每一种信息资源平台逐个检索，浪费了大量的检索时间，同时也造成图书馆不能为学校及周边地区区域内用户提供优质服务和实现资源共享。综上所述，图书馆迫切需要尽快加强信息资源的整合与利用，改善馆藏信息资源的数字化水平，提高数字化资源的服务质量，实现数字化信息资源的共享，以提升图书馆数字信息资源服务能力，最终实现图书馆数字信息资源服务和共享平台的建设目标。

二、建设共享平台的基础

（一）协调一致的发展目标

"资源共享、利益互惠"应该成为驱动各高校图书馆发展所追求的目标。要保持目标的一致性，首先要加强各高校图书馆间的资源采集规划衔接，防止雷同和重复建设。注重资源布局的梯度和分工，发挥优势，形成产业链，增强产业联动效应。但是在实际运作中，各高校图书馆由于各自在发展规模、水平、管理模式、人力和财力资源以及发展目标等方面存在较大的差异性，主要表现在利益和要求上的不平衡。同时，各高校馆作为独立的组织个体，为适应社会需求，总是在不间断地改变着自身的生存和发展方式。为此，各高校馆有必要随时对各馆状况和发展目标进行定期检查，以确保目标的协调一致。同时，各馆必须及时考虑各种变化因素，平衡各种利益与要求，确定共同的发展目标，形成和保持一致的目标。

（二）建设各馆的特色馆藏

图书馆的信息资源建设与该馆馆藏、院校类别、招生对象、学科专业、人才培养、科研项目、教学需求、资金设备等实际紧密结合起来，走具有自身特色的数字化馆藏的发展道路。同时，还可探索走馆藏与开发结合起来的路子，创办具有各馆特色的电子刊物、电子专藏、电子题库等，实施馆藏与开发信息资源互补，双轮驱动，从而加快信息资源特色建设，不断完善特色信息资源的服务体系。每个高校图书馆都能够清楚地拟定自身藏书的特色以及在共享平台藏书结构中的地位，并且在已有特色的基础上按照分工进一步巩固和发展特色，那么各馆就能在整体上形成优势互补的良好局面。各馆在特色馆藏方面的合作，不仅可以优化图书馆的特色服务，而且能够大幅度提高读者对图书馆的满意率。

（三）建设统一的平台目标

信息资源共建共享，实现的方式只有一条路可走，建设一个资源共建共享的平台，通过平台来实现数字信息资源的共建共享。平台的任务是提供一个方便、快捷的信息传递方式，让各成员馆的读者能轻松地检索和取得所需信息。数字信息资源共享平台应对区域中心图书馆、各成员图书馆和数据库商的各种异构数字资源进行整合，为用户提供一种更好的整合检索服务，从而提高资源的利用率。

三、共享平台建设构想

各馆资源数据库有各种不同的数据模式，它们之间可能存在着各种差异和冲突。为了给多数据库用户提供透明的访问接口，需要在共享平台的全局层屏蔽这些差异，但又不能简单地通过修改局部模式来解决，因为共享平台要保证各成员数据库的自治性，以保证那些建立在各自数据库之上的原有应用程序仍然能够继续运行。通常的办法是在共享平台中构造一个全局模式，这一全局模式是由各参与的成员数据库中的局部模式经过一定的模式变换得到的。

各图书馆有不同类型的数字资源，并有其不同的数据存储格式、访问方法和检索界面，有的部署在本地，更多的分布在异地和国外。共享平台旨在针对这些异构数字资源为用户提供一种更好的整合检索服务，从而提高资源的利用率。

共享平台能够对分布在本地和异地的各种异构资源提供统一的检索界面和检索语言。共享平台提供全方位的检索方式，不仅支持布尔检索、相关度检索、全文检索，还支持多种检索运算符以及组合检索（检索表达方式中混用全文和字段模式）、位置检索、英文词根检索，能够为专业用户提供特别的检索服务。利用数字信息资源共享平台，管理员能对各种信息资源的访问进行限制、监控、统计、计费等处理。管理员可自行制定有关资源的访问策略，以便更好地提高资源的利用价值。

共享平台提供了基于异构系统的跨库检索服务，用户可按学科、数据库名称、文件同时检索多个平台上的多种资源，输入一个检索式，便可以看到多个数据库的查询结果，并可进一步得到详细记录和下载全文。与此同时，读者也可选择单个数据库，针对某种具体资源进行个性化检索。

四、工作原理

向用户提供统一的查询界面，将用户的查询要求转化为不同数据源的查询表达式，并发地查询本地和局域网上的多个分布式异构数据源，并对查询结果加以集成，在经过去重和排序等操作后，以统一的格式将结果呈现给用户。共享平台能够减轻用户学习检索不同数据源的负担，并发检索，能节省用户的检索时间，结果集成，大大方便了用户的浏览和选择。

数字信息资源检索涉及统一检索用户界面和检索功能设计、异构数据库的互操作、查询结果处理中的信息融合等问题。基于元数据的检索系统要充分发现各个源数据库的共性，同时要兼顾不同数据库的差异性，让用户可以选择使用特定数据库的独特检索功能。

（一）直接整合文献资源检索接口的方法

各数字信息资源提供商一般都提供了 Web 检索页面，利用这些文献资源数据库系统提供的 Web 客户端访问接口检索界面，提取共性部分，构建统一检索界面，针对用户在统一检索界面中输入的查询条件，利用多线程技术同时构造针对各个数据库系统的查询表单数据，用 Get 方法或者 Post 方法提交，获取并分析返回的结果数据，返回的结果数据一般都是页面格式或者 XML 格式，根据所对应特定标签或者标志来分析处理以及合并目标数据，这些目标数据包括题名、作者、出版日期、摘要等元数据以及获得的元数据：条目数目、全文超链接等，最后将处理结果呈现给用户，实现了统一检索的目的。这种方法适用于所有提供了 Web 查询检索访问的数据库，不同的数据通过中间件的语言整合，不需要源数据库系统做出任何修改，具有广泛的适应性，并且实现起来难度不大。

（二）用于实现统一检索的协议与技术

如果各个文献资源数据库系统都开发符合某种标准的接口，并且制订了通过网络访问这种接口的标准，那么，统一检索系统就可以方便地访问这些数据库系统，从而为用户提供统一的检索界面。为此，可以利用现有协议以支持统一检索，也出现了专门用于实现统一检索的协议。

（三）建立统一数据库检索语言

各馆有各种不同的数据库，查询方式和数据结构大不一样，建立统一数据库检索语言，把异构数据库的互操作、查询等信息融合，把用户的检索语言转换为统一数据库检索语言，再把统一数据库检索语言转换成各种不同数据库的检索语言，把数据从数据库中提取出来。

五、模块组成及实现

综合上述分析，结合目前计算机语言发展与国内高校图书馆的现状，数字信息资源共享平台基于 .NET 语言来实现，由以下 4 个模块组成，即用户端模块、中间件模块、数据访问模块和安全控制模块。

（一）客户端模块的实现

在客户端设计各图书馆的选择复选框以及所包含的数据信息资源库，根据用户的需求可以自主地选择需要检索哪些图书馆以及哪些数据库，这样可以提高用户的查准率以及检索时间。根据设计要求，用户在网页中填好相应的检索信息，点击"检索"按钮就可以提交信息。为了保证用户提交信息的完整性和准确性，在网页中嵌入 .NET 语言，以 html 和 aspx 的结合方式实现网页，用来初步检验用户提交的信息，然后通过 http 协议向中间件模块发送用户提交的信息。检索得到的结果通过 http 协议发送服务器，返回信息显示在检索页面

（二）中间件模块的实现

使用 .NET 技术对用户端提交的数据进行解析、分解、优化，转换成不同类型数据库检索语言。数据集成系统通过中间件将各数据源的数据集成起来，通过各数据源的包装器对数据进行转换使之符合该模式。用户提出查询时不必知道每个数据源的接口，中间件并不提供存储数据的功能，数据存储在局部数据源中。用户的查询命令通过查询分解器进行分解，并将其转换为基于各局部数据源模式的查询。然后其查询执行引擎通过各数据源的包装器将结果抽取出来，并由中间件将子查询返回的数据综合起来得到查询结果返回给用户。

（三）数据访问模块的实现

把提交的数据转化成数据库的检索语言，从数据库中提取数据。由于 ADO.NET 传送的数据都是 XML 格式的，因此任何能够读取 XML 格式的应用程序都可以进行数据处理。ADO.NET 是一组用于和数据源进行交互的面向对象类库，通过 ADO.NET 访问数据库，不仅可以方便地连接数据库，而且可以对用户屏蔽异构数据库系统的差异，用户不需要了解不同数据库系统的差异就可以方便地取得需要的数据。事实上，接受数据的组件不一定要是 ADO.NET 组件，它可以是基于一个 Microsoft Visual Studio 的解决方案，也可以是任何运行在其他平台上的应用程序。

（四）安全控制模块的实现

整个系统的实现，离不开对各个过程进行有效的安全控制，安全控制做得好与坏，关系到整个系统的使用效率，甚至影响到整个系统的成败。实现安全控制可采用以下方法：

加装防火墙以及代理服务器，保护数据服务器的安全。安装一台 Web 代理服务器，用户提交的检索请求通过 Web 代理服务器向服务器进行检索，服务器把检索结果返回 Web 代理服务器，然后返回用户的检索页面。在服务器

所在局域网内安装一台代理服务器，一般情况下，这台代理服务器没有出现在检索与服务过程中，使其在网络中隐身，只有当管理人员需要维护与更新服务器时，通过远程激活这台服务器，让这台服务器在远程管理人员的控制下，从而控制其他的数据服务器。

利用 .NET 的各种选项卡，加强身份认证，不同用户分配不同权限，根据用户不同使用偏好来分配数据库的使用权限，控制用户对数据库的检索与使用。限制 IP 地址，对参加建设共享平台的图书馆访问互联网出口 IP 地址进行绑定，以及对那些需要使用本平台的用户 IP 地址绑定，防止外来潜在危险的攻击，防止盗用身份，特别是管理员的身份。

对传递过程中的数据进行加密，可为需要结构化数据安全交换的应用程序提供数据传递安全的保障。

第八节　高校图书馆数字参考咨询服务

一、高校图书馆数字参考咨询服务及特点

参考咨询服务的基本定义是由图书馆馆员以专业的服务方式来向用户提供快捷、有效的信息咨询和帮助，从本质上讲，参考咨询服务是图书馆馆员、读者及信息源三者关系的互动与整合，而图书馆馆员作为互动活动的关键是确保读者快捷有效检索和获取信息源的重要媒介。信息技术的发展特别是网络技术的成熟，对于数字参考咨询服务来说，主要表述有电子化参考咨询、虚拟化参考咨询、远程化参考咨询和网络化参考咨询等，与传统参考咨询服务相比，其本质变化是在图书馆馆员与读者之间的互动方式和手段的差异，概况来讲就是借助于现代化、数字化网络通信环境，以电子邮件、网页表单或在线软件等方式向远程用户提供快捷、有效、全面的信息咨询服务。其实质是依托网络解答读者遇到的各种问题，目的在于帮助读者更便捷、有效地利用信息。

（一）图书馆数字参考咨询特点分析

图书馆数字参考咨询特点一是从参考信息源的检索方式上具有多样化和丰富性，数字参考咨询的信息源并非局限于图书馆本体馆藏资源，而是从更大的范围内来实现对虚拟馆藏资源的融合，利用更加强大的搜索引擎和联机目录，实现对各种自建数据库及购买的其他数据库资源的全面覆盖，突破了参考咨询服务地域性和空间性的限制，最大化的提高咨询效率；二是从服务

对象的构成来看更具复杂性，传统高校图书馆参考咨询服务仅限于本校读者，而在网络化信息交流方式日渐成熟的今天，任何单位或个人都可以从网络平台上来访问图书馆文献资源，并且一个读者可以使用多个图书馆咨询服务，而多个读者也可以同时享有同一图书馆咨询服务，从而进一步拓展了图书馆数字参考咨询服务对象范围；三是从参考咨询服务手段上更具多样化，现代网络技术革新了传统参考咨询方式，在服务手段和方式上，通过提出问题来获得馆员的及时反馈，如 BBS、E-mail、FAQ 问答，及其他在线即时通信工具等，增进了信息交流的便捷性和及时性；四是从图书馆咨询馆员综合能力上提出了更高要求，除了图书情报学专业知识外，还需要具有较强的网络应用能力、英语水平等相关知识。

（二）图书馆数字参考咨询方式分析

图书馆数字参考咨询方式本质上是建立在互联网技术上，其常见服务方式有：一是数据库导航服务，对于高校图书馆馆藏资源的数字化发展，如何从海量的数字信息中来获取有用的信息，而数据库导航服务则是结合学科分类学来实现对网络馆藏资源的筛选和优化，从而满足读者对检索内容的获取需要；二是创新高校特色数据库服务，借助于各高校优势学科资源特色，来构建面向特定用户的特色数据库服务，如中国科技高校"国际核信息系统"数据库、清华大学"中国科技史数字图书馆"等，从而实现对该领域内相关参考咨询的全面服务；三是构建以网络技术为基础的电子邮件及网络表单、在线实时文献传递服务，通过网络平台来针对用户的不同咨询方式，结合多种形式的信息反馈机制来实时满足读者需求，如 QQ 和 MSN、BBS 留言板服务，以及馆际互借 CALIS 和 CASHL 文献传递服务等。

二、嵌入式参考咨询服务模式

目前高校图书馆的学科化服务已经逐渐转向"嵌入式服务"。服务的中心是用户对象，参考咨询应当创造一个面向用户的个性化信息服务环境，把集约化的信息服务提供给用户，并在此基础上实现新的参考咨询运营机制。用户的需求是数字参考咨询服务方式和服务内容的驱动力，嵌入式服务打破传统的服务工作思路，将数字信息咨询服务与用户的工作环境和背景相结合，是更加主动、更加融合的服务模式，重新定义了服务提供者和服务对象的关系，更加注重构建合作伙伴式的关系，强调责任的共同承担，通过对知识工作者智慧的调动和运用，分析、诊断和解决特定的问题，注重服务的价值和效用，本身也是一种知识化的工作方式。嵌入式服务思维是参考咨询部门提供学科服务的必然选择，同时也可以指导很多传统的信息咨询服务。

三、嵌入式服务模式问题辨析

（一）嵌入式服务模式

该模式是高校参考咨询服务发展的趋势，在基础较好、开展数字参考咨询服务工作较早的高校图书馆比较适用。传统的参考咨询服务长期以来在参考咨询服务中形成"单向"提供服务的习惯，同时服务对象在接受服务的过程中也习惯于"单向"地接受服务，在工作中不免出现信息不对称、沟通交流不畅、服务需求与供给脱节的情况。随着近年来高校图书馆数字参考咨询服务的普及，传统的"单向"服务思维已经不能满足参考咨询部门发展的需要，嵌入式服务是指在参考咨询部门"向外"提供服务的同时，根据服务工作的内容和形式不同，与服务对象相互协作、共同提升服务质量和服务水平的工作模式。通过沟通协作，实现服务对象的需求与服务提供者的精准匹配，使得参考咨询职能的服务边界前移，将服务工作"嵌入"服务对象科研、教学、学习活动的"第一线"，使得参考咨询的服务对象与服务提供者产生形成良好高效的沟通。

（二）在具体实施嵌入式服务过程中遇到的若干问题

第一，公共搜索引擎对参考咨询服务的冲击。据辽宁师范大学图书馆参考咨询状况调查显示，大学生利用公共搜索引擎获取信息资源的有45.66%，利用图书馆信息资源的读者占40.92%，其中只有3.58%的读者利用图书馆的参考咨询服务系统来获取信息。此调查结果同样适用于西安交通大学图书馆对大学生读者提供参考咨询服务的实际状况。图书馆的参考咨询服务系统功能远没有被充分发挥出来。

第二，普通高校参考咨询馆员学科单一，对其他专业领域陌生。高校读者文献信息需求具有较强的专业性，如果咨询馆员缺乏专业素养，是不能够保证服务质量，难以满足读者需求的。目前参考咨询馆员涉及学科单一，对本学科之外的其他专业领域很少或没有了解，限制了服务范围与水平。另外，由于部分馆员服务态度生硬，职业水准偏低，服务质量差，读者信任度低。

第三，普通高校参考咨询服务达到一定宽度，但深度不足。高校图书馆参考咨询服务能够为读者提供形式多样的提问、解答方式，服务的宽度方面基本达标，但是服务的深度不足。现有方式适用于浅显的、表层问题解答，能够满足低、中级参考咨询服务需求，而对于专题、定题、跟踪等高级参考咨询服务，在与读者充分交流、文献信息传输、知识产品服务供给上就显得远远不够。

第四，数字参考咨询服务手段本身存在实时性不足问题。电话咨询、QQ咨询、微信、微博、人人网、学科馆员等方式具有实时性，能提供的有效沟通和服务的时间有限、人力有限。面对个性化的服务需求，沟通协调本身需要耗费的人力和时间成本较高，开展具体服务同样继续耗费更多的人力和时间。从服务对象的角度看，会呈现出数字参考咨询服务开展效率不高、"排队"现象较多、个体满意度高与整体满意度低并存的状况。

四、双向嵌入式服务的思维

双向嵌入式服务是指在数字参考咨询服务过程中，把图书馆看成是一个整合高校内相关资源的职能部门，而不是一个单纯的服务提供者或服务窗口。在对传统服务对象开展服务的过程中，注重数字参考咨询工作"嵌入式"开展服务的同时，通过与服务对象的沟通协作和对高校相关资源的调动，使得服务对象也能够"嵌入式"地参与到对图书馆的服务以及数字参考咨询部门的服务中来。通过双向嵌入式服务，加强图书馆与服务对象的相互了解、相互融合，加强服务对象对参考咨询服务的利用度，缓解参考咨询部门人手不足、学科结构单一、服务深度不足和时间人力成本矛盾的问题，在某些时间、人力成本矛盾突出的服务环节还可以形成众包的服务格局。

五、双向嵌入式服务思维下的数字参考咨询服务实施内容

（一）参考咨询部门向服务对象的嵌入式服务

第一，嵌入式服务新生。信息咨询职能部门在学年初对新生进行入馆培训，为今后丰富大学生活和学习奠定基础。针对研究生则安排引导同学在检索和阅读的同时，更好地讲授用于研究开题、论文写作等方面的内容。成立信息素质教研室，开设信息素养培训课程，提高学生信息素养，结合迎新展台、分批次组织实地参观、网上自学系统、入馆通识测试，利用新媒体手段打造微教育，多方面地吸引着学生自主融入图书馆，融入大学生活。

第二，嵌入式服务教学院部。集中组织专题培训，邀请文献数据库专职培训师和校内外相关领域专家举办高水平讲座，结合参考咨询职能部门的老师各自擅长的专题开展培训，主动送服务上门。根据各个学院的学科特点，结合图书馆资源的内容，从"图书馆能给学院带来什么资源服务"入手，主动去推送服务，深化图书馆为院部的教学、科研提供信息资源支撑的作用。

开通图书馆教师服务 QQ 群，"线下"与"线上"结合的学科服务；开展"一小时主题讲座"和个性化的"一对一"预约交流活动，解决院部师生在时间和兴趣主题上不统一的问题，使学科服务推介活动更加具有个性化。

第三，嵌入式服务学校人事部门。把学校最新被 WOS 数据库收录的论文，以 RSS 推送服务的形式通知给读者，建立创新"服务进职能处室"机制，为学校人事部门引进人才提供检索报告，协助人事处完成教师系列和实验系列职称评定的检索工作和新进人才科研成果的检索工作。

第四，嵌入式服务学校科研管理部门。协助学校科研管理部门完成各级各类科研项目申报、科研量考核等工作中的检索任务，以 ESI 数据库为主，为科技处提供学校《ESI 潜在学科人才、论文及发表来源期刊分析报告》。

第五，嵌入式服务学校发展规划部门。为学校发展规划部门提供以高校类别划分、以学科或专业类别划分的《高校科研实力比较分析报告》《ESI 学科收录期刊信息》等学科建设深度分析报告；定期更新公布 ESI 来源刊，分 10％、20％、30％、40％、50％五个层面，随时为发展规划部门提供数据参考。

第六，嵌入式服务实验室和科研项目组。提供相关学科和专业的科研情况和成果情报分析，为实验室和科研项目组提供最新的学科发展情报，为学科建设提供科学的依据，更好体现图书馆的价值。开展文献管理软件 End Note 使用详解及 CNKIE—study 使用介绍，通过详细的讲解和讨论，收集实验室和科研项目组对培训内容的反馈意见，收集在学科发展方面更为细致的情报需求，为将来更好的咨询服务提供依据。

第七，嵌入式服务学生创新创业团队。在大学生创新创业的队伍中，本科生的比例相对较高，对科技情报的需求与日俱增。参考咨询部门可以根据大学生创新创业团队的创新点和创业方向、行业领域，提供相关科技情报的咨询服务。

（二）服务对象向参考咨询部门提供的嵌入式服务

第一，学生志愿者参与嵌入式服务参考咨询建设。在学工部门的帮助下，组织志愿者组织和引导新生开展入馆培训，充分发挥朋辈教育的优势，在新生中树立认真学习的榜样，有利于提高新生入馆教育的效果，培养新生对图书馆的正确态度和认识。在志愿者和对科技情报、参考咨询、图书馆服务相关工作感兴趣的同学中选取优秀的学生，建立与科技情报相关的兴趣小组或学生社团、协会，聘请参考咨询职能部门的工作人员为指导老师，围绕社团主体开展日常活动，参与到一线的参考咨询服务中进行学习实践，广泛收集师生的意见和建议，及时形成参考咨询服务需求列表，及时向参考咨询部门反馈。

第二，教学院部参与嵌入式服务参考咨询工作。教学院部具有管理和统筹学生、教师、教研室、系、学科的资源优势，教学院部可以宣传、组织和安排好开展"读书日"活动和"培训进院系"受众和场所，提高活动效果和效率。帮助搭建好图书馆参考咨询部门与院系师生的交流沟通的机制和渠道，把图书馆相关活动和参考咨询服务进院系列为院部日常工作的范畴予以重视，扩大师生对图书馆活动和参考咨询服务的知晓度，深入宣传图书馆活动在教学和学习中的作用。

第三，学校人事部门服务参考咨询工作。高校人事部门的参考咨询服务需求量大、个性化程度高，程序性、规律性强，聚焦程度高。为了便于提高服务效率，人事部门可以建立面向自身服务对象的网络化平台，并及时形成需求与参考咨询部门共享，降低沟通的时间成本，将集中的参考咨询服务需求分散，帮助参考咨询职能部门提高服务的质量和效率。学校人事部门一方面可以对参考咨询部门提供检索和出具相关报告的效力予以制度层面的明确，将参考咨询部门开展检索和出具相关报告这一环节的具体规则形成制度；另一方面需要对双方合作的工作内容中涉及参考咨询服务的部分予以一定的工作绩效认可。

第四，学校科研管理部门建立工作协调机制。高校科研管理部门需要参考咨询部门提供服务的需求也相对较大，服务需求往往是关于科研管理对象的考核性、总结性内容。为了便于提高服务工作效率，解决短时间内需要出现大量服务需求聚焦与参考咨询服务力量不足的矛盾，科研管理部门与参考咨询部门建立数字化、网络化的沟通渠道，要求科研服务对象及时在网络平台上登记、上传科研工作内容，进而将科研管理部门的参考咨询需求在内部的网络平台上与参考咨询部门共享，降低沟通的时间成本，将集中的参考咨询服务需求分散，帮助参考咨询职能部门提高服务的质量和效率。

第五，学校发展规划部门建立研学规划工作定期沟通机制。学校发展规划部门的参考咨询服务需求规律性强、以量化数据为主，与参考咨询部门共同商定每年的需求信息目录，以月或季度为单位从参考咨询部门获取数据，有助于形成双方的有效沟通，提高服务效率。

第六，实验室与科研项目组为参考咨询提供指导。实验室与科研项目组是高校开展科研工作的第一线，由于参考咨询部门在提供服务的过程中对具体的专业领域无法全面、及时、深入地掌握专业进展和研究方向，容易造成双方在沟通上的不及时和不充分，影响服务质量，降低服务效率。实验室和科研项目组以月或季度为单位，定期向咨询部门发送研究进展情况简报，指导参考咨询部门熟悉和掌握实验室和科研项目组及其领域的最新进展，逐步提高参考咨询部门与之沟通的能力和效率。

第七，学生创新创业团队嵌入式服务信息咨询建设。参考咨询服务的专业化程度高，在"大众创业万众创新"的政策背景下，情报咨询服务本身就具有创业潜力，创新创业团队可以在学校参考咨询部门的指导下，积极拟定以提供情报咨询服务为主的创业计划，形成从"训练"到"实践"的创业培养途径，开辟具有针对性和指向性的创业新道路。

六、推进高校图书馆数字参考咨询服务模式的创新思路

在推进高校数字参考咨询服务模式创新中，从馆藏资源、参考馆员及读者三方面来着手。

（一）从参考咨询馆员队伍建设上来提升综合能力

咨询馆员队伍的整体能力决定了高校图书馆提供咨询参考服务水平。据调查，国外参考馆员研究所以上学历者约占98.1％，而我国仅占18.8％，多数为本科学历。要胜任咨询馆员岗位，必须从岗位综合能力培养上，不仅需要对专业素养开展培训，还应从网络技术能力和知识应变能力上来提升。同时，加大对参考咨询馆员专职化培养，引入学科专家队伍，既能够优化馆员资源不足，又能够满足对读者的咨询需求。有计划地开展馆员的培训服务，特别是利用现代信息技术来实现对网络信息的鉴别和分析，提高数据库的应用能力；开展馆际交流与协作，拓展馆员专业知识范围；构建馆员的考核和激励机制，激发馆员工作积极性，营造良好的工作氛围。

（二）注重知识库建设，推进参考信息源建设

从知识库建设实际与现代用户知识需求上，完善常见问题库、咨询档案库、馆藏资源信息库和专家库，并从参考咨询服务质量上，依据不同读者类型需求，加大对读者自主查询的投入力度，如构建完整的知识库检索查询机制，及时更新和维护好知识库系统等。当前高校图书馆在提供参考咨询服务过程中，多以E-mail、FAQ、WEB表单等方式，特别是对于分散的读者请求上难以获得一站式咨询服务。为此要从参考咨询提问和知识库回馈系统建设上，一方面引入国外成熟应用系统来提高参考咨询服务响应水平；另一方面加大数字参考咨询软件的开发，尤其是在多系统协作及信息共享上优化设计标准，增进软件的兼容性和扩展性。

（三）注重用户培训工作，强化信息素养教育

作为数字参考咨询服务对象，用户是服务的接受者，从强化对用户的培训管理中来提高信息素养水平，既能够引导用户便捷的获取相应咨询服务，又能够充分发挥图书馆馆藏资源的价值。为此，结合咨询服务工作实际，从用户出发来开展必要的参考咨询培训讲座，从信息素养建设上来更主动的服务用户，尤其值得关注和重视。

数字参考咨询服务的发展是渐进的，在对读者用户习惯的研究和满足用户信息需求分析中，借鉴国外先进的创新服务理念，结合我国高校图书馆参考咨询管理实际，研究新情况、总结新经验、引入新技术，为更好的顺应我国数字参考咨询服务新形势，探索出更为积极有效的改革之路。

第九节 高校图书馆数字资源的推广及营销模式

一、高校图书馆数字资源的推广模式

（一）数字资源推广的概念

数字资源推广的概念可从 3 方面来理解：①从图书馆的内部做好数字资源的整理、标引、导航和揭示工作，使数字资源能按照读者的需求展示出来，使读者通过分类、浏览、检索等工作能快速准确选取所需的数字资源。②图书馆要加大向读者推广的力度，从简单的数字资源信息通知、推送到在学科服务中的数字资源实例应用、培训以及延伸服务来加深读者对数字资源的应用体验。③加强与读者的联系，获取读者的资源需求，吸收读者丰富的专业应用技能，在学科服务合作中做好数字资源的推广工作。

（二）数字资源推广的模式

1. 数字资源的按需揭示

以前的数字资源类型和种类较少，数字资源的揭示方式就是简单的在图书馆网页或公告栏中公示，读者可直观了解数字资源的特性。随着科技的发展，数据资源的数量和类型不断增长，图书馆应建立数字资源的展示系统，按照多种标准或者读者的需求进行选择性展示，或者是按照读者的应用习惯，建立相关主题的资源导航和查询心态，使读者能快速找到所需的数字资源。

2. 数字资源的智能推广

读者对数字资源的了解一般是通过自主使用、他人推荐或者是培训后的

应用经验的提升而主动选择的。数字资源种类较少的情况下，读者很容易进行选取，数量多了读者就难以选择，或者是选择综合性的数字资源，对一些专业的数字资源就会忽略。因此图书馆可进行智能推荐数字资源，如对数字资源的特性进行标引，在读者登录图书馆网站时使用的校园卡信息、自主选择研究的主题、兴趣和爱好来区分读者的特征，图书馆获取读者的特征后，主动推送适合读者专业的数字资源，让读者通过应用来掌握自身选择的专题数字资源的使用技巧。

3. 充分应用社交软件来推广

社交网络服务是当前最热门的网络服务，可建立人与人之间的社交网络或社交关系的连接平台，社交应用媒体属性增强，分享的话题多是圈内热点或共同关注、感兴趣的话题，这样可以聚合相同主题的读者。数字资源的推广就可借助社交应用媒体的特性，让读者之间通过相关的朋友圈进行传播，使用技能的交流。这种模式能准确地将专业的数字资源快速推广，而且能使读者快速的应用。

4. 引入读者志愿者的培训进行推广

读者之间的培训和经验交流是一项非常重要的推广工作，读者之间的沟通没有距离和代沟，双方直接的数字资源应用的交流非常通畅，推广的效果非常明显，如华南农业大学图书馆通过大学生培训志愿者的宣传带动，使图书馆的数字资源在读者中的知名度得以有效提升。当前读者需要共同学习的环境，学生之间的交流沟通模式是当前信息传递很有效的方式，读者之间的推荐、教育、培训能使其他读者乐于接受，而且读者在使用过程中遇到的问题，能得到志愿者的快速解决，从而增强了数字资源的使用经验。

5. 通过发现系统来进行推广

发现系统是通过一个统一的检索界面，来揭示多种数字资源，这些资源不仅是馆藏资源，图书馆购置的数据库资源，还包括一些开放资源。读者通过一站式检索，在检索结果中发现馆藏信息，了解数字资源的特性，从而了解数字资源在自身研究过程中的资源保障作用，有目的性地进行数字资源的应用。

6. 通过举办读者活动来吸引读者

读者的使用需求需要图书馆采用一定的激励措施来促进，如图书馆在推广活动中采用一些小试题让读者参与测试，读者在测试过程中就会带着解决问题的目的来进行数字资源的应用，当完成一个小试题解答后，读者就能积累一定的检索经验，能快速了解数字资源的特性。如 Emerald 平台举办的"极客检索，笔酣墨饱"检索活动，该活动通过使用一些欢快的网络语言，贴近读者的网络应用习惯，使读者在轻松答题过程中，获得检索结果，积累检索经验，增加对数据库的了解。

7. 嵌入读者学习过程中的推广

读者在参与图书馆的阅读推广过程中，需要阅读一些相关的资源，当纸质资源不能满足读者的需求时，图书馆应有针对性地进行数字资源的个性化推广，如及时将纸质借阅信息排行榜进行揭示，然后将一些阅读量高的纸质资源进行数字资源的同期指示，提供适合电脑、平板、手机等不同终端的展示模式，使读者无缝进行多种类型资源的选取。这样能使读者形成一个资源获取的习惯，按需进行资源检索，按需进行资源选取。

数字资源推广目的是让读者多使用资源，解决自身在教学、科研、学习过程中遇到的问题，或者是提升自身素养而进行的数字资源的阅读过程，这是数字资源推广的重要方面，图书馆要了解读者的需求，针对读者在不同时期、不同阶段，不同目的的特性下，通过以解答读者需求为目的的过程中，不断丰富推广活动的种类，采用全面推广和个性化推广相结合的模式，使读者无时无刻感受到图书馆的数字资源在自身学习、生活过程中的信息保障作用，使读者了解数字资源的服务无处不在，无所不能，从而贴近图书馆的推广活动，加深对数字资源的使用印象，提高使用经验。

二、高校图书馆数字资源的营销模式

（一）高校图书馆数字资源利用及营销服务现状

直到 20 世纪 70 年代，图书馆工作未引入营销理念，而在全球信息化这一大背景下，图书馆信息服务越来越主动开放，传统服务理念已越来越跟不现代信息服务的需求，营销也就渐入到图书馆员的视线中。最初将市场营销学理论与方法应用于公共图书馆管理的是加拿大皇后大学企业管理学系 Lawrence 教授，他提出图书馆的管理应以读者为中心，图书馆的管理者应利用营销的技巧和创意的方式来发展图书馆和创造图书馆发展的新机会。围内的研究稍晚，直到 20 世纪 90 年代初，庞志雄于 1993 年在《图书馆杂志》上发表了《美国的图书馆市场营销概述》一文，就此将营销理念带入国内图书馆界，21 世纪后，面对越来越迅猛的网络数字化信息冲击，图书馆营销作为图书馆学理论研究的新方向，被越来越多的研究人员和从业者所关注。

近年来，高校图书馆纸质图书借阅量逐年递减，这是现代信息和网络技术发展的必然趋势，因此，各个高校都把大量的资源投入到电子图书、数据库、多媒体课件等数字资源上。据统计，仅仅 2012 年在有效提交电子资源采购费的 446 所高校图书馆中，电子资源采购经费平均值达到 180 万元。而这么多投入，在对电子资源质量、检索系统、用户满意度、数据库使用、数据库成本及数据商的售后服务等方面进行了调查及对检索次数、下载全文次数、平均使用成本等进行了定量分析后，我们发觉数字资源利用只是差强人意。当然造成这一结果的因素很多，但很明显，宣传不到位，营销手段单一是一个很重要的原因。

（二）高校图书馆数字资源营销模式探究的意义

1. 积极响应国家"倡导全民阅读，建设书香社会"的号召

早在第十二届全国人民代表大会第三次会议上，李克强总理作政府工作报告时就指出："要让人民群众享有更多文化发展成果，倡导全民阅读，建设书香社会。"在政府工作报告提出"建设书香社会"尚属首次，这说明全民阅读推广在国家层面越来越受到重视，通过阅读推广，建设书香社会，让人民群众享有更多文化发展的成果，提升全民素质。高校学生作为阅读推广的重要主体，传承文化的主力，必然在建设书香社会过程中发挥重要作用。学校应响应国家号召，进行阅读推广，培育学生的阅读兴趣，引导学生利用各种数字资源，提高他们的信息素养，使其适应信息时代新形势、新背景，养成终生学习的习惯，全面提高其专业能力和综合素质。

2. 提升学生的综合素质。提高高校图书馆的数字资源利用率

（1）高校图书馆的数字资源营销活动可以拓宽学生知识视野，提升其综合素质。高校学生是社会建设的新生力量，社会进步的重要发动机，这是时代和社会赋予的历史使命，未来社会的个体竞争是综合素质的竞争，学校在培养学生专业技术能力的同时，还必须扩大其知识视野，增强其知识储备。通过将营销理念引人数字资源推广活动，给繁复枯燥的资源整理、获取带来一丝趣味性，这对激发学生的阅读兴趣，养成终生学习的习惯，拓宽他们的知识视野尤为重要，在此基础上逐步改善学生的阅读习惯，从"浅阅读""屏阅读"挣脱出来，认真思考自身的阅读需求，扩展获取阅读需求的途径，提升信息素养，这对他们终身都是有益的。

（2）高校图书馆的数字资源营销活动贯彻以人为本服务理念，不断增强读者满意度。近些年来随着高校的快速发展，高校图书馆也得到了飞速的发展，花费巨大的数字资源利用效果却不尽人意，某些外文数据库年访问量甚至是个位数，这种馆藏资源的大量闲置和浪费是令人痛心的，在信息时代，数字资源"酒香也怕巷子深"，而传统的纸质阅读推广对学生们缺乏吸引力，而基于营销理念的高职院校阅读推广活动适时而出正好填补这一空白，通过

新颖的现代气息的宣传激发学生的阅读热情，将他们吸引到图书馆来，让读者满意，从而提高图书馆知名度和美誉度。

（三）数字资源营销的过程控制

在向用户推介数字资源之前，先对影响数字资源利用效果的各要素进行分析，并对相关工作不断加以改进，这将让数字资源营销更有针对性，从而将馆藏资源中读者最需要、对读者最有用的部分展示出来，在一切方便读者一切为了读者的原则下，给读者最大满意度的用户体验，这也是做好数字资源营销的前提。

1. 数字资源营销质量控制

（1）信源质量控制

对图书馆数字资源用户而言，信源质量就是数字资源的信息质量，从用户需求的角度，我们需要适合用户专业需要的数字资源，此外，购置数字资源时，在保障知识产权的基础上，应充分考虑到信息内容的权威性和时效性，购买更新频次较快的数字资源，如超星、知网、中国标准数据库等等。在现有资源基础上，我们还要对各类资源进行整合以方便读者利用，比如文本类文件有 PDF、AIJ、TXT 等不同格式，视频有 MPEG、AVI、RMVP 等格式，我们首先要尽量统一文件格式或统一播放处理软件，这就能使用户节约大量时间，给他们获取信息带来极大便利。

（2）信息传播者质量控制

信息传播者主要是图书馆馆员，为更好服务用户，适应现代数字图书馆的发展，馆员必须加强自身信息素养，不断提升自己的业务水平，同时，为了做好高端用户的对口服务，还必须熟悉相关专业领域研究的状况，为相关科研人员提供文献保障和参考咨询服务。

（3）信息传播渠道质量控制

信息传播渠道的质量控制是指沟通信源与用户之间传播途径的质量控制，优质健康的信息传播渠道可以让信息传播速度更快、信息传播失真率降低。现代数字图书馆信息传播渠道很多，如图书馆网络集成平台、微信公众号、电子邮件等，这都是广大用户所喜好的传播途径，这些都需要馆员们精心维护，从而保证用户获得稳定可靠有用的信息。

（4）用户体验的质量控制

用户体验的质量控制是要求图书馆提供给用户的数字资源，做到界面友好、操作方便、资源获取容易且迅速。这就要求我们在构建数字资源利用平台时充分考虑用户使用习惯，以人为本，注重细节，从而提升用户使用的满意度，为此，图书馆员们需要不断听取用户意见并据此加以改进，力争打造最契合用户需要的数字资源利用平台。

（5）信息传播效果反馈的质量控制

检验数字资源营销质量的重要指标之一就是看信息传播效果的反馈，提取用户合理化建议在可行情况下加以改进，这对馆员用户问的互动交流提出了更高的要求，在现代网络环境中可以通过 FAQ、微信、QQ 等工具将用户与馆员连接在一起，此时用户已不仅仅是数字资源利用者，从某些方面来说也是数字资源建设的参与者，我们必须也只有注重用户的反馈意见，整个图书馆工作质量才能不断提高，这也是数字资源营销质量控制的关键节点。

2. 数字资源营销方式

（1）传统营销与现代营销相结合

图书馆资源传统营销手段主要有平面广告方面的宣传、通过各类用户组织（读书协会、班级等）实现用户间信息的互通等，而现代网络和移动通信技术的崛起大大拓展了我们的营销手段和渠道，微信、微博、QQ 群等都能很便捷地将我们要传播的信息扩散开。当然，在运用这些信息传播手段进行馆藏数字资源推介时，我们也必须依据其规律，不可过于频繁使用，在海量网络信息包围中的用户很容易对这些网络推介手段厌倦，因此，我们一方面必须保证我们信息资源推介的质量，也就是对信源控制；另一方面我们还要控制资源推介频次，保持用户访问和利用数字资源的新鲜感。采用现代营销手段并不意味对传统宣传方式的摒弃，在新开放资源宣传时，我们统计受众获取信息途径时就很惊奇地发现。绝大多数用户都是从宿舍食堂等的海报中获得的消息。因此，在数字资源营销过程中，我们既要顺应潮流，加强网络和移动通信等方法的使用，又要强化传统宣传手段的投放，才能获得最好的宣传效果。

（2）内部营销与外部营销相结合

所谓内部营销原本是指企业营销时对内部生产人员、管理人员、销售人员等进行的营销手段，具体到图书馆数字资源营销则是对整个图书馆内部工作人员进行营销，广义上还应包括数字资源生产商内部人员的宣传推介，通过内部营销的各种活动，这些内部人员对自己的数字资源加强了解，树立信心，确认我们数字资源的优势，在宣传时就更有针对性，这样在与用户交流时就能将馆藏数字资源的优势充分发掘出来，其实这种营销手段更多是内部管理文化的范畴，过去在图书馆工作中应用不是很多，我们将这种内部营销手段与对用户的外部营销方法结合起来，相互促进相辅相成，对整个图书馆数字营销工作而言是极为重要的，实际工作中更能产生 1+1>2 的效果。

（3）主动营销与被动营销相结合

在现代图书馆发展历程中，门店式服务占据了很长一段时间，这种被动等待用户上门的服务模式已越来越不适应现代图书馆数字资源发展的需求，在大数据和云阅读环境下其不足之处尤显突出，用户需要馆员以更开放、更积极、更主动的心态给他们提供信息服务，而信息技术的发展在实际上提高了主动服务的效率，降低了服务成本。当然，这种主动服务对馆员的素质要求极高，一方面馆员必须对馆藏各种资源了若指掌，对各种衍生信息也具备相当的获取途径，本身也具备较高的信息素养，能进行二次文献、三次文献加工整理；另一方面馆员对用户所需信息涉及专业背景也应有所了解，对该专业发展的前沿性研究有一定预瞻，这显然不是某个或某几个人能做到的，必须借助于学科馆员及与之对接的专家库，通过实时交友软件，给用户提供个性化信息服务，如课题文献综述、专利相关性查找、论文查重、科技查新等，只有走出去主动为用户提供服务，充分考虑他们的信息诉求，他们才能真正认可图书馆，进而依赖图书馆，这也是现代图书馆馆员服务的方向。

（四）重点与难点

1. 加强平台建设，促进资源整合

目前许多图书馆购置的数字资源种类繁多，格式不一，就我馆而言，就购置了超星、维普、知网等不同公司的数字资源，这些资源往往都各有各的应用界面，登陆方式也不一，对不同数字资源访问往往需要切换几个登陆界面，有时还需要不同帐号和密码，这种烦琐的用户体验很难让用户产生愉悦，为解决这一问题，我馆最近也由技术部牵头与一家数据商联系，图书馆提供创意和要求，数据商提供技术支撑，将我馆目前在用的各种数据库、电子图书、视频讲座等整合到一个操作平台，这样用户在采用统一一卡通登陆后就不需再进行帐号切换，直接在一个平台内访问，这种一站式服务大大节约了读者时间，提高了读者对图书馆的依存度，也必将会在客观上促成图书馆用户回归。文献资源一站式检索是将图书馆所有数字资源与纸质资源进行整合后，使用图书馆网站或微信公众号（移动图书馆）进行分类全面检索的一个综合型平台。

2. 提升服务水平，拓展服务项目

现代图书馆用户需求多种多样，图书馆员也就有了更广阔的服务空间，馆员们角色定位不再只是文献资源提供者，为满足用户信息需求，馆员必须从封闭的书库中走出来，更多时候是用户项目参与者，甚至是具有一票否决的规划者，这对图书馆员自身也提出了更高的要求。

（1）纸质图书数字化加工

现代图书馆一个很明显的趋势就是传统纸质阅读访问量的下降，与此同时，数字电子资源访问的爆发式增长，用户（尤其是年轻的用户）往往更愿意使用更方便的数字资源，为适应这一趋势，将馆藏纸质图书做成电子版既方便了读者又能提高资源利用率。目前，多个高校馆都已进行了这一工作，如东南大学在检索图书时部分图书后有特殊标识，这一特殊标识就是纸质图书电子版，用户可以很方便地下载、编辑组合。

（2）论文查重科技查新服务

论文查重科技查新服务应该是近年来高校图书馆最受欢迎的功能了，我馆目前开展了知网论文查重和维普论文查重，能清楚标明重复率即重复文字，基本能满足论文查重需求。科技查新作为科研工作前奏其重要性是显而易见的，这要求参考咨询的老师对该研究目前国内外的状况及热点要相当清楚，并在文献综述中标明难点及创新点，这对馆员来说要求很高。

（3）参与教改课改设计及提供文献保障

高校图书馆在教师的教改案例中，通过对特定教学对象进行相关数字资源投放，与课程目的对接，依据特定的平台工具个性化生成课程安排、重点剖析、考核等一条龙的资源组合，形成可以直接使用的教学流程，这显然是用户欢迎和需要的。当然，这些类似项目的拓展需要我们在加大数字资源建设力度的同时还要提升馆员主动服务意识和水平。

3. 强化业务能力

推进队伍建设无论是平台建设、资源整合、还是拓展服务项目，对用户进行数字资源营销推介，都需要图书馆员们落实，现代图书馆的发展对馆员的要求越来越高，可以不夸张地说，馆员素质的高低直接体现图书馆水平风貌，因此，提高馆员业务水平非常重要，我馆采用内部传帮带、外出培训、请专家开讲座、去兄弟馆挂职等方法让整个馆员队伍业务素质大大提高，整个图书馆的信息服务也得到明显改观，所谓"十年树木，百年树人"，队伍建设是个持之以恒的事情，只有不断地对馆员们进行充电学习最新的图书馆学理论，掌握最近的图书馆学动态，才能打造一支过硬的图书馆员铁军，从而更好地为用户服务，将图书馆事业传承发扬光大。

对高校图书馆员来说，将馆藏数字资源介绍给读者，让他们方便地获取有用信息是不可推卸的责任，在网络信息环境中，信息获取途径很多，对馆藏资源再抱着酒香不怕巷子深的观念显然是不合时宜的，因此，我们必须主动出击，对图书馆馆藏资源尤其是数字资源进行宣传，让读者了解并且喜欢上我们的数字资源，这是时代赋予现代图书馆员的使命。

第七章 高校图书馆数字资源管理

第一节 高校数字图书馆信息资源管理的问题及对策

随着我国经济建设、科学技术的不断发展，为满足社会对信息需求的不断增长，现阶段，以数字图书馆、电子图书馆等等新形态图书馆的信息共享设施已将投入到各大高校教学活动中。与传统纸质图书相比较，数字图书馆的藏书量更为丰富、更新速度很快、信息形式多种多样，很大程度上满足人们对信息资源使用方便化、快捷化需求。数字图书馆是适应科学技术发展而产生，具有较为广阔的发展前景。然而现阶段，在高校数字图书馆信息资源管理中存在的问题层出不穷，严重地阻碍了我国数字图书馆的发展的进程。如何加强我国高校数字图书馆信息资源的管理？完善数字图书馆的管理体制？更有效满足学生对信息资源的使用？促进数字图书馆更好更快的发展？笔者结合多年来的管理工作经验，浅析了高校图书馆信息资源管理对策。

一、数字图书馆信息资源管理工作存在的问题

（一）管理体制存在问题

管理体制，是指管理系统的结构和组成方式，及采用怎样的手段、方法来实现管理的任务和目的。管理体制在一定程度上直接影响着管理的效率和效果，是管理的核心，对管理起决定性作用。在我国高校数字图书馆信息资源管理中，仍沿袭长时间以来的纸质图书管理模式和方法，造成了数字图书馆之间没有形成相互的协调运转、图书资源闲置、浪费等等状况。再者，高校数字图书馆运用在我国高校中起步不久，还没有开发、探索形成有效的管理制度。在数字图书信息资源管理上，各高校在研发管理方法、管理模式，开发管理软件系统、藏书设备上普遍处于封闭状态，缺少一定的沟通交流，造成不必要的经济花销、劳动重复和时间消耗，大大减低了管理开发进程。

（二）数字信息资源管理人才缺乏

人才是第一生产力，是增强综合国力的核心竞争力。现阶段，"人才新国""人才强国"的人才观已经成为各大企业、社会团体发展的重要理念。在数字图书信息资源管理中，培养资源管理人才是我国资源管理的前提基础，是促进我国数字图书馆产业发展的有效手段。数字图书馆理人才是指具有先进管理理念、管理能力，掌握一定的网络数字技术、信息资源管理经验的管理人员。近年来，我国的图书馆管理人员的文化素养、知识结构有着很大的提高，对图书管理事业的发展起着一定的推动作用。但对于数字图书的管理而言，还是存在一定的问题。主要是管理人员的管理理念守旧，缺乏数字图书馆理所需的专业管理技术、网络电子设备的操作等等。另外，各大高校数字图书馆理普遍缺乏专业的高级管理核心骨干、高素质的管理人才团体队伍。

（三）图书信息资源入藏问题

图书入藏是图书信息资源的源头活水，图书入藏量很大程度上决定了图书管理使用、信息资源的传播效率。丰富的藏书量是数字图书馆形成和发展的重要保证。然而现阶段，我国高校图书馆的藏书量不容乐观，图书资源的使用效率低下。这主要是由于高校图书资源匮乏、图书种类单一、图书周转周期较慢等等。高校购书款主要是来源于财务部门提取的购书经费。随着义务教育的实施和开展，各大高校的财务费用、资金周转存在一定的困难。直接影响了图书购书量的限额，导致高校普遍藏书量匮乏现状。甚至高校在图书管理中，出现图书不能外借的情景。另一方面，图书经费的不合理使用。

（四）数字信息安全问题

数字图书馆是将不同载体、不同地理位置的信息资源通过数字技术处理、存储，实现资源共享为目的，以多媒体、电子设备等等形式为表现方式的信息资源系统。其具有很强的开放性和共享性。数字图书馆的信息资源数据建设、运输、交换、存储在运作中操作烦琐、专业性很强。而高校在数字图书馆理方面技术薄弱，防御设备落后。因此，数字图书在使用和管理上存在很大的安全隐患。比如说，极容易受黑客等不法分子、计算机病毒的入侵、袭击。数字图书馆信息资源管理具有很强的技术性，而我国的图书管理人员因缺乏相应的技术培训和学习，在图书管理中，容易因操作失误容易造成数字图书数据的破会、文件丢失，大大减低了高校数字图书馆理的安全性。

二、高校数字图书馆信息资源管理工作的对策

（一）建立健全管理制度

管理是图书资源信息运转和发展的必备手段，是图书馆生存壮大的关键所在，建立健全管理制度是达到预先设定的目标的前提和基础。具体可以：第一，加大对数字图书馆理体制的开发研究。基于我国数字图书馆理的现状，和纸质图书管理的有效经验，结合数字图书的特点研究开发数字图书馆理的制度、方法。比如说，数字图书具体是数字技术在图书管理的运用，因此，在管理开发体制应当紧密结合高科技技术运用。第二，积极引进西方数字图书馆理的先进理念、管理体制。比如，西方国家在数字图书馆理方面采用的高科技技术、先进设施。加强各大高校管理体制开发现状、开发经验的讨论交流。在开发研究中，可以采用竞争激励机制，政府对开发研究取得一定成效的高校给予奖励表彰，有利于激发各大高校开发的积极性，加速传统图书馆向数字图书馆的转变。

（二）实行资源共享

资源共享是资源优化配置的具体体现、是实现资源有效利用的重要途径。在图书资源管理中，应当加大图书资源使用的效率，实现资源共享。比如说，在高校内部的图书管理，可以设置以院、系、班的多级图书管理网络，将每一专业的图书进行分类发放，不仅加大了图书使用的效率。还有利于实行责任制原则，在一定程度上提高了学生使用、保护图书安全意识。另一方面，各大高校应当具有相互协调，互相发展的共享意识，形成统一的规划组织、标准、规范，应该定期开展图书互借，加大合作力度。另外，图书资源共享还应当形成特定的共享体制，在数字图书馆理中，充分利用网络、互联网等等现代化设备，最大限度提高资源的使用效率，实现资源共享。

（三）合理使用经费

经费管理是数字图书馆理必不可少的一部分，是图书管理的中心问题。经费管理状况在一定程度上影响图书资源利用的效率，资源共享的效果。现阶段，我国经费使用状况不容乐观，经费管理存在一定的问题。目前，各大高校的图书经费是由学校财务部门直接拨款，而学校的财务开销很大，用来购买图书是有限的。因此，合理使用图书经费，加强经费管理是数字图书馆理的重要环节。在图书购买中，尽可能地避免大量重复图书的购进，全面结合学生用书要求现状，购进学生喜欢的热门书籍，满足学生对学习、信息资

源使用的需求。另外，还应当加大经费的集资，扩宽经费的来源渠道。政府教育部门应当加大学校购书的财政支出，各大高校还可以向企事业单位、社会团体开展图书经费请求赞助、捐赠等，与书店、书馆等图书资源地形成定期对接等活动。

（四）加强计算机管理，确保数字资源长期安全保存

计算机管理运用是图书管理的一个重大发展，也是加强数字图书馆运行的有效措施。计算机管理有利于提高图书管理效率，但存在一定的安全隐患和风险。因此，在数字图书馆理中，应当将数字资源的安全性作为计算机管理的第一问题。具体可以，制定相应的计算机管理运行方式和规章制度，比如说，制定一定的借书证、对图书的出借制定严格的手续程序，图书保管不当、延误图书归还期限的学生要求相应的经济赔偿。还可以借鉴计算机安全系统，利用高科技技术，开发研发计算机图书管理的木马查杀、系统修复、漏洞修补等等杀毒设施、安全卫士软件，确保数字图书馆理系统的安全性和可靠性。完善相关的计算机安全管理法律文献、法规制度，加大对数字图书系统搞破坏的网络不良分子打击力度、惩治力度。

总之，随着科学技术的进步，高校图书馆信息资源的管理得到一定发展。加强信息资源管理有利于增强数字图书的运作效率，明确发展方向，提高图书使用的经济效益，实现资源共享最佳状况。作为一名图书资源信息管理者，应当不断的提高的自己的管理能力，积累管理工作经验，为我国图书管理事业发展奉献毕生心血和聪明才智。

第二节 基于知识管理的高校数字化图书馆建设研究

现代信息技术对高校图书馆的发展产生了深远的影响，使得高校图书馆信息服务的机制、结构以及服务手段发生了巨大的变化。数字化图书馆正是在这个背景下产生的一个全新的概念，它是一个经过筛选的、有特定用户群的、资源得到有效控制的、知识管理工具配备齐全的数字知识资源供应中心，能为用户方便、快捷地提供信息的高水平服务机制。知识经济时代的出现和现代信息技术的发展，使得知识管理融入数字化图书馆成为一种趋势。鉴于此，对知识管理环境下的高校数字化图书馆建设进行深入研究具有重要的理论意义和应用价值。

一、数字化图书馆知识管理的模式和策略

（一）高校图书馆开展知识管理的必要性

数字化图书馆引进知识管理的目的是实现知识的价值和服务的价值，不仅要对知识信息的收集、存储、整理与传递进行高效率的管理，而且要把握知识间的相互联系，用创造性的劳动创造出新的知识去满足读者的需求。首先，知识管理是扩展深化数字化图书馆服务功能的需要。由于高校图书馆的读者素质和层次相对较高，读者所需要的不仅仅是信息，而是迫切地需要解决问题的知识，要为用户提供高效、优质服务就必须实施有效的知识管理。其次，知识管理是数字化图书馆提升管理功能的需要。高校数字化图书馆是一个多媒体网络和海量信息管理系统，应用知识管理对海量信息进行序化组织就成了一种最佳选择。再次，知识管理是图书馆保持竞争优势的重要因素。知识管理作为一种崭新的管理理念和管理模式打破了原有的文献管理对数字化服务的束缚，而知识作为一种独特资源是构成数字化图书馆持续发展和保持竞争优势的核心要素。

（二）数字化图书馆知识管理的主要模式

（1）数字化图书馆的知识生产与组织模式

知识组织是通过对社会客观知识的整序、加工以满足某种主观需要的过程；知识生产是建立在知识组织基础上的，研究和创造新知识的过程。

（2）数字化图书馆的知识营销模式

主要包括市场传播、宣传传播、教育传播等三种，其中市场传播是通过知识产品在知识市场中表现出商品的价值和特性；宣传传播通过产品宣传来开辟市场，实现知识产品的商品价值；教育传播主要是针对用户在知识能力上的差异而采取的一种营销模式。

（3）数字化图书馆的知识管理运行模式

数字化图书馆组织机构由传统的固定等级模式向扁平的网络模式转化，建立激励机制和围绕目标的合作精神及团队意识，并通过先进的技术手段，以实现知识的快速扩散与传播利用。

（三）数字化图书馆知识管理实施主要策略

图书馆读者无障碍地按自己所需去充分利用知识是高校图书馆知识管理的目标。数字化图书馆知识管理的顺利实施可采取如下策略：

（1）建立有效的知识管理实施保障机制

通过建立知识型数字化图书馆组织结构来保障和促进馆员之间、馆员和读者之间的知识交流与共享。

（2）建立完善的知识管理基础设施

借助现代信息技术建立一个能够与异地图书馆进行资源共享的技术基础设施，促进知识信息的共享与流通。

（3）进行数字化图书馆知识管理内涵建设

制定相应的措施激励馆员进行知识共享，营造图书馆知识共享的文化氛围，并鼓励多元化吸收各方面不同意见，达到创新知识的目的。

（4）重视开展知识开发和创新

知识创新是通过图书馆员的智力劳动，在现有知识水平、知识联系及对未来预测的基础上形成新知识的过程。知识只有在交流过程中，才能更好地完成知识的学习、利用与创新。

（5）建立学科馆员制度

学科馆员制度使得高校图书馆更好地融入学校教学、科研以及行政管理的各项活动之中，加速了信息资源的传递与交流。学科馆员制度的实施，不仅会有利于馆藏文献知识的深层开发和利用，而且也极大地方便和满足了教研人员对知识的需求。

二、数字化图书馆的资源集成管理

（一）数字化图书馆集成管理的内容

数字化图书馆建设是图书馆界的一个热点，但也暴露出一些问题，其根本原因在于数字化图书馆建设缺乏集成管理思想，缺乏总体框架、标准规范以及高层管理等方面的整体化研究。数字化图书馆集成管理核心就是强调运用集成的思想和观念指导数字化图书馆的管理实践，促进各项要素、功能和优势之间的互补与匹配，从而最终促进整个管理活动的效果和效率的提高。数字化图书馆是一项复杂的建设工程，其集成管理的要素范围广泛，包括技术要素、人力资源要素、法制管理、标准化等等方面。如何将众多的力量协调组织起来，关键就在于标准化，需要多个标准之间的联系和协调，更需要建立有关的标准体系。

（二）知识管理与数字化图书馆资源集成

数字资源集成是实现知识管理的重要手段。总体来说，图书馆数字资源的处理分为书目式、搜索引擎式、面向知识管理的集成等三个阶段。书目式集成阶段对于数字资源几乎没有复杂的处理，只是将各种数字资源的名称、路径、说明等一一列出来。在搜索引擎式集成阶段，信息资源的数字化程度进一步提升，不同资源之间有了初步的关联，可以在统一的检索界面上检索多类信息。面向知识管理的集成使得信息资源逐步考虑不同用户的知识需求，建立面向知识服务的知识仓库，是一种理想的数字化图书馆资源集成模式。

（三）数字化图书馆资源集成方法

由于高校图书馆不同用户的需求存在差异，同一用户在不同时间的需求也存在差异，因此数字化图书馆资源集成存在不同的集成策略，包括面向主题的集成、面向问题的集成以及基于知识地图的集成等三种，在实践过程中可以考虑多种集成策略，实现高校数字化图书馆更加完善的知识服务。

第一，面向主题的集成：在数字资源时代，读者都希望检索时输入最少的词，得到最好的检索结果，即不但能够查找和检索词直接相关的信息，还能发现其他与主题相通的信息资料。第二，面向问题的集成：不仅要对数字资源进行处理，而且包括对于用户问题的引导和处理，待解决的关键问题包括标准问题库、资源的标引、提问的引导和修正。第三，基于知识地图的集成：首先应将有关知识分解成知识单元，然后将基本知识单元进行关联，最后才形成可用的知识地图。利用数字资源地图可以自动将各学科的知识单元进行关联，而图形化的连接方式可以让普通用户快速实现知识检索的拓展和关联。

三、高校数字化图书馆的实施方法

（一）高校数字化图书馆实施的主要工作

高校图书馆信息资源数字化项目是一项比较复杂的系统工程，项目规划是整个系统工程的第一步，其完善程度将直接影响到整个项目的实施质量和运行效率。虽然不同的数字化项目在规划内容方面不尽一致，但一个比较全面的项目规划至少应该包括项目目标的确定、相似项目的调研、馆藏资源的评估、明确数字资源的用户、项目实施风险分析等步骤。高校数字化图书馆建设实施的主要工作包括：知识组织与管理、个性化定制服务、技术使用、资源建设等。其中个性化服务技术和数字化资源建设是重点，个性化服务技术是适应数字化图书馆用户多样化需求的重要手段，是应对复杂的数字化图书馆资源与用户界面挑战的有效途径；在进行数字化资源建库工作时确立建库所需提供信息的学科主题范围，研究建库所涉及的学科及专业文献信息资源的分布、信息含量与相关程度等，制订资源建库工作细则。

（二）数字化图书馆知识组织系统的实施

知识组织系统在用户的信息需求和信息资源之间起着桥梁的作用，利用知识组织系统，用户可以找到自己感兴趣的信息而不必事先知道它的存储位置。无论是通过浏览或是直接的检索，无论是通过浏览网页上的主题或者一个搜索引擎，知识组织系统都能够通过一个知识发现的过程来指导用户。所有的数字化图书馆都使用一个或多个知识组织系统，决定使用什么样的知识组织系统是数字化图书馆发展的核心问题。

对于任何一个数字化图书馆来说，首要的问题就是分析用户的需求。当分析一个知识组织系统如何被用在特定的数字化图书馆时，应该全面了解用户环境。人们不仅要关注组织数字化图书馆资源的这种需求，而且要关注数字化图书馆内部和外部资源连接的可能性。一旦用户需求被分析之后，为满足这些需求来设置一个知识组织系统是必不可少的。如果系统能够在网上可得，那么就可能要考虑把该知识组织系统作为一个外部连接的系统。在数字化图书馆的网页上，将资源以知识组织系统相关的主题或种类进行分组，知识组织系统能够以更高的层次等级为不同类型的用户提供识别入口。

（三）数字化图书馆知识管理的实现机制

1. 数字化图书馆知识管理的组织实现

数字化图书馆应建立起结构化部门和动态知识服务团队共同构成的灵活开放式的组织结构，可采用正式组织管理与权变结构管理、部门化管理与知识服务团队管理相结合的方法。尽管结构化部门与知识服务团队是两种不同形态的组织，但是二者处于同一组织机构相同的知识环境下，具有集成性和交叉影响的关系，所以在运用具体的管理方法时，可以将正式组织管理方法与权变结构管理的方法相结合、部门化管理方法与知识服务团队的管理方法相结合，以很好地发挥数字化图书馆知识管理的整体功效。

2. 数字化图书馆知识管理的技术实现

数字化图书馆知识管理实现需要一个强大的技术支撑，应该支持虚拟资源的服务集成，实质上是集知识信息资源与先进的信息技术于一体，能够灵活调用各种资源和功能的知识管理层面上的新型的用户服务系统。该系统是实现数字化图书馆基于服务的知识管理的平台，它可完成信息到知识的转化再到知识的组织、开发、服务转播等一系列任务，其功能主要由数字知识采集系统、知识处理系统、知识库存储系统和知识服务系统四部分组成。其中知识采集系统主要是完成数字化信息资源的加工处理，并完成信息向知识的转换；知识处理系统是将采集来的知识与知识库中已有的知识进行智能分类和匹配操作，最后将符合入库条件的知识存入知识库。知识库存储系统是知识库建设最重要的组成部分，关系到知识服务的效果和质量。知识服务系统则有针对性地向用户提供所需的知识。

第三节 云计算环境下高校图书馆数字信息资源管理与利用

云计算诞生以后，已经在很多行业发挥了它的独特作用，虽然暂时有些地方还并不非常的完善，处于发展时期，但是已经能够看到它未来巨大的潜力，能够影响人们的工作和生活。随着社会的进步，相关的工作人员将对云计算做更深层次的探索，而高校图书馆，尤其是数字式图书馆的信息资源建设离不开云计算，云计算对高校图书馆的信息资源建设有什么重要意义，应该如何理解和运用等问题，都是值得我们去研究的现实问题。

一、云计算的定义和特点

（一）云计算的概念

云计算在高校图书馆数字资源建设中发挥着重要的作用，那么什么是云计算呢，通过查阅相关的资料，我们知道，所谓的云计算，就是在互联网基础上开发的一种计算方法，它的运算速度很快，能够瞬间根据客户的要求来计算出相对应结果。

（二）云计算的特点

1. 具有很高的安全性

云计算是一种快捷的计算方式，其计算的速度非常快，并且它的数据存储也非常安全，运用云计算以后，用户可以降低对数据安全问题的担忧，云计算数据库的管理技术越来越进步，并且相关的科研人员在研发更加安全的数据保管技术，对于存储的数据，一般都有科学的安全权限管理策略，相关用户只需要付出相对较小的金钱，就能够得到云计算高校、安全的服务。

2. 相对价格较低

云计算是一种基于互联网的计算方法，其构成云的节点相对来说价格很低，在云计算的数据计算和数据管理中，都可以实现整个过程的无人且自动化控制，并且，同一个云可以同时支持多种程序运行。所以，云计算的适用性非常强，大大地提高了资源的使用率，用户只需要花费相对较少的金钱，就能取得更好的使用效果。

3. 可以同其他用户之间方便地实现信息共享

相比较传统数据共享方式，云计算只需要一份原始数据，安全的处在服务器中，任何想要访问这些数据的人，只要得到相关管理人员的同意，就可以对数据进行访问，这样不仅节约了空间，还大大地节约了时间，提高了工作人员的工作效率，当前，其服务器的安全问题至关重要，这是一个值得深入研究的话题。

4. 数据的存储能力非常强大

整个云计算系统在网络上运行的非常流畅，但是在线下，实际上是多台服务器共同组成的计算机群，它们之间协同工作所产生的存储能力和计算能力是非常强悍的，能够完成各种复杂的工作，并且保证工作的效果。

二、高校图书馆信息资源建设的现状

（一）数字信息不平等现象比较突出

由于各高校的办学性质、学校所处的地域各不相同，在不同的高校，其数字资源的信息化建设工作相差非常大，经济条件好的地方要远远的好于经济落后的地区，大城市总体上要领先于中小城市，一些偏远的地方，例如西藏、青海等，其高校图书馆信息资源的建设非常落后，但是不可否认，像西藏、青海这些偏远地区，图书馆有很多有特色的民族方面的资料。

（二）高校图书馆的数字资源的共享程度和深度还不是很高

当下，很多高校之间都成立了信息资源共享平台，但是，这些平台大部分都是高校自发性成立的，本着互补的原则，总体管理不是非常规范，本意是为了共享各高校之间的优势和特色资源，实现共同发展，但是，实际情况没有达到这个效果，很多图书馆为了各种各样的原因，不愿意把一些真正有深度有特色的东西拿出来共享，整个联盟机构不太理想。

（三）数字信息资源难以回避版权问题

在数字资源的时代，各高校将自己所有用版权的一些数字资源和其他高校一起在与计算平台上进行共享，但是，这些独立版权的材料如何才能够保证其教育的目的，而不是被一些投机取巧的人用作商业开发，这始终是很难避开的一个问题。很多资源不应该是完全免费的，那里蕴含着开发者大量的心血，应该有它的价值所在。如果很多共享资源被用作商业用途，那就会影响高校之间联盟的信任，这是一个难题。

三、探索数字信息资源管理和利用的有效方法

（一）建立数字信息资源共享平台

各大高校之间应该认真地去探讨成立一个规模大、内容全的数字资源共享平台的可能性，只有这样，各高校之间的资源才能够实现共享，更好的指导教学、科研工作。在云计算发展的背景下，依托云计算去成立多所高校联合成立的图书馆信息资源系统对于信息的共享有着不可比拟的重要意义。通过云计算的先进方法，各大高校图书馆的数字资源可以有效地整合起来，建立一个良好的共享平台，将所有的数字资源进行集成，设立统一的访问端口，平台内的高校可以通过这个统一的端口去访问共享数字资源，并且，各高校也可以将本学校有特色、有深度的资源传到服务器上，其他高校一起来分享成果，促成大家的共同发展，这就能能够真正地做到资源的有效整合和有效利用，促进所有高校的共同发展。

（二）培训具有推广数字信息资源素养的图书馆员

图书馆的工作人员一定要有过硬的专业素质，同时要给师生提供良好的服务。在云计算的背景下，高校图书馆的相关工作人员应该为师生提供更好的各方面服务，图书馆工作人员应该努力地提高自身的专业技能，对网络、信息技术等加强理论和实践学习，创新自己以往的工作模式，深入的理解在云计算背景下图书馆工作人员应该掌握的各项技能。另外，高校也要认识到在云计算的背景下，提高图书馆工作人员业务素质的重要性，应该组织工作人员去图书馆数字资源管理出色的高校进行学习，回来以后给大家传授经验。同时，还应该组织本校工作人员经常进行讨论，不断地提高高校图书馆工作人员的业务能力，使他们为用户提供更好的服务，培养一大批优秀的云图书馆员。

（三）制定有利于数字信息资源管理和利用的规章制度

根据高校图书馆的实际情况，去制定相应的规章制度，保证数字资源在云计算的背景下能够合理地被利用。在高校图书馆的数字资源中应用云计算的方式，高校必须要对云计算有深入的理解，尤其是云计算的一些规则，应该进行更深层次的讨论，建立起符合实际情况的规章制度，同时，为了保证数字资源的安全性和可靠性，应该利用那些先进的技术手段，加大数字资源的存储容量，提高安全系数，同时，高校对于图书馆的数字资源也应该定期组织专人进行管理，对一些重要的资源要做好备份工作。

（四）收费方式和收费金额要根据实际情况来制定

在云计算的背景下创建云图书馆，也是需要一定的资金和人力成本投入，而成本的回收对于创建者来说也是必须要考虑的。国外同行在这方面有了一定的经验，采取了各种各样的收费方式和收费金额，也取得了不错的效果。要想使高校联盟的数字资源的作用体现的更加明显，整个云图书馆的基础硬件设置、制度管理还有相关配套的软件等必须要进一步的升级，要想维护云图书馆的正常升级，就必须要有收入来支撑。在收费模式上，根据实际情况，云图书馆中的数字资源可以推行会员制收费和非会员制收费两种方法相结合，也可以推出月费、年费等收费模式。在收费的金额上，可以根据使用者的使用量来进行折扣计算，也可以借鉴其他成熟的收费金额模式酌情处理，总之，就是要确立一个符合实际情况的云图书馆数字资源收费模式。

（五）确保云计算终端的稳定运行

云图书馆其实就是由好多高校图书馆的终端组成的，各大图书馆的终端里存放着高校的所有信息资源，一旦黑客攻破高校的图书馆信息资源终端，或者服务器出现故障，那么就会给高校图书馆的信息资源造成影响，那么就会影响整个云图书馆其他用户的正常浏览。所以，高校图书馆要采取各种防御手段，使终端服务器的可靠性程度进一步的提高，能够抵挡住黑客的攻击，同时要保注服务的硬件正常工作，从而保证整个云图书馆的正常运行。

近些年来，随着经济的飞速发展，整个世界已经在信息化的道路上越行越深，这也给人们的生活带来了很多便利，高校的师生对于数字资源的需求越来越大，同时对于数字资源的质量和获取速度要求也越来越高。所以，高校图书馆必须要与时俱进，革新自己的数字资源共享模式，大力推广云计算的方式，进行多高校数字资源的整合，通过云计算技术，将各高校之间的优秀数字资源进行共享，创建一个覆盖面广泛、内容合理地高校信息技术联盟。当前的高校数字信息资源联盟确实还存在着一些问题，在云计算不断发展的背景下，只要高校加强对云计算的理解，必然能够取得更好的成就，为广大师生提供更好的服务。希望本文能够对相关的工作人员产生一定的指导意义。

第四节 高校图书馆电子资源管理系统建设与服务

当今社会发展突飞猛进，网络技术和数字化信息资源从根本上改变了图书馆的外部环境，给图书馆带来新的发展空间，使图书馆的文献信息资源范围迅速扩大，也使图书馆的功能和服务发生了新的质的飞跃。本文结合高校图书馆的实际，就转变观念明确目标、加强电子资源管理系统建设、创新服务内容和方式、提高馆员素质能力等方面，提出几点思考。

一、转变观念，明确发展目标

与传统的藏书建设相比，网络环境下文献资源建设发生了很大变化。电子资源有着使用灵活、传递速度快、支持多用户同时使用等很多优点。首先是收藏的文献载体和类型，馆藏文献不仅仅是印刷型、视听型、机读型，还有光盘型和网络型，馆藏文献资源结构呈现出多元化。其次是文献搜集途径和获得方式，除了延伸传统做法外，还需要通过网络采购、下载、自建书目数据库等形式进行。因此，必须抛弃传统的思想观念，由传统馆藏向电子数字化馆藏转变；由"收集—整理—保管—阅览—外借"低层次的封闭、被动服务方式向开放、主动的高层次服务方式转变，使信息资源达到"快""准""全""新"的效率，以满足师生和用户的要求。图书馆只有走现代化发展之路，向着资源信息化、服务网络化、管理知识化的发展目标迈进。

二、加强电子资源管理系统建设的开发建设

电子资源管理系统（Electronic Resource Management System，简称EMRS）可以认为是管理图书馆电子资源相关数据和元数据的系统。这里的数据主要指我们通常所说的电子资源，包括电子期刊、电子图书、数目数据库和全文数据库等。元数据是指对电子资源及其所进行的描述，包括电子资源的辨别、发现和使用、行政管理、典藏等。

（一）选择不同类型的电子资源管理系统（EMRS）的优点和限制

高校图书馆在引进电子资源管理系统时，一般来说有两种基本的方案可供选择：一是在原有图书馆的系统基础上进行升级；二是采用第三方系统。前者通常是高校图书馆在选择EMRS时为考虑到系统的持续性以减少培训和增进实用性，一般倾向于向原有的系统供应商提出升级服务，以满足电子资源管理的需求。原有的系统供应商对系统的熟悉程度和系统的兼容性与其他类型系统相比具有更多的优势。但限制是假如原有的系统供应商能力有限，EMRS系统的发展就可能要经历一段很长的时间。采用后者——第三方系统，例如期刊订阅代理商，也有一些优势。一般来说，即使完全整合于ISL（Inter Switch Link）的EMRS也需要电子期刊的相关资料，而ILS多半并没有管理这方面的资料，反而第三方系统更为兼容电子资源的复杂性，已建立电子资源的数据库，有大量新颖的电子期刊资源，可以回复精确的咨询服务。

其限制是如果高校图书馆认为把采购以及许可证相关资料放在他人的服务器上感觉不是很妥当，而自己又不愿意购买主机以解决方案，这将成为第三方EMRS系统在可持续发展上的一大限制。

（二）电子资源的整合

整合是电子资源系统与现有系统及资料整合在一起，也是选购电子资源系统所要考虑的一个重要的问题。在选购电子资源系统之前，馆员应该对本馆现有系统架构及预期郑和的层次做一个全面性评估。尤其是我国大部分高校图书馆在电子资源建设中，由于整体上缺少总体上的规划，尽管投入了大量资金购买不同公司采用不同技术架构、不同的数据库、不同的访问接口的多种电子资源，在整合之前更需要仔细分析不同电子资源系统的体系结构和数据接口。现阶段，比较成熟的技术方案是采用松散耦合的方式，借助 Web Service、LADP、OpenURL 等技术，实现统一资源访问接口和统一的权限控制。随着语义网络、自然语言识别等技术的发展，电子资源整合将向更深层次的方向发展。

（三）高校图书馆电子资源管理系统开发建设的原则

一是树立以人为本、读者第一的原则。以人为本，提供人性化服务是现代图书馆发展的必然趋势。图书馆馆员要变被动、接纳式服务为自主创新、参与式服务。以读者为主，就是变"人找资源"为"资源找人"，提高服务水平。二是依托重点学科，突出特色馆藏电子资源管理系统建设。高校对学科建设的方针是：全力保证领先学科，重点建设一流学科，积极扶持特色学科，注意发展潜在学科，鼓励学科交叉，以形成新的学科。高校重点学科在教学、科研中发挥龙头作用，带动和促进其他学科的快速发展。因此，文献资源采集应向重点学科倾斜，对重点学科的文献信息进行较为系统、全面的开发建设，为用户提供个性化的服务，以满足专业特色的需求。三是馆藏信息资源共享。由于网络技术的发展和数字图书馆的构建，图书馆之间可以通过网络实现联合编目、联合采访、参与合作，实现馆际之间的优势互补，互通有无。

（四）加强网络信息资源规范化建设

针对网上信息资源繁杂无序、机构网址飞速增长、检索方法互不相同以及语言障碍等问题，图书馆开展网络信息服务，必须根据一定的标准对网络信息资源进行组织整合工作，依不同的学科和专业对网上信息资源进行挖掘、搜集、评价和选择，并采取一定的方法进行分类整理，从而建立起网络信息中心，更好的满足用户对网络信息的需要。开发建设上要突出两个重点：一是提供适合用户需求的信息。由于用户不满足一般性服务，要求提供的信息内容简明扼要、精益求精，图书馆工作人员要将分散的信息进行分析、综合、比较，把知识浓缩重组，对文献信息内涵知识进行二次开发，第二次创作。二是为用户建立专业网站，开发馆藏，实现数字图书馆藏资源的潜在价值。鉴于网上信息资源相当庞杂，且分类、编目缺乏统一的标准，图书馆必须经过深入研究和全面分析，再借助于现代化的技术手段对网络信息进行深度整合和综合处理，建立起多学科的、各具特色的、大容量的、实用的数据库系统，尽可能地给用户提供最为便捷有效的文献信息。

三、创新服务内容和方式

随着图书馆 Web 站点的建立，使图书馆拓展了服务范围，深化了服务内容，为用户提供了服务平台，使快捷、方便、高效的网上服务成为可能。在服务内容和方式上，要注意在三个方面进行创新和改进：

1. 加强专项特色服务，提高服务质量

图书馆的大批业务骨干应由一般服务变为特色服务，做到人无我有，人有我全，内容新颖，特色鲜明。并努力做好以下工作：开展馆藏的优势和特色专项服务；开展为特殊用户要求进行特殊的专业化、个性化的服务，如远程用户、专家学者用户等；开展为科研需求的专项服务，如课题查新、专题咨询、科研背景分析等；由基础信息服务向深层次加工服务发展，使图书馆成为教学、科研的"第二课堂"。以上服务要立足本校的同时，面向社会，逐步向企业、机关、事业团体开放。

2. 加强读者与图书馆的联系，促进图书馆的发展

在数字时代，读者与图书馆形成一种互动的关系，读者不仅是信息资源的使用者，还是信息资源的建设者和提供者，读者的积极参与，会给图书馆工作带来无限的生机和活力。读者在信息服务中占主导地位，应强调发挥读者的主观能动作用。图书馆员的服务将着重于如何帮助用户提供检索效率，帮助读者发掘潜在信息，协助读者处理数据库和电脑管理系统的信息，使图书馆员主动承担起信息知识的导航责任。

3. 开展社会和馆际互借及文献传递服务，实现信息资源共享

在目前网络环境下，要建立高校图书馆与社会的信息资源共建共享体系，可以通过将高校图书馆自有信息资源的目录数据传至各自的 Web 站点，让社会的信息用户通过 Internet 共知，同时通过建立高校图书馆之间、高校图书馆与公共图书馆之间的馆际互借系统、原文复制和网上文献传递业务关系，使参与共建共享的各类图书馆的信息资源为更多的用户服务，提高信息资源的

利用率，满足高校师生和所有用户的需要。

四、培养高素质的馆员队伍

电子资源管理系统建设服务，除了有计算机等现代设备外，更重要的是培养高素质的信息人才。这种人才不仅要懂得图书馆业务，更要有计算机应用软件开发和维护能力的专门人才。这对馆员有几项具体要求：第一要求图书馆工作人员熟悉分编、加工数据库的各种标准以及计算机知识，熟练掌握其使用方法。第二要求有广博的业务知识，了解不同学科的内容，才能更好地对文献专题进行标引、著录。第三要求挑选事业心强的专业人员进行培训，使其具备良好的职业道德和开拓创新精神，不断改进提高工作质量。

图书馆还应针对员工所在工作岗位的特点，进行重点培训。如对网络部加强数据库管理、网络安全、网络搜索工具等方面的培训；对文献建设部加强网络信息采集和下载、外语等方面的培训；对流通部、阅览部加强网络系统维护、公共关系学、心理学等方面的学习；对咨询部加强信息资源的搜集、开发，古汉语、外语等方面的学习外，还要熟悉全馆各业务部门的工作。从人本管理的角度出发，现代图书馆要不断为员工创造学习的环境，以提高员工的学术水平和工作效率，达到图书馆和个人共同发展的目的。

总之，在网络信息化高度发展的今天，图书馆正面临着前所未有的机遇和挑战。只有充分利用和把握这一有利时机，创造良好的服务环境，拓宽服务领域，深化服务层次，提高服务质量，才能立足于信息服务的前沿，促进高校图书馆事业与时俱进和全面发展。

第五节 高校图书馆建设数字资源存储系统的思考

21 世纪是一个信息化时代高质量高效率的信息是时代发展的需要。在高校教育工作中，图书馆是获取知识、信息的重要渠道，对高等教育工作水平具有非常重要的影响。图书馆是高校信息的主要提供者，承担着高校信息资源建设的重要任务，随着信息化时代的到来，人们对图书馆馆藏信息需求量日益增加，对于电子信息数据的需求也日益紧张，高校图书馆学的数字化建设已经成为大学图书馆的发展趋势。

一、高校图书馆建立数字资源存储系统的必要性

在高校图书馆中，其馆藏资源多种多样，而且图书馆中还存有大量的音像、新闻、美术、照片、软件等各种数据资源，由于数据资源极其庞大，要

求图书馆具有很强的管理能力，才能保证高校图书馆的服务能力。由于图书馆数据资源极其庞大，对其存储系统提出了更好的要求。数字资源存储系统的建立，可以有效地将图书馆馆藏信息资源进行分类汇总，通过数字资源分散处理，方便用户对信息资源的检索、分析，并借助于高校图书馆的计算机信息平台，实现馆藏数据的管理。

在高校图书馆管理过程中，建立数据资源存储系统可以大幅度提高高校图书馆馆藏信息的安全性。建立数字资源存储系统，可以将馆藏信息以电子数据的形式进行保存，有助于防止地震、火灾等灾害的侵袭。而且馆藏信息以电子数据形式进行流转、阅读，有助于馆藏图书等资源的保护，减少图书资源在使用过程中产生磨损。而且数据资源存储系统的应用，有助于馆藏图书资源的维护，通过互联网技术的维护，实现对馆藏信息资源的保护。

二、建设图书馆数字资源存储系统的重要性

（一）图书馆数字资源的海量和复杂多样决定了存储的艰巨性

图书馆数字资源的组成是多种多样的，既包括以图书馆自动化集成管理系统为中心的书目数据库、读者库等基础数据，也有以数字化图书、数字化期刊、自建特色数据资源为代表的数据，同时还包括音像、新闻、美术、照片、电影、软件、互联网页等各种各样的数据。

数据量巨大，数据种类繁多，因此，如何简便、快速、安全的存储这些数据，对存储系统的容量和响应速度都提出了更高的要求。此外，长期以来，各种数据应用于多种操作系统平台，数据资源分散存储在多个独立的服务器，不易于管理，数据的共用性差，对信息资源进行检索、分析、处理等有着巨大的困难，这就要求存储系统不仅要能够实现多平台的互操作性和数据共享性，而且必须保持系统具有高度的开放性、可扩展性、可靠性和易管理性，能够提供不间断服务的高可用性要求，以满足读者在最短的时间内找到所需信息的需要。

（二）图书馆数据资源的安全依赖于存储的可靠性

图书馆数据资源的安全性是极为重要的，不管是地震、洪水、火灾等自然灾难，还是计算机病毒、网络犯罪、硬软件故障、操作失误等因素，都可能造成系统的瘫痪、设备的停运以及数据的丢失，数据资源一旦被破坏或丢失，就会对图书馆日常工作造成重大的影响。面对如此严峻的数据安全形势，唯一可以将损失降至最小的办法莫过于数据的存储备份。因此，不仅要建立

本机、本地的备份，更要建立异机、异地的备份，还可考虑建立远程容灾系统。由此可见，建立行之有效的存储系统不仅可以保证数据的一致性和完整性，而且对维护数据的安全性与可靠性起着至关重要的作用。

三、图书馆馆数字资源存储系统存在的问题

（一）系统设计不足

图书馆数字资源存储系统建设是一项技术行为，根据现代图书馆建设的发展需要，图书馆的建设需要合理配置现有的信息技术与硬件资源，有效提高信息资源的使用效率。但是，由于数字资源存储系统在设计方面的不足，在人力资源配置方面欠缺经验，导致系统管理存在许多盲区、漏洞。而且资源存储系统设计的不完善，影响系统的使用效率，不利于图书馆的发展。

（二）存储系统的复杂性

在图书馆建设数字资源存储系统时，需要考虑到学校的管理机制、经费来源、技术应用水平等等，这些因素相互影响从而成立了存储系统。存储系统在使用过程中受到系统设计理念及技术，条件的限制，会忽略系统的外部环境，影响系统的应用性能。从高校图书馆管理工作实践来看，作为高校图书馆管理人员，我们需要对图书馆的管理理念形成一种前卫意识，及时了解行业动态，了解图书馆数字资源存储系统中存在的不足。

（三）电子信息需求量的剧增

随着信息化时代的发展，读者对于数字资源的需求量日益增加。在高校学生阅读学习中，电子资源的阅读也成为影响高校学生发展的重要因素，但是，高校图书馆数字化发展水平会限制高校学生的阅读。从目前高校图书馆管理来看，其数字资源在存储、管理及服务等方面都面临困境，影响高校图书馆的发展。由于数字资源存储系统中的信息资源分散存储于各个服务器上，其数字，资源难以是实现统一管理，而且图书馆对于数字资源管理工作缺乏备份，导致信息系统的安全存在很大的隐患，为了推动高校图书馆数字资源存储系统的建设，我们需要提高高校图书馆应用系统的服务能力及稳定性，并建立完善的信息资源管理机制，才能提高其管理服务水平。

四、存储系统规划

（一）存储技术

存储网络是目前最为成熟且使用较为广泛的存储技术，在存储网络中包

括 SAN 技术和 NAS 技术。

1. SAN 技术

存储区域网络 (Storage Area Network，SAN) 是由服务器、存储设备、交换机及光纤信道连接而成的独立的高速存储局域网络，采用高速光纤信道作为传输媒体，是存储技术与高速传输技术的结合，服务器与存储子系统之间相互隔离，数据通过光纤传输，存储区域网上的服务器可以通过 SAN 直接访问存储设备，而无须通过局域网。SAN 技术目前非常成熟，已被大量使用，我馆目前使用的日立 AMS-1000 就是这种存储网络技术。

2. NAS 技术

联网存储系统 (network attached storage，NAS) 又称附网存储系统，存储设备与网络设备直接相连而不是连接到服务器上的，NAS 把数据看作是一种网络资源，并由专用的 NAS 设备来管理，这种设备不依赖特定服务器，如果一个服务器出现故障，NAS 设备可通过其他服务器存取数据，可以避免对服务器的影响，NAS 是基于局域网 (可使用以太网交换机) 的，按照 TCP/IP 协议进行通信，以文件的 I/O(输入 / 输出) 方式进行数据传输。在局域网环境下，NAS 可以应用在任何的网络环境当中，比如 NT、UNIX 等平台的共享。一个 NAS 系统包括处理器，文件服务管理模块和多个硬盘驱动器 (用于数据的存储)。主服务器和客户端可以非常方便地在 NAS 上存取任意格式的文件。

3. SAN 技术与 NAS 技术对比

NAS，对数据库的支持不如 SAN，NAS 设备非常适合于网页服务和文件服务，不适合于数据库存储和交换存储；SAN 更适合超大型应用，虽然 SAN 在初始阶段需要投入大量的费用比 NAS 高，但是 SAN 却可以提供其他解决方案所不能提供的能力，并且可以在合适的情形下可以节约一定的资金，所以，我认为如果资金允许、应用规模较大，采用 SAN 存储技术是数字资源存储安全的有力保障。

（二）存储架构

搭建基础存储架构对于图书馆来说是一件非常复杂的工作，也是我们普遍面临的问题，对重新搭建一个基础架构的要求是，将原有存储系统整合，存储系统同时支持原有存储方式，又支持新技术方式，并可在将来根据业务的增长具有灵活、可扩展性，包括通信通道、存储容量、端口接口以及系统升级等等，将来可通过简便的方式进行数据就地升级，是系统可随业务增长而扩展。

（三）存储性能

存储系统性能扩展能力要强，能够满足图书馆业务的多样性的需求；使用统一整合平台简化异构系统间的存储管理，可以在不同的连接设备间移动数据，可以在不同的操作环境、数据类型、网络等存储平台上进行通用连接；可以通过存储系统的调配实现存储资源按需分配，也就是能够在需要的时候准确分配存储资源，可以按需分配硬件、容量与带宽。

（四）存储容量

存储系统容量配置能够灵活控制，可根据需求不断扩展，就一个中型图书馆的应用来看，目前使用中端 SAN 产品，原始容量为 200TB 左右，内置磁盘驱动器在 4-120 个即可满足需求。

（五）存储介质

目前数字资源有磁盘、光盘、磁带三种主要的存储介质，磁盘又分 IDE、SATA、SCSI、FC 等磁盘系统，磁盘存储可实时在线，数据访问、存储、交换速度快，管理方便，容量高，成本高，利用率高；光盘系统分为 CD、DVD、MD 等几种，可以实时在线，但并发能力弱，存储成本低，容量小，保存方式不正确，容易造成数据永久不可读；磁带有多种系统，有一定的在线能力，没有并发能力，存储成本居中，容量较大，可实现远程存储。可以以磁盘和磁带存储备份为主，磁盘系统用于本地存储应用及本地备份及异地容灾系统，磁带可应用于异地远程备份系统。

（六）存储安全

存储系统可提供数据保护，可进行恢复，具备灾备能力。

五、推动高校数字资源存储系统的发展建议

（一）合理设计存储系统

在高校数字资源存储系统建设时，我们需要考虑到存储系统的需求和存储性能的要求，结合高校的专业建设及学科划分，分析高校图书信息需求情况，设计图书馆数字资源存储系统。因此，在图书馆建设过程中，我们需要考虑数字资源的种类、存储系统的实用性、安全性等因素。

（二）及时做好系统的优化升级

在高校图书馆管理工作中，建立数字资源存储系统是为了满足读者的电

子化阅读需要。但是，该项投入并不是一次性的投入，我们需要根据系统的发展需要，对原有的系统进行优化升级，从而提高存储系统的服务功能。因此，在存储系统的后期维护过程中，我们需要利用信息技术的改革对存储系统进行优化升级，提，高存储系统的服务性能，从而全面提高我国高校图书馆的服务能力。在持续投资原则的保证下适时扩容升级，保证重要资源能够及时得到数据更新，新的有价值的信息资源能够及时得到补充。

（三）存储系统实行技术责任制及创新机制

在图书馆建立数字资源存储系统后，我们应当注重培养相关技术人员的责任意识，建立项目责任机制，防止因为技术人员的疏忽而损害资源存储系统。实行技术责任机制可以保障技术的完善性，并对技术行为进行监督。同时，通过技术创新鼓励管理人员进行创新，推动存储系统的改革与完善，从而提高管理人员的服务意识。避免决策缜密而实施疏漏的问题，从而保证存储系统的服务能力。

计算机技术在高校图书馆建设中的应用，大大提高了高校图书馆的服务能力。图书馆数字资源存储系统的建立，方便了读者的阅读。但是在数字资源系统的应用中，仍然处在一些问题，影响着系统的发展。数字资源的建立应当从合理设计存储系统、系统的优化升级、存储系统实行技术责任制及创新机制，才能进一步提高系统服务水平。

第六节 高校图书馆数字资源统一管理平台的设计与开发

随着信息技术的发展，高校图书馆为了给学校的教学科研提供更优质的数字资源服务，通过购买、自建等途径，建立了丰富的数字资源馆藏体系。而数字资源的增多，给图书馆的统一管理带来了不便，大多数数字资源平台是异构分布的，在管理方式上也是各有差别，这进一步增加了管理的难度。有关异构分布的多个数据库整合研究主要集中在跨库检索，资源整合等方面，而在管理上的整合研究则相对较为缺乏。本文主要以全文数据库为主，从三个方面研究数字资源的统一管理：①数字资源的保护；②数字资源使用情况统计；③数字资源使用情况分析。通过开发数字资源统一管理平台，从整体上对图书馆馆藏的数字资源进行管理，并通过对数字资源使用情况的统计和分析，让图书馆管理人员从宏观和微观层面了解数字资源的使用情况，为图书馆的数据库采购、学科服务和个性化服务等业务提供有价值的指导信息。

一、当前研究现状

图书馆的数字资源可分为购买和自建两种，不管是哪种方式，都需要对这些资源进行有效的保护，保证这些数字资源得到合理合法的使用。恶意下载，也称非法批量下载，就是超越正常范围或是利用不许可方式进行的、会导致不良后果的、故意的数据下载行为。恶意下载是数字资源合理使用面临的一大问题。对于购买的商业数据库，商家对恶意下载行为有着严厉的处罚规定，除了对图书馆提出警告和通报批评外，还有封停 IP 的处罚，这严重地影响了数字资源的使用，也影响了学校的名誉。对于校内自建的数字资源，过度的批量下载会造成服务器负担过重，甚至瘫痪，影响了数字资源的正常使用。目前，清华大学、上海交通大学等高校自行开发了电子资源保护系统，有效地保护了数字资源，为数字资源合理合法的使用提供了技术保障。

数字资源的使用情况一直是图书馆十分关心的问题。但由于不同数据库平台提供的统计指标及统计口径、报表格式等信息并不完全相同，有的甚至差别很大，这给图书馆从整体上了解各数据库的使用情况带来了不便。再者，统计数据只能从商家提供的后台管理模块中获得，统计数据的真实性难以得到验证，只能姑且信之。目前，大部分图书馆对统计信息的采集主要以手工方式进行，对各个数据库平台提供的统计信息进行分析处理，再整理汇总而成。手工操作的方式不能及时获取所需统计信息，也容易出现人为的错误。虽然有些高校图书馆也开发一些批量处理的工具来提高工作效率，但由于各校的数字资源并不相同，难以得到通用。

通过数字资源平台提供的统计明细信息，可以了解到学校所下载的文献数量，下载时间及文献的外部特征，如分类、来源期刊、作者、作者单位等信息，但无法了解到文献下载所涉及的学校内部用户或部门的信息。而分析学校内部用户获取文献的行为，将数字资源的下载情况与用户角色特征结合分析，可以挖掘到更有价值的信息。目前，图书馆在这方面的研究成果不多，主要是难以获取可供分析的数据来源，这需要将数据库商家提供的统计明细数据与学校内部的网络日志、账号系统等多方数据结合分析方可实现。

二、研究思路及解决方案

针对本文所关注的有关数字资源管理三个方面的研究，要实现统一管理的方法，首先是要获得用户在使用数字资源平台过程中的行为日志。虽然大多数的网络中心具有学校上网行为或是流量控制等网络产品，可以从这些网络产品中导出有关数字资源平台的访问日志。但这些网络产品并不是针对数字资源平台而设计的，并不能直接应用于图书馆的数字资源统一管理业务当中。本研究所采取的方法是开发一套针对图书馆馆藏数字资源的统一管理平台，通过对数字资源使用过程中数据包的捕获、存储及分析等操作，实现对数字资源的保护、使用情况的统计及分析。

主要解决的三个问题是（1）数字资源下载行为的监控；（2）检验数据库商家提供的统计信息，自动将多个数据库平台的统计信息按图书馆需求汇总；（3）分析数字资源使用情况与用户角色的关系。

对于问题（1），首先要识别出用户的下载行为是否属于恶意的非法下载，进而执行相关处理措施。解决方法：①制定用户下载行为的规则。规则主要有单位时间内允许连续下载的全文数，通过这些规则的设置，可以限制用户的批量下载行为。②设置数据库平台全文下载的特征。不同的数据库平台的全文下载方式各不相同，其商家对恶意或是非法下载的具体界定也不一致，所以管理员要针对不同的数据库平台的全文下载规则进行设置。提取数据库平台全文下载的链接特征及被视为非法下载的特征量。③数据包捕获及分析。该阶段将对捕获的数据包进行分析，结合用户行为规则和数据库平台全文下载的特征设置，识别出用户的下载行为是否违规。④违规的处理。当识别出用户下载的行为属于恶意的非法下载后，采取警告或限速及禁止使用的处罚。通过 TCP 劫持技术，将警告等信息插入用户的连续会话，呈现在用户的浏览界面中。

对于问题（2），从数据包捕获模块获得的数字资源访问日志，将之与从各数据库平台提供的统计明细进行检验，确认数据真实性，进而按图书馆的统计指标对各数据库平台提供的统计报表进行整理汇总。流程如下：①从各数据库平台中导出本机构库的统计报表，其中主要包括下载明细清单及下载汇总报表等。②从监控日志数据库中获得本校访问用户数字资源的下载日志。③按数据记录特征（下载内容、时间等）对商家的数据及本校捕获的数据进行对比，确认下载事实数据的有效性。如果两份数据所反映的下载事实基本一致，则进行统计信息的加工处理，如果两份数据存在较大出入，则向数据库平台的提供商反馈，查明真相。④根据图书馆统计指标的标准，对各数据库平台提供的统计报表进行分析，抽取关键字段，对部分数据进行加工，最终汇总为统一的报表，以标准的样式呈现。

问题（2）主要是统计数字资源的使用情况，关注的对象是数字资源。对于问题（3），为了更进一步了解对数字资源的使用情况，可以结合用户角色的特征，通过将数字资源与用户特征的关联，提取更有价值的信息。用户的角色特征一般包含了用户的性别、兴趣、专业、所属院系、研究方向等等，这些信息有的可以从学校的账户系统中获取，有的可以从学生的学籍中获取，还可以以图书馆的读者管理系统为中介，通过兴趣调查等方式获得读者相关信息。通过数字资源与用户角色特征的分析，可以了解到用户关注的数字资源，学科关注的数字资源等信息，这对图书馆开展个性化服务学科服务是很有帮助的。流程如下：①搜集用户的特征信息。其中要注意对用户个人信息隐私的保护；②利用用户的上网账号，将用户的特征信息与用户下载的数字资源的信息相关联；③从用户角度分析用户对数字资源的需求特点，从学科角度分析学科对数字资源的需求特点。对数字资源的需求特点，主要包括数字资源的类型、主题、日期、下载量、来源等信息。

三、设计与开发

为了降低软件的开发成本，本平台的开发以开源软件为主。监控服务器及应用服务器的操作系统均采用 Linux，数据包捕获模块使用的是 libcap 实现，数据库采用 MySQL，Web 应用服务器使用 Apache，应用程序的开发则以 PHP 为主。

四、应用和总结

数字资源统一管理平台经过 4 个月的试运行，累计日志 8197 条，发现非法批量下载 15 例，警告 14 例，处罚 1 例，有效的保护了数字资源的合理使用。从整体上对图书馆馆藏的数字资源的使用情况进行统计分析，相比传统的手工方式，不仅提高了效率，也提高了数据的正确性，管理人员可以快速及时的查看各个时间段数字资源的使用情况及发展动态。而结合用户特征进行的数字资源使用情况的分析，可发现用户、学科或院系对数字资源的需求情况和文献获取模式，为图书馆开展个性化服务、学科服务、参考咨询及数字资源的采购提供了有价值的参考信息。在试运行中，也发现了一些存在的问题，如当数字资源的访问量过大时，对数据包的捕获及业务处理存在较大的延迟。而在统计分析环节，有些数据库平台的统计页面或是接口变动时，会导致该数据库的统计信息自动汇总失败，极大地影响了自动化数据采集统计的整合。这些问题将是进一步研究中需要侧重解决的问题。

第八章 高校图书馆数字资源服务创新研究

第一节 高校图书馆服务创新的原因和对策

一、图书馆服务创新的原因

国家创新系统的任务就是用系统的观点和方法，把促进技术创新的科技措施、经济措施等整合起来，集成起来，以达到最好的效果。在完成这个任务的过程中，企业（国企、民营、合资、集体、乡镇企业）、研究机构、以大学为主的教育培训机构、政府成为创新活动的行为主体，构成了国家创新系统的核心。其中高校已成为国家创新系统中的一支重要力量，其作用和地位日益突出。作为信息服务和学术研究机构，图书馆创新是高校知识创新和教育创新的重要组成部分。

（一）图书馆创新是图书馆服务于大学教学科研的必然要求

随着教育体制改革的不断深入，高校人才培养方向和侧重点不断向为社会和企业培养有用人才的方向转移，如 MBA 的引入、学校工科课程设置的不断增多等等；同时，随着知识经济的发展，学校在继续教育、终身教育、社会教育中扮演着越来越重要的角色。教育创新是不断提高劳动者素质、保持国民经济和社会持续稳定发展的重要支撑。但是，由于学校师资力量、课程设置、时间安排和其他教育设施不足等矛盾，高校在素质教育、智能教育、全才教育、终身教育等方面显得苍白无力，转而依赖图书馆。图书馆作为高校办学的三大支柱之一，必须充分发挥教育职能，服务于教学，使教育从课堂延伸到课外、从学校延伸到整个人生和整个社会，成为"没有围墙的社会大学"和"终身大学"。因此，"图书馆创新是辅助教育创新的必然要求，是学校教育创新的延伸和拓展"。

高校是科学研究的重要基地，与其他科研机构相比，高校的科研水平和科研成果在稳定的基础上不断上升，从市场上获得的科研经费也在不断上升。科技成果转化速度大大加快，高校科技企业蓬勃发展，科学园地不断增多。在这一系列过程中，图书馆起着举足轻重的作用，具体表现为：图书馆提供文献信息服务于科研，图书馆参与科研过程，图书馆独立承担科研项目，同时图书馆在科研成果转化过程中起着中介作用，等等。但是，总体说来，图书馆在这些服务和工作中的作用是不够的，不够积极主动，不够开拓创新，不够深层次高质量，不够及时高效，不够社会化和市场化。为了开创服务科研工作的新局面，解决这些矛盾，图书馆就必须创新。

（二）图书馆创新是信息服务环境变化和图书馆可持续发展的必然要求

在以印刷型文献为主要信息载体的时代，图书馆以其丰富的馆藏和较熟练的文献服务技能两大优势，在社会的文献服务体系中占据主导地位。但是，在知识经济时代，信息服务日益社会化、网络化、个性化，在社会信息服务的大系统中，图书馆的主导地位日益削弱，甚至其生存也面临着严峻挑战，因此，信息服务环境的变化迫使图书馆必须改革和创新。

首先，随着信息技术的发展，纸质印刷型文献一统信息载体的局面已不复存在。信息载体日益增多，尤其是电子出版物发展迅速，已与印刷型出版物各占半壁江山，并大有超越印刷型出版物之势。随着图书馆收藏信息载体的变化，图书馆的业务工作对象业已多样化。工作对象的多样化导致传统业务、服务方式和有关规章制度已不能适应变化，尤其是文献信息的搜集、组织、加工、传递、使用等许多业务工作无规可依，无章可循。

其次，受信息技术的影响，信息服务手段由手工方式向以计算机为主的自动化、网络化、数字化方向发展，图书馆应该突破时空限制，提供高效优质的文献信息服务。但是，受馆员素质和服务技能的影响，图书馆现代化、数字化、深层次、个性化的信息服务效率、服务能力和服务质量与现代化的设备极不相称，管理等软建设严重滞后。

第三，社会的信息化和信息服务的社会化，对图书馆的生存和发展提出了严峻挑战。这突出表现在三个方面：①信息和知识成为重要生产力，成为经济增长的杠杆和核心。随着信息社会化需求的增多，新增的信息服务行业和机构也不断增多。②图书馆的读者已不是原来的固定区域内的图书馆读者，网络用户成为图书馆读者的重要组成部分；同时，图书馆原有读者不断流失。③图书馆传统的、僵化的、浅层次的文献服务已不能满足读者日益个性化、特色化信息需求，图书馆的信息服务与社会化需求严重脱节；相反，社会上各种信息服务机构以其灵活有效的服务机制，迅速占领信息服务市场，不断削弱图书馆的信息服务地位，图书馆面临着严重的生存危机。

总之，图书馆馆藏对象、服务手段、工作内容、用户需求及服务地位都发生了重要变化，图书馆传统的服务和工作方式已不能适应这种变化。图书馆要生存，要发展，就必须适应信息服务环境的变化，图书馆的服务就必须不断改革和创新。

二、图书馆服务创新的对策

图书馆创新应是全方位的，它包括图书馆各种观念意识的创新、规章制度的创新、管理机制的创新、技术的创新、人才的创新和服务创新等。观念意识的创新是图书馆创新的源泉，规章制度和管理机制的创新是图书馆创新的政策保证，技术、人才的创新是图书馆创新的技术和智力支持，以上这些是图书馆开展服务创新的基础和前提。同时，图书馆创新也是一个继承和发展的扬弃过程，有一个吸收消化、探索创造的过程。

为读者（用户）服务是图书馆的天职，我们的一切工作都是为了向读者提供满意的服务。因而，服务创新是图书馆创新的落脚点和关键所在。对于我们高校图书馆来说，服务创新要围绕高校的职能、信息服务环境的变化而展开。

（一）对图书馆的服务对象我们要有创新意识

目前，校内师生员工就是我们的服务对象的意识是读者工作的主体意识，服务对象也仅限于此，这不符合当前资源网络化和共建、共知、共享的要求。我们要有全新的用户观念，要做到服务对象意识的创新。

首先，我们要突破校内读者这个框框的束缚，将读者的概念延伸到网络用户和社会大众。《普通高等学校图书馆规程（修订）》中明确规定：高校图书馆是社会信息化的重要基地，要尽可能地向社会读者和社区读者开放。这就要求我们在满足校内读者需求的前提下，大力开展对社会大众的信息服务，做到信息服务的社会化。这个说起来容易，做起来还是有各种各样心理的或其他因素的阻碍，因此，要更新服务对象的传统观念，要有"大读者"意识。

其次，服务对象创新，还包括保证所有用户平等使用图书馆文献信息资源的权利意识的确立。许多图书馆当前都是按业务流程、服务对象等设立组织机构，并在此基础之上开展各项工作和服务。这种做法曾经有力地推动了图书馆事业的发展，但是，这种做法已不适应时代需求。例如：图书馆设立教师阅览室，并规定学生读者不能利用该室的资源，又如，校外读者使用图书馆资源时有种种限制。所以我认为，服务对象创新的第二个含义是建立用户平等使用图书馆一切资源的权利保障体系。

服务对象创新的第三个含义是不但要接纳所有主动要求使用图书馆的人，还要主动寻求图书馆的用户，也就是要找人来利用图书馆，把潜在读者、隐性读者变为实实在在的图书馆的使用者，并保证他们使用图书馆的平等权利。

（二）服务方式和手段的创新

首先要实现从传统的手工方式到自动化、网络化的转变，它包括服务设施和服务方式两个方面。从服务设施即工具来看，无论是文献信息的搜集、整序、加工、存贮、传递、使用等各个环节，都要适应信息技术环境的发展变化，要用现代化的技术设备，实现服务手段的数字化、自动化、网络化、现代化等；从服务方式来看，要不断地吸收并应用新的理论研究成果，不断改善服务方式，简化服务手续，缩短服务时间，从而实现科学精神与人文精神的融合和统一。

第二，实现从被动服务到主动服务的转变。要改变原来坐等读者上门的服务方式，积极、主动地接近读者，了解读者的需求，积极主动地满足读者需求。一方面，要调查了解学生读者课堂学习、课外学习及开拓创造性学习的内容；主动掌握科研人员的科研项目及进展；主动接近管理决策人员、询问其信息需求，我们在了解这些需求的同时，要切实搞好相应服务，满足这些需求。另一方面，要将图书馆的特色资源及特色服务项目推向社会，主动地为这些服务及资源寻找用户，使其能够服务于当地的政治、经济、科技、文化、教育等各个方面。

第三，实现从封闭到开放的转变。我们要将我们的馆藏实行更多的开架服务，对于珍贵馆藏在采取一定措施后也要服务于读者；我们要让用户知晓我们的全部资源和服务项目，知晓获取这些服务的手续、步骤等相关事项；公开我们的服务过程和服务结果，公开我们的规章制度，公开我们工作人员的技能特长和岗位职责；公开接纳所有用户和读者，公开接受读者和用户的批评和建议。

第四，实现从"事不关己"到首问负责制的转变。要实行谁最先接待读者，谁就要对这个读者负责到底，直到读者需求得到特定程度的满足，至少要指引读者获取服务的途径和地点。

第五，实现从难到易的转变。我们所提供的服务、资源布局和资源使用方式，要便于读者利用和获取，要简单明了，可操作性强，要向"傻瓜式"方向发展，要充分体现图书馆的人文关怀。

第六，实现大众服务和个性化服务的统一。既要考虑满足大多数读者的需求，又能满足特殊读者个性化需求，尤其是科研、决策人员的个性化需求；既要满足读者学术研究的需要，又要满足读者休闲娱乐的需要，让社会大众都能享受到图书馆的服务。

（三）服务内容的创新

正如上面所说，创新是一个继承与扬弃的过程。因此，我们首先要切实搞好我们传统的文献借阅、参考咨询等各项服务，如增加开放时间，加大开发馆藏文献的力度，缩短新书从进馆到上架流通的时间，加大馆藏推介和新书报道的力度等等。在此基础上，我们再实现服务内容的创新，积极开展深层次的信息服务，充分发挥图书馆的教育职能和信息服务职能。

首先，要主动参与到高校的教育教学中去。在做广泛的调查研究之后，为学生读者提供适应社会和人才市场需要的文献信息，除满足他们接受知识灌输所需文献外，向他们提供创造性学习所需要的文献信息，让图书馆真正成为学生接受素质教育的课堂和阵地；要积极主动地为教师提供最新的理论研究成果和相关知识，为教师的备课服务。

其次，要参与到科学研究中去。这主要表现在三个方面：①参与到科研过程中去。在积极主动为科研提供资料和数据，如开展定题服务、专题服务、科研查新等服务的同时，要为科研的开题提出建议，参与实际的科研过程。②参与到高校科研成果转化的中介服务中去。成立一个类似于资讯服务中心的机构，把企业的需求信息和学校的科研成果联系起来，一方面为企业提供市场行情、新产品、新成果等商业信息，一方面又可为科研成果找到商家，加速转化的速度。这是一个很难的课题，但这也是图书馆求得更大发展的机遇。③加强图书馆自身的学术研究活动。《普通高等学校图书馆规程（修订）》明确规定：高校图书馆是学术性机构，"高等学校图书馆应结合实际有计划地开展学术研究和交流活动，积极申报各级各类科研课题。有条件的还可根据需要，自选设立科研项目。"最近几年来，我们图书馆独自承担了《科技文献检索网络自助教学的研究》《网络环境下高校图书馆学科知识导航系统的研究》等科研项目，真正体现了图书馆的学术性，使图书馆成为高校知识创新的重要组成部分。

第三，要根据馆情，积极开展特色服务和深层次服务。每个图书馆有自己的特殊情况，有些馆有自己的特色馆藏和特色服务，我们要积极地开发这些特色馆藏，推广这些特色服务，并把这些特色打造成我们的拳头品牌，占领信息服务的市场；要依据我们的资源、技术和人才优势，积极开展超值服务、全面服务、个性化服务和相关的技术服务；在提供传统文献服务的同时，积极提供数字化的信息服务，要建立学科知识导航系统，方便读者搜集各种知识和信息。总之，要积极开展深层次信息服务，不断提高图书馆的服务档次和质量，将传统的文献传递服务延伸到数字化的知识信息服务。

第四，实现图书馆用户教育的职能。在网络环境下，读者需求多种多样，信息资源应有尽有，图书馆不可能占有所有信息，也不可能满足所有读者的需求，因而读者自助式服务越来越重要。图书馆有必要、有义务培养用户对文献信息的利用能力和技巧，这是给他们一把打开宝藏的钥匙。切实搞好与知识经济相适应的用户教育，是我们服务内容创新的一个重要组成部分。

第二节 大数据时代高校图书馆数字资源服务创新研究

大数据的利用已经改变了很多行业在信息资源采集、管理、加工与利用的理念。而图书馆是历史悠久的信息资源采集与提供的服务机构，在数字化时代，经历了数字化变革的图书馆在馆藏资源的收集、储藏和管理方面已经成为包括传统纸质在内的多种载体的信息资源采集、信息资源的整合与数字化加工、网络平台的服务体系的建设。在此基础上，大数据时代给高校图书馆的服务模式创新提供了机遇。

一、高校图书馆服务模式及其变迁

高校是我国培养各学科专业人才和开展相关学科科研活动的基地，在对学生进行专业化的教育以及各学科科研活动的开展过程中，高校图书馆是提供相关信息资源的重要机构。我国历来重视高校图书馆的建设，每年都会投入大量资金用于采购图书、报纸杂志和收藏专业文献，实行专业化的管理和为高校师生提供信息资源的查询、借阅服务。在数字化的时代，高校图书馆纷纷投入了大量人力、物力，对传统的馆藏资源管理模式、信息收集和服务模式都进行了数字化的变革。经过数字化的改造，目前绝大多数高校图书馆已经步入信息化、网络化和数字化的时代。通过网络平台的建设，高校图书馆除了可以全天候为师生和专业科研人员提供在线信息资源查阅、咨询，还为师生提供了交流互动的平台，为高校教学和科研活动、校园文化娱乐活动、校园文化的传播以及新的学术成果的展示和交流做出了贡献。

二、大数据背景下高校图书馆服务模式存在的不足

（一）大数据概述

伴随着互联网时代人类信息资源的产生、传播与储存方式的变革，信息资源量爆发式增长，而信息资源的有效利用则面临日益严峻的挑战。信息资源的有效分析和挖掘运用到某个行业或领域意味着可以创造巨大的效益。但是进行海量数据的分析和加工，从中提炼出具有实际应用、参考价值的信息和数据，对计算机软硬件系统都提出了非常高的要求。因此大数据概念从诞生到被真正的挖掘和利用经历了近十年的等待。直到云计算技术的诞生，让计算机系统储存和分析大数据成为可能，大数据的利用才产生了实质性的进展。目前，越来越多的行业开始运用大数据处理技术，结合智能技术与物联网技术，创造了全新的行业管理与服务模式，取得了经营管理效率和经济效益的巨大进步。

（二）大数据时代高校图书馆服务模式存在的不足

1.高校图书馆专业数字化资源利用率偏低

虽然很多高校图书馆按照地域的关系建立了联盟，如省际高校图书馆联盟，意在实现馆藏资源的共享和提高资源的利用效率。但是由于以行政区划为联系的联盟，内部的高校往往是涉及不同学科领域、专业的设置和研究方向有明显区别的高校，如师范、医学、理工等专业院校。校际学术性、专业性较强的文献资源互补性不强，共享意义不大。而高校的教学与科研应该以专业学科为中心，发挥学科的优势，高校图书馆的特色与优势信息资源也在于这些核心专业学科的教学与研究方面，因此目前的高校图书馆特色专业的数字化信息资源的利用率偏低，没有发挥出自身的优势、体现出特色。

2.图书馆数字资源管理人对工作不够负责

很多高校仅仅指定专人购买一些数字资源，而对后期资源的更新和替换没有采取措施。网络资源更新速度很多，如果高校图书馆数字资源没有及时地更新和替换，就必然给学生获取最新知识造成麻烦。只有当高校图书馆数字资源保质保量，而且获取途径方便快捷，才能吸引更多的教师和学生去数字资源平台上下载学习他们所需要的资源，所以必须加强对图书馆数字资源管理人员的管理，指定专人负责相应的工作，保证高校图书馆数字资源的质量和数量。

3.个性化服务水平有待提高

提供个性化服务是图书馆数字化的主要目标之一。而个性化服务需要建

立在对目标用户需求具有全面、具体了解的基础上，只有了解用户的需求特点，例如专业、研究方向和阅读习惯等，才能根据具体情况，将馆藏信息资源经过个性化的整合与加工，主动提供给用户。但是目前的高校图书馆在个性化服务方面停留在被动满足客户要求的层面上，并且对数字资源的加工和整合能力存在局限性。信息的收集和更新、管理及分享效率不高。

4. 软硬件设施限制了服务模式的多样化

高校图书馆在进行数字化和信息化建设中，由于资金有限以及网络和计算机技术更新换代周期比较短，因此目前多数高校图书馆的数字化系统硬件设施跟不上实际的需求。由于资源信息的快速增长和服务需求的不断变化，高校图书馆信息平台的访问量越来越大。因此普遍存在网络速度慢、信息资源获取效率低的问题，甚至有系统崩溃导致服务暂停的事件。相对滞后的硬件系统阻碍了图书馆服务模式的创新和信息资源的共享平台服务水平。

三、大数据背景下高校图书馆的服务模式创新途径

随着互联网以及科学技术的发展，我们逐渐进入了大数据时代，而大数据时代的发展又给高校图书馆数字资源服务提供了新的目标和要求，同时也给数字资源服务提供了更多的路径。

（一）利用大数据技术进行数字资源的深度加工

大数据技术的日渐成熟和智能化技术的应用，让信息资源的处理有了新的方向和思路。高校图书馆的馆藏资源数据量庞大，首先应加大对硬件设施的升级改造投资，与科研机构合作研究和开发相应的软件服务系统，提高网络智能化水平。目前的图书馆数字化应用技术只能把信息以数字化形式，根据客户的在线请求远程提供给用户。这些信息资源的实用性与传统借阅形式得到的纸质媒介信息没有本质上的区别，依然需要用户自行归纳、梳理、提炼个人需要的内容。而大数据分析加上智能化技术的应用，可以建立起用户需求的智能化分析和信息资源的深度挖掘与利用，将信息资源加工成满足客户高层次需求的知识内容，省去用户个人分析和研究资料信息及大量脑力劳动。

（二）加深和拓展高校之间图书馆服务的合作

高校图书馆应利用大数据分析和处理技术，实现更大范围的专业合作。首先要将专业与教学、科研方向一致的学科资源信息在全国范围内实现实时交流与共享，提高优质专业信息资源的利用率，促进学科的教学与科研水平的进步。其次要通过广泛互联的信息平台开展校际教学与校园文化的交流活

动，为高校师生提供互动交流更大的平台，促进校园文化的建设。

（三）为日常教学和科研活动提供实时信息资源服务

在高校的日常教学与科研活动中，运用大数据分析和应用技术，深度挖掘和分析相关专业数据资源，为师生和科研人员提供实时的专业信息资源服务。可以第一时间把相关专业领域的科研信息、发展动向和研究成果运用到教学与科研工作中，提高教学质量，为科研人员提供更有时效性的信息服务。

（四）拓宽服务范围、提供面相社会的信息资源服务

在大数据时代，专业化的信息资源服务具有十分广阔的市场。无论是科研机构还是企事业单位，为了跟上时代的脚步，都会需要基于大数据分析和利用技术的信息资源。而高校图书馆应该利用好自身的优质资源，通过拓展服务范围为社会做出更多贡献，还能够给自身发展提供经济上的支持。

高校图书馆具有学科专业领域天然的优势资源，在大数据背景下，服务模式的不断创新需要依托高质量的管理人才和计算机软硬件系统。培养新时代智能化图书馆的管理专业人才，才能从信息的挖掘利用、个性化服务模式的创新与应用、用户需求的专业化分析等方面做出科学的决策，为全新的思路建设和管理高校图书馆，提供与时俱进的高效、多元化的服务。提升网络软硬件设施水平，运用大数据技术对馆藏资源和社会信息资源进行深度加工，为高校的人才培养、科研工作和校园科研、教学、文化交流提供更加优质高效的服务。

（五）重视馆员专业技能的再教育

数字资源的建设、服务和管理都需要图书馆的馆员参与其中，因此在某种程度上，馆员的专业技能和个人魅力将会对用户产生一定的影响，对图书馆数字资源的建设质量和服务提升产生影响，对图书馆数字资源利用率产生影响等等。而且现在社会技术发展迅速，知识更新换代周期短，5—7年人们的知识将会翻一番，因此图书馆要时刻关注相关方面的技术进展情况，加强培训和提高本馆专业技术人员的技术能力，为图书馆数字资源的建设奠定基础。同时图书馆还要重视其他服务馆员技术操作能力的培养，制定周密的技术培训计划，让馆员能够跟上时代的步伐，造就一批素质高、能力强的专业队伍，提高专业技能和服务水平，激发馆员的工作热情，以便为用户提供更好的服务。

（六）建立有效的用户绩效评价体系，为提高服务质量积累能量

监控数字资源服务质量最有效手段，非用户绩效评价莫属。数字资源类

型多，成本高，而学校每年拨给图书馆的采购经费是受限制的。那么在图书馆仅有的经费喜爱，如何实现效益最大化，从而满足图书馆用户的数字资源需求呢？这几乎是每个图书馆都在考虑的问题。在这种情况下，图书馆若是能够建立一套适合本馆情况而又完善的用户绩效评价体系，就可以准确掌握用户的动态需求，了解图书馆在管理数字资源和服务用户过程中有哪些问题，从而在今后的服务改进和资源采购时能够有明确的目标，不浪费有限的资金，做到有的放矢。

（七）重视图书馆服务环境建设，为用户营造良好的使用氛围

人能够改造环境，环境对人也有很大的熏陶作用。图书馆服务环境也不例外，它对用户具有很大的影响力，在很大程度上影响图书馆资源的推广和使用。因此图书馆要重视用户服务环境建设工作，抓住机会向用户推介图书馆的数字资源，从而使得用户能够喜欢图书馆的氛围，深入了解图书馆数字资源情况，为未来图书馆资源的使用奠定基石。

首先是图书馆要做好新生的入馆教育工作。对学生进行信息素养教育的最佳时期是新生入校之初。这个时候他们对大学的任何事物都具有浓厚的兴趣和求知欲望。因此图书馆要抓住这个有利的时机，把本馆的馆藏资源，特别是数字资源以及如何利用告知新生，帮助他们树立合理使用图书馆资源的意识，使用户认识到数字资源在今后学习、科研中的重要性，为新生参加有关数字资源培训打下基础。

其次是图书馆要利用自己的资源优势，举办各种方式的阅读活动，为读者营造阅读氛围，同时有效的阅读服务活动能够提高用户到馆的积极性和熟悉馆藏资源，从而激发用户主动利用图书馆的数字资源。

（八）利用图书馆资源开展具有特色的服务

图书馆开展多种服务方式，能够满足用户的多样性需求，吸引用户多利用图书馆的数字资源。目前图书馆用户人群范围广，知识层次高低不齐，对数字资源的需求也存在差异，因此使用图书馆提供的服务也各异。在这种情况下，图书馆要注意改进服务方式，立足于用户自身的需求，结合图书馆已开展的参考咨询、查新服务和传递文献服务等业务，进一步扩展服务方式，有针对性的一对一服务或者主动推送服务等特色的服务方式，满足用户多方面的需求。

第三节 基于 MOOC 的高校图书馆服务创新研究

所谓 MOOC，归根结底，就是由保留分享、协作精神的个人或是组织设计，在互联网空间之中开放且规模相对较大的课程体系，其核心存在意义就是强化各项专业知识的传播实效。自从 MOOC 顺利衍生之后，各界学术专家纷纷将注意力集中投射在该类技术领域层面上，并带动其高效率的发展活力。如今我国各类高校纷纷创建 MOOC，一时间令高等教育事业发生系统性变化，其间图书馆作为教育保障机构，为了确保在该类创新模式和平台之中发挥合理的支持辅助效用，就必须预先做好各类准备工作。所以说，探讨 MOOC 环境下高校图书馆服务的科学人性化创新方案，明显是十分紧要的。

一、MOOC 对于高校教育事业和内部图书馆管理服务工作的影响

（一）对于高校教育事业的影响

首先，有助于贯彻全球创新和优质化教育资源的共享目标。自从 MOOC 衍生之后，不管何类年龄段、阶段、国籍的学习主体，都获得了较为理想化的学习机遇，其间不单单加快高校教育资源共享和教育形式民主化等改革步伐，同时更加令以往全球教育资源的共享梦想得以实现。

其次，有利于提升高校教育的公平性。MOOC 始终属于一类创新化的学习模式，特别是在院校之间的范围界限消除之后，使得不同区域和阶层的人员都能够在第一时间内获取最新的教育资源，无形之中强化了高校教育的公平性。再次，有益于改善高校综合化教育水平，避免过多数量的成本投入。如今投入到 MOOC 课程学习活动的大学生愈来愈多，主要就是因为在该类环境之下，他们可以完全依照个人专业需求和喜好，在一些知名度较高的院校之中选择浏览学习对应的课程内容。如此一来，不仅可以持续改善高校各类专业课程教学质量，同时网络教学形式亦可避免过多的成本费用投入。

最后，进一步推动高校教育创新改革的进程。MOOC 主张将最新的科研成果贯穿融入至高校课程体系之中，随后全面性地整改高校既有的教学、学习模式。因此，截止至今，许多知名高校都开始相继创建高质素且互动性较强的 MOOC 课程，不单单改进一系列传统的课程内容、教学引导形式，融合更多的教学理念和支持性技术项目，并且加快了高校整体教育事业的创新改

革速度。

（二）对于高校图书馆管理服务工作的影响

MOOC 出现之后，令高校教育模式发生系统性变化的同时，更为内部图书馆的教育功能、信息资源、服务模式等提供了绝佳的创新发展机遇。至于相关细节性内容则具体如下所示：第一，拓展了高校图书馆的教育功能。图书馆始终被作为高等院校的文献信息中心枢纽，是学校以及社会信息化建设的基础。其不单单保留信息资源储存和传递、信息化产品开发设计、信息娱乐和网络导航服务等功能，同时更重要的就是辅助教师更好地教学、学生更高效率地学习。而自从 MOOC 引入之后，以往校园界限被全面冲破，高校图书馆至此又被赋予全新的服务内容，即所谓的课程学习服务。所以，在MOOC 环境下，高校图书馆想要继续保留读者最佳的学习中心地位，就应该及时地将 MOOC 纳入可持续改革的发展战略内部，进一步全方位地激活拓展高校图书馆多元化的教育服务功能。

第二，丰富了高校图书馆的信息资源。高校师生现阶段对于 MOOC 的关注程度日渐飞升，由此，许多国家相继创建自身专属化的 MOOC 操作类平台，并且吸引了许多学术专家将他们优质化的课程内容共享在这部分平台之上。这类结果，不仅为不同国家区域学生提供便利、快捷性的注册学习机会，同时更加令高校内部图书馆优质化的信息资源得以丰富完善。

第三，革新了教学辅助资源的样式和服务过程。现阶段高校图书馆保留的电子教材主要可细化为电子图书和纸质书电子版两种类别，主要在不同类型数据库或是图书馆独立系统内部储存，同步状况下包括许多内容都尚未完全贯穿融入至课程管理系统之中。相比之下，MOOC 环境主张开展自主探究式的教学和学习活动，相关教学辅助资源也都维持数字化形态。这样一来，高校图书馆的教学辅助资源样式和服务过程等，也必然会发生翻天覆地的变化结果。

二、MOOC 环境下高校图书馆的角色定位

MOOC 的兴起给高校图书馆带来了新的发展机遇，给高校图书馆员创造了一个实现自我价值的机会，图书馆将在 MOOC 环境下发挥重要作用，并扮演以下角色。

（一）MOOC 教育的宣传者与推广者

MOOC 和图书馆的共同点就是倡导教育资源的开放和共享。高校图书馆作为学校教学科研的重要辅助部门，应该成为 MOOC 的积极宣传者和推广者。

高校图书馆拥有专业的信息服务人才、先进的技术和设备，以及丰富的资源和信息服务经验，这些优势为图书馆宣传和推广 MOOC 提供了方便。权的资源时，图书馆应出面与出版商谈判，协调各方利益关系，获取版权和内容的开放许可。

（二）信息资源导航

MOOC 教学模式下，用户要求图书馆为其提供更加专业、全面和有价值的信息资源。图书馆在信息的筛选、甄别、收集和整理方面具有绝对的专业优势，起着信息资源导航的重要作用。

图书馆员能够将庞杂的信息进行有序化整理，从中找出有价值的、可利用的资源，以供用户学习和检索使用。针对教师，图书馆可以为他们的 MOOC 教学提供相关的参考文献和图书期刊等基础性的文献资源；针对用户在利用 MOOC 时遇到的各种问题，图书馆可为他们提供文献资源查找、软件工具应用、最新资源推荐等服务，确保用户能正常使用 MOOC。另外，对于非高校的 MOOC 用户来说，图书馆可通过构建 MOOC 课程资源库，为用户提供一站式信息检索，方便校外用户查找资源，并在为用户提供信息的同时，引导用户合理选择资源，帮助用户提升获取资源的能力。

（三）信息版权顾问

MOOC 环境下，任何人都可以参与学习并获取课程资源，同时，提倡学习者知识共享，并利用信息推送工具推荐相应的学习资源。然而，在教育资源开放共享的同时，网络教学形式却有着比传统课堂更加严格的版权限制，如何解决 MOOC 环境下教学和资源利用之间的矛盾，避免版权的法律纠纷，成为高校图书馆的新任务。

国内图书馆可以借鉴国外图书馆的实践经验，在参与 MOOC 教学的过程中，不仅要满足教师和学生对信息资源的需求，还要为他们提供必要的法律咨询、版权保护建议等方面的服务，及时发现、清理和化解 MOOC 课程中的版权风险。图书馆要积极引导师生合理使用 MOOC 资源，避免版权纠纷，可通过制订 MOOC 版权指南，指导用户正确使用文字、图片、视频等资源，当用户需要使用未经授权的资源时，图书馆应出面与出版商谈判，协调各方利益关系，获取版权和内容的开放许可。

（四）信息素养教育者

MOOC 教育模式下，学习资源丰富多样，这对学习者自身选择信息、获取信息、辨别和处理各种类型信息的能力提出了更高的要求。

高校图书馆在信息素养教育方面有着一定的经验，MOOC 环境下，图书馆可以利用自身的服务优势，充分发挥其教育职能，通过多种途径对学习者进行信息素养的教育，为他们提供信息组织、信息加工、信息检索的技能培训，使学习者能够正确查找、获取和使用网络信息资源。图书馆可以与本校教师合作，把信息素养教育嵌入到专业课程教学中，对学生进行文献检索技能的培训；图书馆员也可以为 MOOC 制作有关信息资源查找、获取、筛选、评价等方面的资料，加入到参考资料中以供用户随时学习；图书馆还可以创建信息素养教育课程，向学习者介绍 MOOC 学习模式，引导他们正确利用平台资源和外来资源开展学习，解决课程中的疑难问题。

三、MOOC 环境下高校图书馆的功能定位

MOOC 平台改变了传统的教育模式，图书馆在 MOOC 教学中的地位也逐渐提升，出现了图书馆 2.0。这种线上的图书馆将线下资源充分整合到线上，使高校图书馆打破了原有的被动局面，通过技术与资源的不断整合，增强了图书馆服务的主动性与嵌入性，MOOC 为构建新型图书馆服务创造了有利契机。其图书馆的功能主要体现在以下几个方面：

1. 版权保护咨询

由于 MOOC 主要是在线完成的，因而在版权方面存在的迁移性更大，尤其在互联网时代，由此引发出的版权问题更为突出。网络的公开性使保护版权成为 MOOC 发展的瓶颈，对此可以应用图书馆很好地解决这个问题。美国杜克大学图书馆（Duke University Libraries）推出的有关版权问题的许可服务能够解决大部分教学资源的版权问题，这项服务受到多数大学教师的青睐，由于访问者数量过于庞大，教务部门还特别为图书馆的学术交流办公室提供资金支持。

2. MOOC 课程长期保存

由于数字资源重复性高、信息量大，一直以来都是图书馆保存的难题。图书馆不仅要对纸质资源进行长期保存，数字资源也同样非常重要，这也是图书馆的重要职责。MOOC 课程资源由于存储在服务器中，如果出现网络闭塞或者企业倒闭，那么先前保存的资源将无法获取，这也使资源的长期保存成为图书馆亟待解决的问题之一。图书馆必须要采取一切手段强化对数字资源的长期保存服务，以此来为学习 MOOC 课程的学生提供便利，这也是其对无形资产进行保护、维护图书馆利益的重要形式。

3. 建设学习知识库

MOOC 的发展并不是一成不变的，在动态发展的过程中，管理者要对知

识不断的更新、整合与优化，使学习者获得前沿性的知识，使图书馆成为学生学习的重要工具。学习者在学习的过程中能够获得很多有价值的信息，而科研人员也会将各种研究成果公布出来，使知识库不断膨胀。知识库的建设和完善对于 MOOC 平台上的高校而言，既能够使高校获得展示，同时又能够加强相互之间的交流与合作，以此提升在国际上的知名度。此外，MOOC 平台促进高校之间的教学资源进行整合与优化，使获得学术资源的经费有所降低，高校还能以此来吸引更加优质的生源以及师资力量。

4. 提供技术支持服务

新型社交工具的出现有助于促进图书馆参与到教学科研中，积极改变传统的图书馆服务思维，将更新的理念融入其中，进而使图书馆的建设能够上升到新的水平。网络公开课多是采用下载教学视频的方式为学生提供学习资源，教师并没有专门的配套设施对其进行强化，师生之间的沟通也存在很大问题。具有创新意义的 MOOC 平台能够实现师生之间的及时沟通，并且及时将相关课程的学习资源发布到互联网上，还可以实现师生之间的实时沟通，使学生遇到的问题能够得到快速解决，使教师及时获得反馈。

MOOC 尚处在发展的初级阶段，但其发展的迅猛态势不容小觑，依托于现代化的计算机及网络技术，使 MOOC 在资源与结构上实现不断优化，突出 MOOC 的泛在化服务，并以此来促进图书馆的发展和完善，使图书馆能够提供更为优质的学习资源，在 MOOC 环境中针对图书馆的功能与定位更加明确，促进图书馆的可持续发展。

四、MOOC 对图书馆服务的要求

1. 需要图书馆教学参考资源的支撑

MOOC 教学模式的开放共享使得 MOOC 教学分散，无法集中开展教学，因此，广大学生对 MOOC 教学参考资源的需求非常迫切，希望能够通过网络方便快捷获得所需的文献资源。因此，图书馆丰富的教学参考资源成为 MOOC 教学的重要支撑系统，因此，图书馆应该针对 MOOC 教学的需要，选择优质的教学参考资源，满足广大学生学习 MOOC 课程的需要。

2. 需要图书馆提供学科信息导航服务

MOOC 非课堂教学的特点，使得广大学生对学科文献资源的需求更加突出，图书馆应发挥在传统文献咨询领域的特长，建立学科资源导航网站，方便学生按学科查找相关教学参考文献资源。MOOC 的快速发展，为图书馆开展数字教学参考资源服务提供了对象，因此，图书馆应进一步加强对学科文献信息资源的整理，为广大学生提供丰富的学科导航服务，满足广大学生的信息需要。

3. 需要学科馆员，提供专业的学科信息

咨询服务针对 MOOC 学习者学习过程中，可能遇到的多种信息障碍，图书馆应选拔优秀的图书馆员组成学科馆员团队，开展学科咨询导航服务。学科馆员应深入到 MOOC 教学过程中，搜集整理学生需咨询的问题，面对面解答学生的咨询。另外，学科馆员还可以参与学科资源建设，传播信息检索知识，为提高学生的学习效果，做出努力。

五、高校图书馆应对 MOOC 挑战的措施

1. 更新观念、提高认识

MOOC 的出现对世界高等教育产生重要影响，特别是 MOOC 倡导的网络化教学型模式、免费供所有人学习，以及课程内容的短小精悍、注重趣味性等特点，深深地改变了高等教育的模式。对我国现有高等教育现代化建设，尤其是远程开放网络大学的教育认识，提高教育质量都将起到重大的影响。将对我国高校课程改革、网络教学质量优化、课程资源建设与开放都将起到积极的推动作用。随着越来越多的大学开展 MOOC 教学，学生人数在不断增加。作为高校教学科研重要支撑服务的图书馆应尽早认识到开展 MOOC 服务的重要性，将图书馆为 MOOC 教学开展服务的理念深入馆员之中。并在人力、财力等多方面给予支持，以便进一步提高图书馆文献信息服务的能力。

2. 建立教学参考系统平台，开展教学参考服务

图书馆是广大师生获取文献信息资源的重要渠道，收藏有大量教学参考资料，具有开展 MOOC 教学参考服务坚实的资源基础。以往图书馆只是注重为学生提供基本的借阅参考服务，对视频教学资料的搜集也相当薄弱。因此，图书馆应积极开发适合 MOOC 教学的文献参考服务系统，方便广大 MOOC 学生利用图书馆丰富的教学参考资源。在基于 MOOC 的教学参考系统中应注重视频类教学资源库的建立，并开发出基于 MOOC 教学的参考资源推荐系统，方便 MOOC 学生获取教学参考资料。MOOC 以其开放共享的学习模式吸引大量学生参与学习，但由于没有传统课堂教学，老师与学生交流不够直接。因此，限于学员的知识结构差异，对动态变化的各种教学资源搜集、分析、鉴别能力较差，影响学习效果。因此，图书馆应利用自身文献整理的特长，建立 MOOC 学习知识库，方便广大学生学习利用。同时，MOOC 学习知识库的建立还会进一步提升图书馆文献信息的服务能力，使得图书馆的文献信息服务更加符合 MOOC 学生的需要，保持长期的生命力。

3. 开展嵌入 MOOC 信息服务

作为开展 MOOC 教学支持服务重要部门的图书馆，应该重视与学校教务部门的合作，成为 MOOC 课程建设的成员之一，以便为 MOOC 教学全过程提供全程文献信息服务，共同提供 MOOC 学习者需要的直接、方便的课程信息服务。图书馆员可以在课程开设初期提供课程教学资源，方便学生参考学习资料；在课程进行的过程中，图书馆员嵌入相关 MOOC 课程，为学习者提供信息检索的相关知识，提高学生信息检索的能力，为学生自学相关课程提供支持；在课程结束阶段，指导学生开展毕业论文所需资料的检索，提高学生毕业论文写作水平，提高教学效果。

4. 针对不同用户群，开展个性化信息服务

近年来，MOOC 教学发展迅速，为广大学习者提供便捷的学习方式，深受广大学生的欢迎。但 MOOC 毕竟不是课堂面对面教学，学生的许多个性化需要，无法得到及时的满足。特别是，信息检索能力弱的学生，更觉对学习资源无所适从，因此，图书馆应该利用自身信息服务的优势，开展个性化信息服务，包括，手机数字图书馆、定题信息服务、RSS 信息定制、信息推送等多种个性化的服务方式，满足不同学生的个性化需求。

面对迅猛发展的 MOOC 教学新模式，图书馆作为学校教学科研重要信息中心，应该不断探索利用自身信息服务和资源的优势，开展 MOOC 教学信息服务的重要措施与方法。图书馆应提高对 MOOC 服务重要性的认识，积极做好相关的基础工作，包括人员培训，设备安装，网络平台构建等。图书馆通过不断改进为 MOOC 参考咨询的服务方式，参与 MOOC 教学过程，为 MOOC 教学的发展提供优质、高效的文献信息服务，为 MOOC 教学效果的提高做出图书馆应有的贡献。

六、MOOC 环境下高效图书馆服务创新策略

（一）在知识推广与信息咨询方面目前，高校图书馆对 MOOC 知识的推广与信息咨询服务的实践活动开展得还较少，如何让更多的人了解、注册、使用 MOOC，推广普及 MOOC 教育理念，还需要做大量的知识宣传与信息咨询工作。高校图书馆可以在门户网站提供 MOOC 相关网站的链接，跟踪国内外 MOOC 发展最新动态，邀请教育专家举办 MOOC 知识讲座，召开 MOOC 课程改革经验交流会，开展网络互动式信息服务，提供深层次的信息咨询等等；还可以将课程信息与图书馆现有的资源整合起来，提供一站式的检索功能；根据馆员的学科背景，提供相关的学科支持服务，设立学科馆员专栏，提供相关的信息咨询服务。

（二）在课程支持方面

哈佛大学 HarvardX 院长 R.Lue 说："在 MOOC 背景下，通过整合资源而创建新的学习经验方面，教师把图书馆视为关键合作伙伴。图书馆和图书馆员可以为那些希望更深入地探索知识的学生提供重要参考和指导。"由此可见，高校图书馆除了是信息资源收藏、开发、管理和利用的机构，还承担着搜集、整合、编译、推广 MOOC 信息的服务角色。高校图书馆要结合专业课程特点提供课程资源使用方面的咨询和指导，包括课前的教学设计和预习、课堂教学、课后作业或反馈以及课外拓展阅读等，积极发挥"信息咨询专家"的作用。

（三）在信息素养培训方面

传统教学中，培养学习者的信息素养和信息检索能力也是图书馆提供的重要服务之一。MOOC 的学习更强调自主学习，学习者如何快速准确地在信息的海洋中找到自己需要的信息，这对于信息素养能力也就提出了更高的要求。图书馆可以通过信息素养培训等途径为学习者提供信息组织、信息检索等方面的技能培训与帮助，帮助有信息获取等需求的学生更好的利用课程资源，进而实现信息素养和相关技能的提高。让馆员参与 MOOC 课程制作，发挥其在文献检索利用、数据库知识、版权以及情报分析和数据管理等方面的专业特长。同时，图书馆员还可以参与到 MOOC 课程的学习中，不断提升自身素质，获得多种体验，从而加深对 MOOC 和教学活动的理解。

（四）在信息共享空间方面

MOOC 倡导混合式学习方式，即以在线异步学习（如讲座录音录像等）为主，在线同步学习（如虚拟教室、在线课堂等）和线下学习（如教师课件、学习笔记等）为辅[2]。因此，MOOC 背景下的图书馆也是学习空间的提供者。学习者主要是通过讨论和交流、开展协作式学习活动获得知识。这种环境下，图书馆就成为 MOOC 参与者的活动空间，为其提供网络及学习、合作、讨论的空间，还可以利用网站、微信、QQ 等开设 MOOC 虚拟教室和互动论坛，为用户提供交流和共享的聚集地。积极主动、全方位地提供诸如写作培训、技能培训、职业设计、学习讨论等服务。不仅提高图书馆空间的利用率，更可以成为图书馆文化的展示平台。

（五）在版权许可方面

MOOC 注重内容的开放授权、开放结构，遵循知识创作共享协议（Creative Commons Licenses，简称 "CC 协议"），在保护著作权人的基本权利基础上强调创用共享。这与传统的注重保护版权的著作权法并不一致。在开放的资源环境中，图书馆员的一个重要服务职能就是帮助教师选择合理合法的资源，避免产生版权等问题或纠纷。可借鉴国外大学图书馆好的做法有：帮助教师识别和挑选不涉及版权问题的开放资源；针对教师选择的受版权保护的资源，尽量寻找替代性的开放内容，如果该资源是课程不可分割的一部分，则需要与版权所有者谈判获取使用许可（有偿或无偿）；在使用有版权的资源时，必须标明出处或使用链接。

（六）在多媒体制作咨询方面

MOOC 教学模式下，教师的教学方式、教学能力和角色等都发生了变化，对教师的信息素养能力、专业知识水平、多媒体技术和自身综合素质都有了更高的要求。依托网络和技术发布的 MOOC 课程极度依赖视频课件等多媒体手段。课堂设计不仅要以内容知识点为核心整合动画、视频、文字、PPT 等多种形式，还要注重结合学生的专业特点，精心设计教学内容。但目前大部分教师在多媒体软件应用、视频制作技术等方面存在一定的困难。高校图书馆在信息技术和多媒体素养方面具有很大的优势，图书馆员可以为制作 MOOC 的教师提供各类咨询，协助他们掌握多媒体相关技术、完成课程制作。

（七）在创新型馆员培养方面

高校图书馆馆员队伍的综合素质，是图书馆服务创新能力最为重要的因素。为此，图书馆要十分重视创新文化建设和创新型馆员的培养。鼓励馆员创新工作方法，开展服务创新拓展训练，形成注重创新的良好氛围；建立学习型图书馆馆员培训机制，通过常态化的业务技能培训、外派访问馆员、学术研讨等方式提升现有人员素质，同时引进高学历、高素质的人才；建立有效的创新激励制度，加强创新项目的团队能力建设，推动图书馆在服务过程中积极探索服务创新的方法。

MOOC 作为一种新兴的课程模式，给高等教育带来重大变革的同时也为高校图书馆带来资源和服务的巨大机遇与挑战，图书馆员必须重新定位自己的角色以适应新的发展与需求，主动参与、团结协作，及时掌握 MOOC 的发展动态，发挥自身优势，努力推动图书馆的服务创新。

第四节 高校图书馆电子资源服务创新方法探讨

随着信息、信息技术逐步深入人们工作和社会生活各领域，图书馆文献资料、服务方式和管理方式开始向信息化方向发展。我国很多高校图书馆开始大量建立电子文献库或直接外购各种电子数据库，电子资源服务方式也开始多元化。随着越来越多的公司（例如：万方数据和中国知网）参与电子文献资源建设，信息时代图书馆的服务环境、资源类型、用户群体等都发生了很大的变化，高校图书馆现有的信息服务理念和方法都开始面临巨大挑战。探索高校图书馆信息服务创新方法，不仅成为学术界关注的理论，也成为图书馆管理者们关注的实践问题。

一、高校图书馆电子资源服务中存在的问题

（一）信息资源建设中的问题

电子信息资源建设是电子资源信息服务的基础，良好的资源建设将为信息服务提供更大空间。电子信息资源馆藏的建设方式主要有两种：一是购买或租用联机数据库；二是自主开发利用网络信息资源。目前，我国高校在电子资源建设中存在一些问题值得关注。其一，对重复电子资源数据库难以取舍。单就中文期刊数据库来说，目前比较著名的有万方数据、中国知网、重庆维普和人大复印资料数据库等等。有些高校为了尽量涵盖各分支学科，花费大量资金购买这些数据库，造成了一定程度的浪费现象。其二，盲目购买电子资源数据库而忽略自身电子资源数据库开发。这两种建设方式各有利弊，一些高校仅仅看到购买或租用方式带来的"短、平、快"，但却忽略了无关信息多、不能完全符合本校实际需求以及浪费资金等缺点。因此，必须根据高校读者需要、财政能力来购买，并结合馆内的资源情况自主开发建设数据库。

（二）信息资源管理中的问题

电子资源管理是一项复杂的工程，需要从服务技术、服务意识和管理体制等方面进行综合建设。如：现在全部高校图书馆的管理体制都是"铁饭碗"，在思想压力不大的情况下，部分馆员缺乏事业心、开拓创新精神和竞争意识。因此，对新技术条件下图书馆服务内容、服务对象、服务方式缺乏了解，不

能为诸多用户提供服务。其次，部分馆员的主动服务积极性不高，影响了信息资源管理水平。另外，在用户教育和管理方面也存在问题，许多图书馆在用户下载量上管理不严，导致一些用户批量下载。例如：Elsevier 就曾对中国用户提出过有关恶意下载的警告。这些现象都充分说明高校图书馆在信息管理中存在问题。

（三）信息服务技术中的问题

任何一个图书馆信息服务的开展都离不开信息服务技术的支撑。目前，我国图书馆中应用的信息加工技术、知识挖掘技术、信息推拉技术、联合咨询服务平台建设技术等水平相对较低。如：很多图书馆使用了 ILAS 网上图书馆系统，该系统的信息检索工具根本不支持多关键词检索和二次检索，影响了信息检准率。国外的信息检索工具虽然比较完善，但在汉化上却存在不少问题。如：现在不少图书馆使用了上海交通大学引进的 Elsevier 数据库，该数据库的检索条件虽然很多，但界面并没有完全汉化，影响了一些英语水平低的读者的使用。除此之外，各种计算机病毒、盗取帐号的木马程序等等不仅对图书馆信息服务系统造成了威胁，而且有可能影响图书馆用户，"使得用户个人数据在存储和传输的过程中被采集、截获、篡改和传播"。

二、高校图书馆电子资源服务创新的必要性

（一）知识社会中文献数量和类型增加

知识社会促使学科分类不断细化和增加，文献数量和类型也不断增加。在各种文献中，脱离传统纸质文本的纯粹电子资源的比例开始增加，电子资源的类型和载体也开始多样化。如：用户视频点播服务（VOD）中的电子资源信息既可能是通过光盘存储，也可能是通过网络或者卫星传播。这就要求高校图书馆在电子资源服务技术和管理方式进行创新。

（二）市场经济中电子资源服务主体增加

在以印刷型文献为主要信息载体的时代，图书馆在社会信息服务体系中占据着主导地位。但在知识经济和信息社会中，越来越多的公司开始介入电子资源信息服务，图书馆的权威和主导地位正在日益削弱。如：赛迪网络和中国互联网络信息中心（CNNIC）都开始从事商业性信息服务，我国著名的市场调查公司——零点调查最近两年也分化出了"零点指标"服务，他们通过内部刊物《第一手》《全球数据观察》和《零点近论》等刊物来宣传和出售汽车、房地产、电信、快速消费品、物流、媒体娱乐等研究领域的最新研究

成果。除了同商业性信息服务机构进行竞争外，高校图书馆之间以及高校图书馆和政府公共图书馆之间也存在竞争。电子资源服务主体增加带来的竞争必然要求高校图书馆在电子资源信息服务上进行创新。

（三）图书馆学理论发展的必然要求

印度图书馆学家阮冈纳赞早在 1931 年就提出了图书馆学五定律，其主要内容是：书是为了用的；每个读者都有其书；每本书都有读者；节省读者的时间；图书馆是一个生长着的有机体。1995 年，美国著名图书馆学专家戈曼等人在阮氏五定律的基础上，又提出了图书馆事业的五条新法则，其主要内容是：图书馆服务于人类文化素质；重视各种知识的传播方式；明智地采用科学技术提高服务质量；确保知识的自由存取；尊重过去，开创未来。新老五定律都指明了图书馆应该以最少的时间，最快的速度，为最多的用户找到最多的信息；新老五定律预示着信息时代图书馆理论发展必将以"用户第一，服务至上"为宗旨；新老五定律也必然要求高校图书馆在电子资源信息服务中理念和方法的创新。

三、高校图书馆电子资源服务创新方法

（一）信息资源建设中的细分化

电子信息资源建设是服务创新的基础，信息资源和服务是软硬件之间的关系。在当今信息时代，高校图书馆缺少的不是各种类型的信息资源，而是缺少对海量信息资源的优化选择方法。正如在市场营销中要遵循市场细分、寻找目标顾客和目标市场一样，图书馆信息资源建设中也应该进行市场细分，用专业的经过优化选择的信息资源为目标顾客（各类学历层次和不同专业的学生、教师读者）服务。

具体来说，高校图书馆信息资源建设中的细分化有下面几种途径：一尽量购买专业数据库，保证电子信息资源的内容精深化和更新及时性。如新华社多媒体数据库、国研网经济数据库、爱迪科森网上报告厅、上海图书馆的全国报刊检索系统等。二尽量按专业分开购买数据库。如：人大复印资料偏重人文社会科学中质量较高的文献，而理工科论文数据库则可以选择中国期刊的相关服务模块。三注重建设与学校特色相关的自建数据库，如：边疆地区和少数民族地区可以建立有关民俗文化的数据库，也可以根据本地的特色建立地方特色数据库，各学校还可以建设自己的本科学位论文、硕士和博士学位论文库等等。以上三条途径可以帮助高校图书馆在电子资源建设上有所

创新，为信息服务质量的提高奠定基础。

（二）信息服务管理中的人性化

良好的信息资源需要有良好的信息服务管理方法，只有这样才能保证信息资源效益的最大发挥。鉴于目前高校图书馆读者群体的多样化和需求的动态化，信息资源服务管理应该特别注重人性化。具体可以从以下几个方面着手：（1）信息服务制度建设应该人性化，制定规章制度应该遵循"以读者为核心"的原则。除了在规章制度的内容上应该尽量考虑到不同读者的不同需求外，在规章制度的措辞和公布方式上也应该考虑到读者的感受。（2）电子资源服务方法应该在创新中体现人性化。如：原文传递服务中不必要求读者到现场填写单据；电子资源阅览室可以为读者准备好干净舒适的鞋套并大量摆放可以吸收辐射的绿色植物；信息咨询台应该提高服务主动性；在对违规用户的教育中采用引导说服而不是罚款等。只要遵循人性化的原则，高校图书馆在电子资源服务中就一定能够走出创新的路子来。

（三）信息资源服务中的个性化

信息资源建设中的细分化为信息资源服务中的个性化创新奠定了物质基础，而信息服务管理中人性化则为个性化提供了思想指引。所谓的个性化服务，指的是基于信息用户的信息使用行为、习惯、偏好和特点来向用户提供满足其各种个性化需求，图书馆个性化服务可以归纳为服务资源的个性化、服务方式的个性化和服务内容的个性化三个方面。在此笔者仅对个性化服务方式中的 Mylibrary 系统进行简单的探讨。Mylibrary 系统是我国不少高校图书馆使用的系统，但大多数高校的 Mylibrary 系统仅限于借阅记录，没有体现出个性化信息管理系统的优点。在理想化的 Mylibrary 系统中，用户应该可以通过系统界面、资源集合、检索工具、系统服务等的定制来创建愉悦的个性化界面以及对图书馆及网络资源与服务便捷的链接；而系统 Mylibrary 系统则应该可以收集用户的专业特征和使用习惯等信息，能通过"推送"技术及时为用户提供新的电子资源信息。

随着信息和网络在学习、工作中的广泛应用，高校图书馆作为科研工作者获取电子资源的重要渠道，高校图书馆只有不断完善电子资源的服务体系、服务方式，进行一系列的服务创新才能满足用户的需求，最大限度地发挥图书馆的功能。

第五节 媒体融合下高校图书馆数字资源建设与服务

在全球化媒体融合形势的影响下，媒体融合已经成为一种必然趋势。数字图书馆急剧膨胀的资源建设和日益多元的信息服务，引起图书馆界对媒体融合环境下图书馆资源建设和服务的思考与探究。

一、媒体融合的内涵与优势

（一）媒体融合的内涵

"媒体融合"国内外学者都有研究，最早可以追溯到 1978 年，美国麻省理工学院（MIT）教授尼古拉·尼葛洛庞蒂在《数字化生存》一书中提出了"媒体融合"的设想，他认为"媒体融合"可以从狭义和广义两方面来理解。狭义是指将各异的媒介形态"融合"在一起，产生"质变"，形成一种新的媒介形态，如电子杂志、博客新闻，新闻客户端等；而广义的融合，不仅包括媒介形态的融合，还包括媒介功能、传播手段、所有权、组织结构等要素的融合。随后，美国新闻学会媒介研究中心主任 Andrew Nachison 将媒体融合定义为："印刷的、音频的、视频的、互动性数字媒体组织之间的战略的、操作的、文化的联盟"；他强调的"媒体融合"更多的是指各个媒介之间的合作和联盟。2005 年，中国人民大学新闻学院教授蔡雯把"媒体融合"概念引入中国并加以阐释，她指出"媒体融合"不仅是指各种媒介（组织）之间的合作模式，还是各类型媒介通过新介质真正实现汇聚和融合形成的一种独立运行、流程完整、操作规范的新闻生产模式。随之，媒体融合引起了国内学界和业界的诸多关注，相关的学术研究也逐渐增多。中国人民大学教授、传播学博士生导师陈力丹认为："融合"就是要传统媒体和新兴媒体一体发展。一体发展，就是指各种媒介资源、生产要素的有效整合，形成一体化的组织结构和传播体系，彻底做到融汇融合。总之，媒体融合是信息时代背景下一种媒介发展的理念，是在互联网迅猛发展的基础上传统媒体的有机整合，这种整合体现在三个方面：内容的融合、技术的融合、经营方式的融合。

（二）媒体融合的优势及特点

随着科技的进步和互联网的飞速发展，公众的信息需求不断发生变化，博客、播客、微博客、微信等"自媒体"形式的出现，网民即成为信息的采集者同时也是信息的发布者，传统的传者和受者的单向关系被打破。有关融合媒体的优势可以在很多研究文献中有相应的总结，其中学者王莴萱在《试论电视媒体与网络媒体融合的优势》一文中给出了媒体融合的 3 个优势，分别是媒体融合的协同效应、媒体融合的资源共享、媒体融合能更好地满足受众需求。笔者在研究中发现媒体融合除了以上三个优势之外还兼具以下一些新的特点。

1. 媒体融合体现了技术的融合，新技术的应用符合时代的特征

技术融合通常指技术的交叉融合，如网络技术与电视技术的融合出现了网络电视，事实上媒体融合是一个开放的网络环境，借助于网络平台使所有媒体连接在一起形成一个传播平台，媒体融合具有明显网络化特征，充分利用新技术带来的高效快捷方便等特点，从而最大限度地实现资源融合与共享。

2. 媒体融合具备强大的服务功能、服务方式以及多样化和多元化的特征

融合使媒体的服务性增强，两者的交叉互动使受众从被动接收信息变为主动参与信息传播过程。第一，受众可以根据自己的兴趣习惯，更加自主地以任意的方式获得想要的信息，不受时间、地域等因素限制。第二，信息的双向乃至多向流通，使受众自主性得到前所未有地发挥。第三，媒介融合可以开拓出许多崭新的媒体形态，可以更好地实现信息的大众化传播，使受众享受到媒介融合所提供的"一站式"信息服务。

二、媒体融合下图书馆面临的挑战与机遇

（一）媒体融合将改变图书馆的资源组织建设

新技术的发展扩大了人们的信息获取范围，基于大数据、云计算到移动通信技术等数字信息技术的新媒体的发展，为图书馆带来了全新的网络环境，媒体传播方式发生了深刻的变化，人们的获取信息和阅读方式正悄然地发生改变。

媒体融合背景下，媒体的界限划分不是那么清晰，逐渐趋于多功能和一体化。如智能手机的出现，把多种媒介终端的功能集于一身。智能手机、移动互联网、数字电视等新媒体的不断涌现，单一媒体所能获得的受众越来越少，单纯的传统的纸质文献阅读已不能满足广大用户的需求，更多用户逐渐在向网络阅读、电子阅读、手机在线阅读转移，用户对新型馆藏资源需求呈上升趋势。

（二）媒体融合将会为图书馆信息服务带来变革

2018 年 8 月 22 日，中国互联网信息中心（CNNIC）发布了第 42 次《中国互联网发展状况统计报告》。数据显示，截至 2018 年 6 月，我国网民规模为 8.02 亿，互联网普及率达 57.7%。其中手机网民规模达 7.88 亿，网民中使用手机上网人群的占比达 98.3%。可见，网络信息传播的物理通道已经发生本质性的改变，中国新兴媒体应用移动化趋势明显。在数字科技的带动下，已经开启网络信息传播的"核裂变"时代，用户渴求更为便捷、全面、优质的信息服务，以移动终端为传播载体的微传播优势突显。新媒体应用契合了图书馆信息服务的需求，并促使信息服务渠道更为广阔、服务模式更趋多元化。与之相应的图书馆新媒体服务迅速应运而生，加速图书馆信息服务转型升级。

（三）媒体融合对图书馆员提出了新的要求

随着互联网技术的飞速发展，计算机技术不断推陈出新，网络运营商和网络公司也涉足于图书馆行业。电子图书、电子报刊，甚至一些数据库泛滥于网络，作为图书馆员，必须与时俱进，定时加强技术的培训与学习，从而不断提高自身的素养及业务水平。媒体融合使图书馆面临挑战和机遇，如何适应媒体用户的需求、对高校数字资源进行合理的配置，并提供个性化的信息服务，是媒体融合环境下高校图书馆急需解决的问题。

三、媒体融合下高校图书馆数字资源建设与服务探讨

（一）媒体融合环境下高校图书馆数字资源建设新思路

1.拓宽媒介渠道，收集、整合信息资源

媒体融合环境下，首先，要对一些图书、报刊自带的、免费的一些媒体资源进行收集整理，如：随书光盘的收集整理。其次，开展科学数据资源建设，通过购买各类数据库，整理互联网上相关的免费权威数据库等结构化数据，加大对原生态的、半结构化和非结构化科学数据的收集、组织、保存和管理。对于来自各种自媒体资源比如博客、播客、微信等发布的信息，图书馆员也可以进行收集和整理，从中发掘有价值信息，成立"自媒体智库"。通过拓宽媒介渠道，将信息资源收集、整理、整合，确保信息资源质量，为用户提供智能搜索。

2.加大力度，加快资源共建、共享、共知

馆际互借、文献传递、资源共享是媒体融合环境下馆藏资源的必要补充，

也是现代图书馆的发展方向。为此，①对本馆的信息资源数字化，自建一些具有本馆特色的数据库。②通过购买国内外的商业数据库资源丰富和充实信息资源，这些数据库以其丰富的资源、差异化的收录、专业而又精准的整合，使得数据库既有已操作的检索系统，同时也能通过几大数据库的共享来满足不同用户的需求，成为当今社会挖掘信息的主要手段。

3. 加强媒体监管，确保良好的媒体资源生态环境

媒体融合下，信息来源广、渠道多，资源杂乱，如版权问题，法律、道德问题等。图书馆在为读者提供新媒体阅读内容的同时，要严把审核关，对于购买的数字产品要确保版权的合法性。对于本馆自建的数字资源，版权问题必须及时得到解决，确保用户拥有良好的媒体资源生态环境。因此，图书馆不但要构建健全的信息安全体系，建立安全生态环境，而且还要健全信息伦理规范，创造良好道德环境，不断提高主体信息素质。

（二）媒体融合环境下高校图书馆创新服务新举措

1. 拓展新媒体在图书馆信息服务中的应用

①利用 R SS 信息推送技术，通过用户的关键词主动向他们推送信息；建立相关学科的 R SS 信息门户，为用户不断挖掘和更新相关学科领域的信息；利用 R SS 技术主动推送相关新书目录，订阅图书借阅提示及为读者发送借书过期提醒等服务。②利用博客发布新书书评、开设专家的视频讲座，通过微博及时发布和更新书讯，建立阅读粉丝群，经过不断转发做到最有效的阅读推广。如美国宾厄姆顿大学图书馆专门开设了"科学图书馆博客"，北京大学图书馆也开辟了学科博客，博客和微博是网络传播中最重要的自媒体信息传播，是目前传播速度最快的网络工具，而微信则是移动通信中最为快捷和便利的传播途径，图书馆应充分利用博客、微博、微信各自的传播特点，开展不同形式的阅读推荐服务。③利用二维扫描技术和智能标签开展服务，使图书馆服务更加便捷。如韩国大学生，利用手机中存储的二维码进行身份识别；英国巴斯大学图书馆是在 OPAC 系统中添加了二维码技术，用户通过扫描图书馆的地图就会自动下载到手机中，从而帮助用户更好地使用图书馆资源。④图书馆要建立社交网络。社交网络可以促进读者之间的交流，更有利于信息的增长、组织和利用。

2. 构建全新的图书馆媒体服务智能生态体系

生态系统的概念最早由英国生态学家坦斯利于 1935 年提出。他认为生态系统是由生物和环境构成，由生物群落与其环境组成的一个有机整体。经过几十年的研究取得了不少成果，这些研究成果及理论被应用到环境、经济、

教育等科学研究的诸多领域。最近，已将生态学理论与方法引入到图书馆服务领域和研究服务智能生态问题等领域。

图书馆服务生态系统是指在一定空间和时间范围内，图书馆服务机构和资源提供商、用户等主体之间以及主体与各类环境因子之间，通过信息传递与信息交流而相互联系，相互作用的一个统一整体。图书馆的服务智能生态体系构成要素主要包括：图书资源即馆藏；服务；管理平台；读者即受众四个方面。媒体融合新技术的应用为图书馆带来了聚变效应发生了质的变化，因此，可以将上述四要素归纳为资源、智能服务平台、终端、应用全新的图书馆智能生态服务体系，这将成为媒体融合时代图书馆服务的新模式。

随着移动终端智能操作系统技术的不断成熟，移动终端服务的能力将得到进一步扩展，他将逐步使读者不再受到图书馆时间和空间的约束，广大用户只需根据自己的个人信息建立的账号和密码，利用自己的手机或其他移动终端登录即可使用。

（三）提高馆员素质，培养新型馆员队伍

媒体融合环境下，信息服务环境的改变、信息服务设备的不断更新、用户信息服务的多样化，逐渐对图书馆员的专业素养要求越来越高，图书馆必须培养一批专业的新媒体管理人员，才能适应媒体的发展变化，才能更好地为图书馆服务。

（四）拓宽用户视野，提供更优质的服务

在媒体融合下图书馆需要为用户提供更为优质的服务，从人的认知局限性，来拓宽用户视野，起到事半功倍的效果。具体措施如下。①针对时间的局限性，可以向用户采用推送服务。随着时间的推移，信息量的增加为用户提供信息推送服务，让用户能及时接收到最新的信息。②针对空间的局限性。可以通过加大新技术的开发和应用，增加用户查找信息的方式方法。③针对知识的局限性。采用在媒体中开设专家讲座以及在线服务等，进一步使用户能够丰富自己的知识，从而提高用户的认知能力。

媒体融合对高校图书馆不仅是良好机遇，同时又充满了挑战。高校图书馆应积极研究探索，把握媒体用户的心理需求，利用新技术将新媒体适时引入到图书馆信息服务当中来，使图书馆的信息服务与新媒体融合，以满足用户不断发展的个性化信息需求，提升高校图书馆在用户心中的信息主导平台，扩大图书馆信息服务空间。

第六节 数字化支撑下的高校图书馆创新服务
质量评价研究

在高校图书馆的范围内展开创新式的服务质量评价，极大程度地促进数字资源与图书馆资源的双效利用。一方面，基于数字化的图书馆管理有利于减弱或消除用户的使用困难，在高校图书馆藏书与数字化资源之间形成对应，如此一来，既提高了图书资源的有效利用率，又降低了用户的时间成本。另一方面，高校图书馆进行数字化管理，既提高了用户使用的积极性，又增强用户对数字资源的有效利用。数字化支撑下的高校图书馆管理也应该顺势而行，以更快捷、更便利、更系统、更全面、更好的服务质量，最大程度地满足借书者的需求，可以这么说，数字化支撑下的图书馆创新服务既是未来高校图书管理的一种重要方法，也是高校图书管理工作的发展趋势。

在当前，开展数字化支撑下的高校图书馆创新服务的同时，对创新服务质量进行评价的研究稍少，原因是数字化支撑下的高校图书馆管理是新兴产物。图书馆的管理工作本身就是归入了服务性行业的范畴，尽最大可能地提高服务的质量，理所当然应该成为高校图书馆的奋斗目标特别是近年来，随着服务性行业的不断深化，高校图书馆的服务也成了关注的对象，从理论上和实践上对图书馆的服务质量进行评价，具有重要的研究价值。

一、高校图书馆数字化建设的必要性

（一）建立高校图书馆数字化的基本动因

近年来，随着网络对数字资源利用效率的不断提高，高校图书馆原有的服务方式正在逐渐丧失用户群，传统的高校图书馆管理模式已经满足不了现代人对图书的需求，主要原因是高校图书馆的资源优势面临丧失的尴尬局面目前，搜索引擎等网络新资源的聚拢中心正在快速形成，随着人们对信息资源的利用行为悄然发生变化，高校图书馆的用户数量正在逐渐被一些新兴的阅读资源所分流，而国外的多项调查也表明：阅读用户越来越倾向以使用搜索引擎作为阅读书籍的开端尤其是那些习惯通过搜索引擎进行检索信息的用户而言，他们已经放弃掉逐一访问高校图书馆网站的老方法，使用图书馆资源的次数越来越少，更多地选择了基于网络的信息库与内容源，这是因为利

用搜索引擎获得自己想要的信息，可以更加快捷。相关的调查显示，89%的用户使用了搜索引擎来获取信息资源，只有2%的用户是从图书馆开始的。传统的高校图书馆资源正在逐渐丧失优势，并面临用户锐减的危机因此，变传统的高校图书馆模式为数字化，是服务质量发展所趋

（二）建设创新服务质量评价是高校图书馆发展的必然产物

由于我国目前高校图书馆的服务质量没有形成统一的界定与认识，相关的研究资料比较贫乏，但是，一旦形成数字化的高校图书馆模式，对服务质量进行评价具有可行性。例如，通过对比数字信息资源的利用率，能更多地引起关注，有利于图书馆进行数字统计，从而更及时全面地为用户着想，进而调配图书资源，完善为用户服务，有效地减少了信息用户在学习、教研活动中所付出的时间成本，数字化的高校图书馆模式，有利于开展在线书籍的评价，并从另一个角度思考数字信息资源服务的有效利用率。例如，可以通过数字信息资源服务质量的量化对比，进而掌握用户反馈的信息，用户的反馈可用于衡量高校图书馆数字资源和网络化服务使用的绩效指标，对这些绩效设计一个可测度的数字收集、分析和报告系统，可间接地反映高校图书馆的服务质量，更有利于评估图书馆服务的质量，作为研究与提高高校图书馆服务对策的依据。

二、建立数字化支撑下高校图书馆创新服务质量评价的可行基础

（一）CSI理论在高校图书馆创新服务质量评价应用

CSI理论是指顾客满意度指数，在讨论高校图书馆创新服务时，笼统的看法就是指服务。由于高校图书馆具备了服务性行业的一般性特征，也就具备了以服务性行业所通用的评价方法进行评估的条件。例如，以CSI理论对高校图书馆的整体服务水平进行评价，或对某些具体的创新服务内容和行为方式进行服务质量的量化考析，高校图书馆自诞生之日起，就一直秉承着读者第一的办馆理念，这种以用户为中心的办馆理念和考虑到了顾客的满意程度，两者在本质上是完全一致的。从实践上看，国内山西大学的尉海燕选取了六所高校作为实践的研究对象，研究表明：将CSI理论应用于高校图书馆服务质量的评价，是完全可行的。

（二）基于ASCI评价模型的高校建设图书馆创新服务质量评价方法

从用户的角度出发，结合我国高校图书馆创新服务的特点，在这里提出用于图书馆创新服务质量评价的ASCI改进模型。这个改进模型的变量多方

面，其中用户期望、服务产品、馆员素质、感知质量、感知价值、图书馆的专业地位、创新服务、用户的满意程度以及用户的忠诚程度等因素是考量的主要方面。（1）用户期望包括用户的基本期望与潜在期望。基本期望是指用户从图书馆服务体系中获得的基本满意程度；而潜在期望的要求更高，甚至可能超过了用户本身的基本期望。这两种期望不是一成不变的，随着整个人类信息环境的变化，用户对高校图书馆服务的基本期望、潜在期望都会越来越高。（2）服务产品主要包括了高校图书馆为读者所提供的数字资源，以及图书馆所提供的各项创新服务下相应的软硬件环境和配套设施其中，数字产品是新型服务产品中的活跃因子，包括了高校图书馆所能够提供的各种数字化和数据库产品。（3）馆员素质的好坏直接关系到创新服务的水平和质量，与传统图书馆服务不同的是，基于数字化的高校图书馆创新服务更多地依赖服务者的个人智慧和能力。因而，在数字化支撑下的高校图书馆创新服务质量，可以从读者的满意程度加以评估。（4）感知质量是用户对高校图书馆书籍或服务质量与经验质量比较的结果图书馆书籍或服务质量可以划分为两个部分：一是与书籍内容相关的技术质量，主要是指通过书本，把信息资源传递给了用户，对图书馆书籍的评价是在用户阅读书籍之后做出的能动性判断；二是与书籍使用相关服务质量挂钩，对服务质量的评价是在图书馆服务过程中形成的。（5）感知价值是对高校图书馆服务质量提出的进一步要求，特别能体现用户在高校图书馆利用书籍或感知服务质量的价值判断也即是高校图书馆在满足用户信息需求、解决用户问题等方面予以价值体验，大部分情况下，以利用图书馆数字化资源和服务的准确程度便捷程度以及图书馆对用户个性化需求的关注程度来衡量。（6）图书馆的专业地位是与传统的图书馆服务比较而言的，在过去的几千年里，我国传统图书馆更多地体现在拥有的藏书量，而非体现在服务层面上，近年来，随着数字化资源利用率的提高，自然而然地影响到了图书馆的专业地位，相比之下，基于数字化的高校图书馆创新服务也许将成为重塑图书馆专业地位必不可少的手段。（7）创新服务是高校图书馆服务的重点它体现了一所高校在服务读者的用心程度，无法创新的服务，必然满足不了用户的需求，长此以往，必将受到部分用户的埋怨，因此，随着发展而做出相应的调适，是高校图书馆服务的重点工作。（8）用户的满意程度是指用户使用高校图书馆提供的各项创新服务后所表现出来的一种总体满意程度，这种满意度是用户长期以来感知图书馆创新服务后的一种情感积累，比如，可以使用一系列的量化评度，以总体的满意程度、与预期相比较形成的满意程度、与理想相比较形成的满意程度这三个指标衡量。（9）用户的忠诚度是指用户在对自身的信息需求满足后，选择重复利用同一种信息资源服务的特定行为在目前全球范围内的数字化资源利用率普遍居高的环境下，用户对选择空间有限、获取信息缓慢的图书馆信息资源以及其他服务，表现出了一种表面上的忠诚，而非发自内心去使用图书馆资源，于是，伴随着用户在网络上获取信息资源的快捷，用户对高校图书馆资料有限的利用情况就会产生不满情绪，因而掌握用户对高校图书馆创新服务质量的态度，是加快图书馆改革的前提条件。

三、高校实现数字化图书馆创新服务质量评价的战略性意义

从数字化资源逐渐普及以来，由于高校图书馆不再成为获取信息资源唯一的渠道，图书馆的藏书作为文献信息搜集保存和传达中心的垄断地位发生了彻底的变革。因此，加速数字化资源与高校图书馆创新服务质量的联系，具有高度的战略性意义。利用网络全球化的优势，在全球范围内可以任意传输信息资源特点，用户要获得图书馆资源，不一定要到图书馆，而仅通过网上所建立的高校图书馆数据库直截了当地获取所需的目标信息用户只需一台联网的电脑，即可方便快捷地获取高校图书馆资源，不管用户身处国内还是国外，在此过程中，用户的满意程度自始至终都是评价我国高校图书馆创新服务质量的关键一环。

总之，目前我国各高校的图书馆运作正处于改革和完善的关键时期，随着数字化信息资源的逐渐普及，想要实现高校图书馆数字化信息化和普及化，还需要不断的人力探索和多方面的技术支撑。

参考文献

[1] 田国良 . 数字图书馆信息资源宏观管理问题 [J]. 情报资料工作，2007（01）：78-81.

[2] 黄如花 . 学科信息门户信息组织的评价 [J]. 武汉大学学报（社会科学版），2003（05）：118-122.

[3] 宋怡 . 数字图书馆信息资源整合的应用研究 [J]. 图书馆学刊，2007（02）：109-110+117.

[4] 王晓平 . 图书馆资源管理模型的变革与实践 [J]. 大学图书馆学报，2007（01）：29-32.

[5] 汪会玲，刘高勇 . 从面向资源的信息资源整合到面向用户的信息资源整合 [J]. 图书情报工作，2005（07）：47-50.

[6] 史振立 . 基于用户的文献信息服务集成体系的构建 [J]. 情报资料工作，2007（02）：91-94.

[7] 周春霞，刘姝 . 数字图书馆门户研究 [J]. 大学图书馆学报，2007（01）：33-38.

[8] 苏新宁，章成志，卫平 . 论信息资源整合 [J]. 现代图书情报技术，2005（09）：58-65.

[9] 傅永阳，蔡永明 . 图书馆信息资源整合的不同模式与技术分析 [J]. 情报资料工作，2006（05）：60-62.

[10] 范并思，胡小菁 . 图书馆 2.0：构建新的图书馆服务 [J]. 大学图书馆学报，2006（01）：4-9.

[11] 卞丽 . 我国数字图书馆资源整合模式研究 [J]. 图书馆学研究，2006（08）：65-68.

[12] 崔瑞琴，孟连生 . 数字信息资源整合问题研究 [J]. 图书情报工作，2007（07）：35-37+70.

[13] 杨错，王琳，蒋若冰 . 基于用户需求的高校图书馆信息资源建设 [J]. 情报探索，2011（05）：92-93.

[14] 黄云 . 基于用户需求的图书馆数字信息资源建设与服务 [J]. 河南图书馆学刊，2014（07）：37-38.

[15] 苏新宁，章成志，卫平 . 论信息资源整合 [J]. 现代图书情报技术，2005，21（9）：54-61.

[16] 宋怡 . 数字图书馆信息资源整合的应用研究 [J]. 图书馆学刊，2007，（2）：103-111.

[17] 崔瑞琴，孟连生 . 数字信息资源整合问题研究 [J]. 图书情报工作，2007，（7）：35-37，70.

[18] 史振立 . 基于用户的文献信息服务集成体系的构建 [J]. 情报资料工作，2007，（2）：90-93.

[19] 周春霞，刘姝 . 数字图书馆门户研究 [J]. 大学图书馆学报，2007，（1）：32-37.

[20] 卞丽 . 我国数字图书馆资源整合模式研究 [J]. 图书馆学研究，2006，（8）：63-66.

[21] 胡昌平 . 面向用户的信息资源整合与服务 [M]. 武汉：武汉大学出版社 .2007：301.

[22] 黄如花 . 学科信息门户信息组织的评价 . 武汉大学学报（社会科学版），2003，（5）：653-657.

[23] 傅永阳，蔡永明 . 图书馆信息资源整合的不同模式与技术分析 [J]. 情报资料工作，2006，（5）：58-60.

[24] 范并思 . 图书馆 2.0：构建新的图书馆服务 [J]. 大学图书馆学报，2006，（1）：2-7.

[25] 王晓平 . 图书馆资源管理模型的变革与实践 [J]. 大学图书馆学报，2007，（1）：28-37.

[26] 汪会玲，刘高勇 . 从面向资源的信息资源整合到面向用户的信息资源整合 [J]. 图书情报工作，2005，（7）：45-48.

[27] 田国良 . 数字图书馆信息资源宏观管理问题 [J]. 情报资料工作，2007，（1）：77-80.

[28] 高楠 . 知识供应链中的数字资源整合研究 [D]. 湘潭大学，2012.

[29] 金湖 . 网络信息资源整合研究 [J]. 现代情报，2007，27（7）：40-43.

[30] 徐谦 . 浅谈网络信息资源整合 [J]. 黑龙江科技信息，2008（02）：43.

[31] 王宁 . 基于知识链的数字资源整合研究 [D]. 吉林大学，2010.

[32] 赵宾 . 基于资源整合的河南省交通信息化建设研究 [D]. 长安大学，2009.

[33] 金燕 . 网络信息资源整合研究 [J]. 现代情报，2007（07）：42-45.

[34] 王蕾. 网络环境下信息资源开发的策略研究 [D]. 河北大学，2007.

[35] 薛峰. 数字图书馆网络信息资源整合研究 [J]. 无线互联科技，2014：222.

[36] 叶绮莲. 试论网络环境下的信息资源整合 [J]. 内蒙古科技与经济，2009（10）：157-158.

[37] 王晓燕. 党校系统数字化信息资源共建共享研究 [J]. 中共石家庄市委党校学报，2006（05）：42-44.

[38] 柳较乾. 我国图书馆数字信息资源共建共享的问题与对策 [J]. 情报杂志，2003（10）：118-119.

[39] 丁梅娟. 建设省级区域性科技文献信息资源共建共享体系的思考 [J]. 图书馆工作与研究，2005（01）：53-55.

[40] 赵闯. CALLS 三期示范馆建设对中小型图书馆发展的启示——以长春工程学院图书馆为例 [J]. 科技情报开发与经济，2013（16）：71-73.

[41] 赖于民，黄建中，喻庆江. 数字化信息资源共建共享的机制和模式研究 [J]. 现代情报，2005（12）：40+63-65.

[42] 罗晓兰，肖希明. 我国信息资源共建共享的政策保障机制 [J]. 情报科学，2009（03）：42-46.

[43] 王春秀，黄志红. 浙江省高校图书馆信息资源共建共享的现状与发展 [J]. 图书馆学研究，2008（05）：44-45+92.

[44] 范伟勇，吴磊琦. 基于数字化的浙江省文献资源共建共享服务研究 [J]. 信息系统工程，2010（09）：13-14+17.

[45] 颜瑞珍. 论图书馆文献信息资源的共建共享 [J]. 科技信息（学术研究），2006（06）：370+372.

[46] 王德忠. 数字图书的价值再创造策略研究 [J]. 中国出版，2008（01）：55-57.

[47] 刘晓华. 建筑院校图书馆信息资源共建共享研究 [D]. 吉林大学，2009.

[48] 王显燕. 数字化信息资源共建共享机制研究 [J]. 农业图书情报学刊，2014：21-23.

[49] 钱茜. 山东省社会科学文献信息资源共建共享模式初探 [J]. 科技情报开发与经济，2007（19）：149-151.

[50] 孔志军. 文献信息资源共建共享的理想模式——理论与实现 [D]. 河北大学，2007.

[51] 刘甲学，马海群. 基于 OGSA 的数字信息资源共享平台研究 [J]. 图书情报知识，2008（04）：21-24.

[52] 杨锋. 我国图书馆数字资源共建共享初探 [J]. 知识经济，2009（17）：84.

[53] 沈金波，王磊．企业情报资源共享研究 [J]．科技情报开发与经济，2006（19）：89-91.

[54] 朱爱芝．基础教育信息资源区域共建共享模式研究 [D]．浙江师范大学，2010.

[55] 金胜勇．目标导向型图书馆信息资源共建共享理论体系研究 [D]．南开大学，2010.

[56] 姚晓霞，冯英，陈凌．信息资源共建共享可持续发展的运作机制研究 [J]．大学图书馆学报，2008（01）：24-28.

[57] 曹淑玉．数字图书馆的知识产权政策研究 [D]．黑龙江大学，2010.

[58] 曾国茜．图书馆印刷资源利用的知识产权问题研究 [J]．管理观察，2011（12）：33-34.

[59] 张丽娟．数字图书馆资源共享的实践与思考 [J]．科技情报开发与经济，2014：93-94.

[60] 耿君．数字图书馆建设的思考 [J]．无线互联科技，2013（10）：181.

[61] 王乐书．论图书馆目标管理 [J]．图书馆，1998（2）:23-24.

[62] 蒋建华．目标管理方法在图书馆管理中的应用 [J]．图书馆工作与研究，1988(04)：3-5.

[63] 刘迅，王德安，李保忠，王琦．图书馆管理工作指南 [M]．长春：东北工学院出版社，1993.

[64] 王学东．图书馆情报管理学概论 [M]．北京：中国商业出版社，1990.

[65] 杜翠灵．如何构建图书馆全面质量管理体系 [J]．赤峰学院学报（自然科学版），2014(09)：125-126.

[66] 陈卫萍．构建高职图书馆全面质量管理体系的研究 [J]．农业图书情报学刊，2013(05)：94-96.

[67] 于鸣镝．图书馆管理学纲要 [M]．沈阳：辽宁人民出版社，1986.

[68] 罗曼．图书馆全面质量管理 [M]．合肥：安徽大学出版社，2003.

[69] 吴建中．战略思考：图书馆管理的 10 个热门话题 [M]．上海：上海科学技术文献出版社，2005.

[70] 莎丽塔娜提·阿不都热依木．大学图书馆编目工作量化管理及其他的利与弊 [J]．教育教学论坛，2015(12):29-30.

[71] 王德，孙连军．图书馆体制改革与量化管理 [J]．长春理工大学学报（社会科学版），2002(11)：74-77.

[72] 刘颖．图书馆量化管理之我见 [J]．图书馆学刊，2011(30)：45-46.

[73] 杨胥英，徐永银．医院图书馆工作指南 [M]．哈尔滨：哈尔滨地图出版社，

1995.

[74] 兰孝慈, 王江, 李霞. 网络环境下图书馆管理研究 [M]. 哈尔滨: 哈尔滨地图出版社, 2009.

[75] 田磊, 邱均平. 我国高校图书馆个性化信息服务的调查与分析 [J]. 图书馆工作与研究, 2016(23): 84-92.

[76] 王惠. 数字图书馆个性化信息服务研究 [J]. 江苏科技信息, 2017(28): 11-12.

[77] 范跃华. 基于智能手机 APP 的图书馆个性化信息推送服务 [J]. 图书馆学刊, 2014(24): 10-20.

[78] 许真. 信息推送技术在图书馆中的应用研究 [J]. 农业图书情报学刊, 2015(09): 06.

[79] 马波. 大数据背景下精准信息推送在移动图书馆中的应用研究 [J]. 图书馆工作与研究, 2017(03): 57-60.

[80] 周晓兰. 高校图书馆开展科技查新工作的实践与总结 [J]. 科技情报开发与经济, 2007(11): 62-63.

[81] 顾春笑. 浅谈科技查新工作 [J]. 科技情报开发与经济, 2004(06): 31-32.

[82] 董政娥, 吴素坤, 陈惠兰, 闫江. 科技查新需求分析及其增值服务探讨 [J]. 现代情报, 2009(07): 153-156.

[83] 赵宁. G 大学图书馆科技查新流程优化研究 [D]. 哈尔滨: 哈尔滨工业大学, 2016.

[84] 谢秋梅. 基于规范化流程的科技查新质量控制 [J]. 中国科技信息, 2017(11): 14-15.

[85] 阎勇, 秦廷伟, 李玉兰. 自主创新加快图书馆深层次高附加值产品产出 [J]. 图书馆论坛, 2007(04): 147-150.